高等职业教育"十三五"系列教材

Qiche Dianqi Xitong Jianxiu
汽车电气系统检修

（第 3 版）

张荣贵　主　编

苏庆列　许晓勤　副主编

张宗荣　林　平　主　审

人民交通出版社股份有限公司

北　京

内 容 提 要

本书是高等职业教育"十三五"系列教材。本书内容包括新手入门、蓄电池故障检修、充电系统故障检修、起动系统故障检修、电动辅助系统故障检修、照明和灯光系统故障检修、汽车仪表故障检修以及空调系统故障检修8个单元。本书配有实训工单。

本书可作为高职院校汽车运用与维修技术专业、汽车检测与维修技术专业的教材，亦可作为职业技能培训教材和相关专业技术人员的参考书。

图书在版编目(CIP)数据

汽车电气系统检修/张荣贵主编. —3版. —北京：
人民交通出版社股份有限公司,2021.1
ISBN 978-7-114-16764-5

Ⅰ.①汽… Ⅱ.①张… Ⅲ.①汽车—电气系统—检修—高等职业教育—教材 Ⅳ.①U472.41

中国版本图书馆 CIP 数据核字(2020)第 141345 号

书　　名：	汽车电气系统检修（第3版）
著 作 者：	张荣贵
责任编辑：	时　旭
责任校对：	孙国靖　龙　雪
责任印制：	张　凯
出版发行：	人民交通出版社股份有限公司
地　　址：	(100011)北京市朝阳区安定门外外馆斜街3号
网　　址：	http://www.ccpcl.com.cn
销售电话：	(010)59757973
总 经 销：	人民交通出版社股份有限公司发行部
经　　销：	各地新华书店
印　　刷：	北京市密东印刷有限公司
开　　本：	787×1092　1/16
印　　张：	20.25
字　　数：	466千
版　　次：	2009年9月　第1版
	2015年8月　第2版
	2021年1月　第3版
印　　次：	2023年11月　第3版　第2次印刷　总第7次印刷
书　　号：	ISBN 978-7-114-16764-5
定　　价：	59.00元

(有印刷、装订质量问题的图书,由本公司负责调换)

第3版前言

本教材第1版于2009年9月出版发行,2015年8月修订出版了第2版,多年来已多次印刷,一直深受广大高等职业院校师生的欢迎。为适应当前高等职业教育发展和汽车行业发展的实际情况,本教材编写人员结合在线精品课程建设中的微课、动画、视频教学等数字资源,对第2版进行了全面修订,形成具有特色的"新形态一体化"教材。

本教材主要具有以下特点:

1. 以就业为导向,以职业能力培养为核心,按照汽车维修企业对技术技能型高级维修人才的需求,以汽车电气系统维修的工作过程为依据确定教学内容,在知识和技能的深度和广度上,既考虑目前学生的实际水平与接受能力,又满足了学生就业的需要。

2. 修订内容立足国内汽车维护和修理的实际情况,以能力为本位,大胆调整教学内容。将举例车型更新为我国当下主流车型(如迈腾、奥迪、丰田新威驰等),涵盖了当前汽车电气系统的各种主流技术。同时,根据汽车技术发展现状,有选择地编入汽车电气发展的新知识、新技术、新设备,并采用国家及行业最新技术标准和规范,使教材充分体现先进性与时效性,以拓宽学生视野,为其进一步深造打下基础。

3. 采用情景式教学设计,每个单元由学习情境、生产任务、相关知识、课堂讨论、相关技能、小组工作和拓展知识与技能组成。教材内容尽量结合生产实际,条理清楚,层次分明。各单元均配有多个微课动画,打造立体化教学模式,提高学生的学习兴趣。学习者可通过扫描二维码观看学习,引领移动化、碎片化学习新模式。

4. 教材体例编排合理,充分体现了职业教育特色。每个单元后都附有练习思考题,便于教师组织教学和学生自主学习。

  本教材由入选国家"双高计划"的福建船政交通职业学院的张荣贵教授担任主编,苏庆列、许晓勤副教授担任副主编。福建船政交通职业学院张宗荣、林平担任主审。具体修订分工为:张荣贵修订单元1、2、3,许晓勤修订单元4、5,苏庆列修订单元6、7、8。福建戴姆勒汽车工业有限公司售后技术部工程师王水伙、福州吉诺中迪汽车有限公司技术总监陈书孝、福州万山名车公司技术部经理陈育斌等也参与了本书的审阅,提出了许多宝贵建议,在此表示感谢!

  本教材在编写过程中,得到全国许多汽车高职院校领导和教师的大力支持,也得到国内许多汽车维修企业的大力支持,并参考了国内外同行相关论著中的观点、图表资料及网络资源,没有在教材中一一标出,人民交通出版社股份有限公司为本书的出版给予了大力支持,在此一并表示感谢!

  限于编者水平,书中难免有疏漏和错误之处,恳请广大读者提出宝贵建议,以便进一步修改和完善。

福建船政交通职业学院
汽车专业核心课程教学团队
2020 年 6 月

目录

单元1　新手入门 ... 1
生产任务　汽车电气系统的认识和工具的使用 ... 1
相关知识 ... 2
　1.1　汽车电气系统的组成 ... 2
　1.2　汽车电气系统的特点 ... 3
　1.3　汽车电气系统常用维修工具 ... 3
　1.4　保护装置、继电器和主要开关 ... 6
小组工作一 ... 9
相关技能 ... 10
　1.5　车载网络技术 ... 10
　1.6　汽车电路识图 ... 12
小组工作二 ... 29
思考与练习 ... 30

单元2　蓄电池故障检修 ... 32
生产任务一　检查和维护蓄电池 ... 32
相关知识一 ... 33
　2.1　蓄电池的类型和作用 ... 33
　2.2　蓄电池的结构 ... 33
　2.3　蓄电池的型号 ... 36
　2.4　蓄电池的工作原理和特性 ... 38
课堂讨论一 ... 42
相关技能一 ... 42
　2.5　蓄电池的维护与技术状况的检查 ... 42
小组工作一 ... 45
生产任务二　蓄电池充电 ... 46
相关知识二 ... 46

2.6　蓄电池的充电 …………………………………… 46
　课堂讨论二 ………………………………………………… 48
　相关技能二 ………………………………………………… 48
　　2.7　蓄电池的充电工艺过程 ………………………… 48
　小组工作二 ………………………………………………… 49
　拓展知识与技能 …………………………………………… 49
　　2.8　蓄电池的首次使用和储存 ……………………… 49
　　2.9　蓄电池的常见故障及排除方法 ………………… 50
　　2.10　蓄电池的更换 …………………………………… 51
　　2.11　新型蓄电池 ……………………………………… 52
　思考与练习 ………………………………………………… 54

单元3　充电系统故障检修 ………………………………… 57
　生产任务一　检修发电机 ………………………………… 57
　相关知识 …………………………………………………… 58
　　3.1　汽车电源系统的发展过程 ……………………… 58
　　3.2　汽车电源系统的组成和电路 …………………… 58
　　3.3　整体式交流发电机构造 ………………………… 60
　　3.4　整体式交流发电机工作原理 …………………… 65
　　3.5　交流发电机的型号 ……………………………… 71
　课堂讨论 …………………………………………………… 72
　相关技能一 ………………………………………………… 73
　　3.6　整体式交流发电机检修 ………………………… 73
　小组工作一 ………………………………………………… 74
　生产任务二　电源系统故障诊断 ………………………… 75
　相关技能二 ………………………………………………… 75
　　3.7　电源系统常见故障诊断 ………………………… 75
　小组工作二 ………………………………………………… 77
　拓展知识与技能 …………………………………………… 77
　　3.8　其他车型电源系统电路 ………………………… 77
　思考与练习 ………………………………………………… 80

单元4　起动系统故障检修 ………………………………… 83
　生产任务一　检修起动机 ………………………………… 83
　相关知识一 ………………………………………………… 84
　　4.1　发动机起动系统概述 …………………………… 84
　　4.2　起动机的组成和类型 …………………………… 86
　　4.3　起动机构造与工作原理 ………………………… 89
　课堂讨论 …………………………………………………… 96
　相关技能一 ………………………………………………… 97

4.4　起动机的使用 ······································ 97
　　4.5　起动机检修步骤 ·································· 97
　小组工作一 ··· 97
　生产任务二　起动机不转故障诊断 ················ 98
　相关知识二 ··· 98
　　4.6　起动系统电路与工作原理 ···················· 98
　　4.7　带有保护继电器的起动系统电路 ········· 100
　相关技能二 ··· 101
　　4.8　起动系统常见故障诊断 ····················· 101
　小组工作二 ··· 105
　拓展知识与技能 ·· 105
　　4.9　减速起动机 ···································· 105
　思考与练习 ··· 108

单元5　电动辅助系统故障检修 ····················· 113
　生产任务　检修电动车窗 ··························· 113
　相关知识 ·· 114
　　5.1　电动车窗 ······································· 114
　小组工作一 ··· 121
　　5.2　电动后视镜 ···································· 122
　　5.3　中控门锁 ······································· 124
　　5.4　电动座椅 ······································· 127
　课堂讨论 ·· 129
　相关技能 ·· 129
　　5.5　汽车电动装置的检修 ························ 129
　拓展知识与技能 ·· 134
　　5.6　遥控门锁系统 ································· 134
　　5.7　防盗报警系统 ································· 135
　　5.8　汽车自动座椅 ································· 139
　　5.9　风窗刮水器与洗涤装置 ····················· 140
　小组工作二 ··· 146
　　5.10　喇叭 ·· 147
　　5.11　安全气囊 ······································ 149
　思考与练习 ··· 151

单元6　照明和灯光信号系统故障检修 ············ 154
　生产任务一　前照灯不亮故障检修 ················ 154
　相关知识一 ··· 155
　　6.1　汽车照明和灯光信号系统的组成 ········· 155
　　6.2　前照灯 ·· 157

  6.3　灯光开关 ··· 163
  6.4　灯光的控制和检测系统 ··· 163
 课堂讨论一 ··· 168
 相关技能一 ··· 168
  6.5　前照灯的使用 ·· 168
  6.6　照明系统电路连接和故障判断实训步骤 ································· 169
 小组工作一 ··· 169
 生产任务二　转向灯不亮故障检修 ·· 169
 相关知识二 ··· 170
  6.7　转向信号灯及闪光器 ··· 170
  6.8　转向灯和危险警报灯电路实例 ··· 171
  6.9　制动信号装置 ·· 172
  6.10　倒车灯 ··· 173
 课堂讨论二 ··· 173
 相关技能二 ··· 174
  6.11　转向灯电路和危险警报灯电路连接和故障判断 ······················ 174
 小组工作二 ··· 174
 拓展知识与技能 ··· 174
  6.12　外部灯光控制电路 ··· 174
  6.13　前照灯检测 ··· 176
 思考与练习 ··· 178

单元7　汽车仪表故障检修 ··· 181
 生产任务　检修汽车仪表 ·· 181
 相关知识 ··· 182
  7.1　汽车仪表作用和组成 ··· 182
  7.2　汽车仪表的类型 ··· 182
  7.3　汽车仪表结构和工作原理 ·· 182
  7.4　数字电子仪表板 ··· 191
 课堂讨论 ··· 193
 相关技能 ··· 193
  7.5　汽车仪表常见故障检修 ··· 193
 思考与练习 ··· 197

单元8　空调系统故障检修 ··· 199
 生产任务一　加注汽车空调制冷剂 ·· 199
 相关知识一 ··· 200
  8.1　汽车空调概述 ·· 200
  8.2　汽车空调制冷系统 ·· 201
  8.3　暖风系统 ··· 209

  8.4 通风系统 ·· 210

  8.5 空气净化系统 ·· 213

 课堂讨论一 ·· 215

 相关技能一 ·· 215

  8.6 空调系统的维护 ·· 215

 小组工作一 ·· 226

 生产任务二 空调压缩机不转故障检修 ·· 226

 相关知识二 ·· 227

  8.7 空调控制系统 ··· 227

 课堂讨论二 ·· 230

 相关技能二 ·· 230

  8.8 空调系统的故障诊断 ·· 230

 小组工作二 ·· 234

 思考与练习 ·· 234

参考文献 ·· 238

单元 1 新手入门

学习情境

在某品牌汽车维修站新员工报到的第一天,有4名新员工被安排到汽车电气维修组工作。汽车电气维修组组长取来几样电气维修工具和仪器,拿出一本奥迪A4轿车的维修手册,要求新员工学习常用工具仪器的使用方法,并对照维修手册,熟悉奥迪A4轿车电气系统的组成、各部件的位置和作用。

生产任务　汽车电气系统的认识和工具的使用

1)工作对象
待检修电气系统的汽车一辆。
2)工作内容
(1)领取所需的工具和维修手册,做好工作准备;
(2)就车认识汽车电气系统的组成、作用、位置;
(3)阅读万用表说明书,学会使用万用表;
(4)学会试灯的使用,并用试灯判断电路短路和断路故障;
(5)就车认识熔断器和继电器盒的位置,并认识熔断器和继电器的类型;
(6)利用万用表和试灯检查熔断器和继电器的性能并进行熔断器和继电器的更换;
(7)对检修后的车辆电气系统的工作进行检查,评价工作质量;
(8)整理工具,清洁工作场地。
3)工作目标与要求
(1)学生应独立或以小组工作的方式,完成本项工作任务;
(2)学生应当能在小组成员的配合下,利用汽车维修手册(或实训指导书),制订工作计划,实施工作计划;
(3)能通过阅读资料和现场观察,描述汽车电气系统的组成、作用、位置;

(4) 能认识汽车熔断器的位置、类型、作用,并能进行熔断器的检测和更换;
(5) 能认识汽车继电器的位置、类型、原理和作用,并能进行继电器检测和更换;
(6) 在工作过程中,注意工作安全,做好废料的处理,保持工作环境整洁。

1.1 汽车电气系统的组成

汽车电气系统由电源、保护装置、控制装置、用电设备等组成,并通过线束以及接插件相互连接。

电源有发电机和蓄电池。保护装置有熔断器、断电器和PTC热敏电阻。其中,熔断器用于电路短路时切断电路,保护汽车线束。断电器和PTC热敏电阻一般与电动机串联,在电动机卡死时切断和增大电路的电阻,保护电动机。

控制装置由开关、继电器和汽车电子控制单元(简称ECU)等组成。其中,继电器经常既是控制装置,又是保护装置、保护开关,用于防止大电流烧蚀。

汽车电气系统按照其作用,可分为电源系统、起动系统、电动系统、照明系统、信号装置、仪表和报警装置、空调系统、娱乐和信息系统、汽车电子控制系统和汽车车载网络系统等部分。

1.1.1 电源系统

汽车电源系统主要由蓄电池、整体式发电机组成。其作用是为汽车各种用电设备提供所需要的稳定电压。汽车电气系统在发动机未起动时和起动瞬间由蓄电池供电,在发动机运转后由发电机供电,同时给蓄电池充电。

1.1.2 起动系统

汽车起动系统主要由起动机、起动继电器、起动开关以及起动保护装置组成。其作用是起动发动机,就是让发动机由静止状态转变为自行运转状态。

1.1.3 电动系统

汽车电动系统包括:电动车窗、电动后视镜、风窗玻璃刮水器、电动座椅、电动天窗、中控门锁等由小型电动机驱动的设备。

1.1.4 照明系统

汽车照明系统用于提供汽车夜间安全行驶所必需的照明,包括车外照明和车内照明。

1.1.5 信号装置

信号装置用于提供安全行车所必需的喇叭和灯光等信号。

1.1.6 仪表和报警装置

仪表和报警装置用来监测发动机及汽车的工作情况,使驾驶人能够通过仪表及报警装置及时得到发动机及汽车运行时的各种参数及异常情况,确保汽车正常运行。主要包括车速里程表、发动机转速表、冷却液温度表、燃油表、机油压力表、气压表以及各种警告灯和指示灯。

1.1.7 空调系统

汽车空调系统的电路由空调压缩机电磁离合器、空调控制器、控制开关以及送风机控制电路等组成,其主要任务是根据环境温度和空气质量控制调节车内的温度和空气质量,以满足乘员舒适度的要求。

1.1.8 娱乐和信息系统

娱乐和信息系统主要包括汽车音响、导航、通信等系统。

1.1.9 汽车电子控制系统

汽车电子控制系统主要包括发动机电控系统、自动变速器电控系统、防滑控制系统、悬架电控系统等。有些车型还配备了车身网络总线系统,将各个电控系统相互连接,以实现网络化控制和信号共享。

1.1.10 汽车车载网络系统

汽车车载网络系统的作用是将汽车上的 ECU 连接起来、实现信息共享,减少传感器的数量和简化汽车线路,提高控制单元的功能和控制精度。

1.2 汽车电气系统的特点

汽车电气系统与普通的电气系统相比,具有以下特点。

1.2.1 低电压

汽油车普遍采用12V电源,重型柴油车普遍采用24V电源。在汽车运行时,发电机电压分别可达到 14.5V 和 29V 左右。随着汽车用电设备的增多,内燃机汽车电气系统的工作电压将来会有提高的趋势,但仍会在低电压的范围内,以保证使用的安全性。

1.2.2 直流

现代汽车发动机是靠起动机内部的直流电动机起动,起动机由蓄电池供电,发电机发出的直流电为蓄电池充电,汽车上所有用电设备都以直流电形式供电,所以汽车电气系统为直流电系统。

1.2.3 单线

汽车的底盘与发动机是由金属制造的,具有良好的导电性能,因此,汽车电气系统的负极直接或间接通过导线与车架或车身金属部分相连,即用汽车的金属机体作为一条公共的零线。除个别重要电器另有负极线相连接外,其他电器不再有负极线互相连接。

1.2.4 并联

各用电设备均采用并联,蓄电池与发电机之间以及所有用电设备之间,都采用正极接正极,负极接负极的方式。这样,当汽车在使用中某一支路出现故障时,不会影响其他电路的正常工作。

1.2.5 负极搭铁

采用单线制时,蓄电池的负极接到车架或车身上,故称负极搭铁。这种搭铁形式对金属的化学腐蚀较轻,对无线电的干扰较小。我国标准规定,汽车线路统一采用负极搭铁。

1.3 汽车电气系统常用维修工具

1.3.1 数字万用表

现在,数字式测量仪表已成为主流,基本取代了模拟式仪表。与模拟式仪表相比,数字式仪表灵敏度高、准确度高、显示清晰、过载能力强、便于携带、使用更简单。数字万用表面板结构如图1-1所示。

图1-1 数字万用表
1-红表笔(插入)测量电压、电阻、二极管和电容孔;2-黑表笔(插入)COM孔;3-红表笔(插入)测量微安和毫安电流孔;4-红表笔(插入)测量安培电流孔;5-测量功能选择旋钮;6-保持键;7-量程选择按键;8-显示屏

(1)使用前,应认真阅读有关的使用说明书,熟悉各开关和插孔的作用。

(2)将测量功能选择旋钮从OFF旋到相应的测量位置,将表笔插入相应插孔中。

(3)交直流电压的测量:将测量功能选择旋钮拨至DCV(直流电压)或ACV(交流电压),红表笔插入V/Ω孔,黑表笔插入COM孔,并将表笔与被测线路并联,读数即显示。

(4)交直流电流的测量:将测量功能选择旋钮拨至μA挡或mA挡或A挡,红表笔插入μA/mA孔或10A孔,黑表笔插入COM孔,并将万用表串联在被测电路中即可。测量直流量时,数字万用表能自动显示极性。

注意:禁止测量高电压(一般500V以上)。

(5)电阻的测量:将测量功能选择旋钮拨至Ω挡,红表笔插入V/Ω孔,黑表笔插入COM孔,断开电源,并将表笔与被测线路并联,读数即显示。

(6)二极管的测量:将测量功能选择旋钮拨至Ω挡,红表笔插入V/Ω孔,黑表笔插入COM孔,断开电源,并将表笔与被测线路并联,读数即显示。也可以通过量程选择按键选择测量二极管的导通电压和电阻。对于发电机大功率二极管,建议测量二极管的导通电压。

注意:数字万用表红表笔为正极,黑表笔为负极,与指针式万用表正好相反。

(7)使用结束后,应将测量功能选择旋钮置于OFF位置。

1.3.2 试灯

试灯可用于线路短路和断路故障的诊断,可以迅速判断故障部位。试灯按是否有电源分为自带电源和不带电源两种,在汽车电气维修中广泛使用的是不带电源的试灯。按灯的类型可分为发光二极管和一般测试灯泡两种。汽车电路测试灯如图1-2所示。自带电源的测试灯以干电池为电源,测试时,亮、灭即代表线路通、断,相当于万用表的通断测试。不带电源的测试灯,其测试分短路检测和断路检测。

检测线路的断路故障时,可将测试灯的一端固定在搭铁位置,另一端按照线路的走向选取测试点,按照先易后难的原则,先测试故障概率大的部位。测试时,注意选取一些易测量的裸露部位和易插拔的连接件,尽量缩小故障区域,提高工作效率;以测试灯状态的变化为准,当出现亮或灭的变化时,就可以确定故障区域了。断路故障检测如图1-3所示。如B点发生断路,则在开关闭合后,分别用试灯测量A、C两点。试灯在A点亮、C点不亮,说明断路点在A点和C点之间。

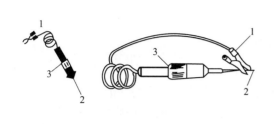
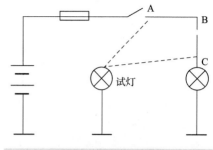

图1-2 汽车电路测试灯
1-搭铁夹;2-探针;3-手柄(电池和试灯在手柄内)

图1-3 断路故障检测

检测线路的短路故障时,可将测试灯的一端固定在蓄电池正极上,依次断开各处电路,在靠近电源一端进行测试。试灯亮与不亮之间即为短路点。如图1-4a)所示,B点发生短路,断开A点,试灯在A点靠近电源端测量,试灯不亮。如图1-4b)所示,接着断开C点线路,试灯在C点靠近电源端测量,试灯亮。说明短路点在A点和C点之间。

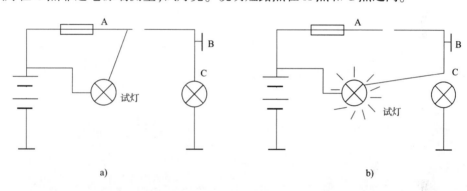

图1-4 短路故障检测1

检测线路的短路故障时,也可将测试灯串联进测试回路中。如果线路短路导致熔断器熔断,可将试灯插入熔断器测试点,然后依次断开各处电路,进行测量。如图1-5所示,如B点发生短路,则在开关闭合后,断开A点线路,试灯不亮。接在断开C点线路,试灯亮,说明短路点在A点和C点之间。

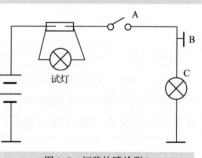

图1-5 短路故障检测2

检测线路的短路故障,也要按照先易后难的原则,从故障概率大的位置入手,选择一些易于连接、断开的位置,如接线柱、插接件等。测试时,以测试灯状态的变化为准,当出现亮或灭的变化时,就可以确定故障区域了。

在使用试灯进行故障诊断时,应注意以下几点:
(1)汽车电控部分只能用发光二极管试灯,防止电流过大损坏电子元件。
(2)汽车起动系统等大电流电路,最好使用灯泡试灯,接触不良的故障才能被检测出来。
(3)断路故障检测时搭铁点试灯暗,不要误认为有故障。

1.4 保护装置、继电器和主要开关

1.4.1 熔断器

熔断器俗称保险丝,其作用是以防止短路、保护电路为主,以防止过载、保护用电设备为辅。主要用途是保护电路(线路)及用电设备不因短路、过载故障而过热损坏,甚至起火。熔断器是最常用的汽车线路保护装置。

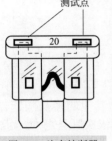

图1-6 汽车熔断器

汽车熔断器有片式熔断器、插入式熔断器和旋紧式熔断器等几种形式。目前,最常用的是片式熔断器(图1-6),其壳体上部有测试点,还标有额定电流,壳体中间有目测可以直接看到的熔断点。壳体的不同颜色代表不同的额定电流。片式熔断器有C、D、F和E型,C、D和F型片式熔断器的特性数据如表1-1所示,E型片式熔断器的特性数据如表1-2所示。

C、D和F型片式熔断器的特性数据　　　　　表1-1

额定电流(A)	工作电压(V)	标 志 色	电压降(mV_{max})
1		黑色	225
2		灰色	200
3		紫色	
4		玫瑰色	175
5		浅棕色(棕黄色)	
7.5	32	棕色(褐色)	150
10		红色	
15		浅蓝色	125
20		黄色	
25		天然色或白色	110
30		浅绿色	100

E型片式熔断器的特性数据　　　　　表1-2

额定电流(A)	工作电压(V)	标 志 色	电压降(mV_{max})
20		黄色	125
30		浅绿色	
40	32	橘黄色	
50		红色	100
60		浅蓝色	
70		棕色	

说明:更换熔断器时,应首先查明熔断的原因,更换后的熔断器一定要与原配熔断器规格一致,不能任意加大熔断器的电流等级,更不能用其他导电物代替,否则极易引起火灾。

1.4.2 断路器

断路器(图 1-7)在电路中经常与直流电动机等大电流电路串联,用于防止电动机过载、保护电动机。断路器是机械装置,它利用两种不同金属(双金属)的热效应断开电路。当过载的电流经过双金属带时,双金属带弯曲,触点开路,阻止电流通过。当无电流时,双金属带冷却而使电路重新闭合,电路断路器复位。

1.4.3 PTC 热敏电阻

PTC 是 Positive Temperature Coefficient 的缩写,意思是正的温度系数。PTC 热敏电阻(正温度系数热敏电阻)是一种具有温度敏感性的半导体电阻,一旦超过一定的温度(居里温度),其电阻值随温度的升高几乎呈阶跃式的增高。PTC 热敏电阻的特性如图 1-8 所示,图中 t 为居里温度。广泛使用的陶瓷 PTC 热敏电阻是以钛酸钡为基,掺杂其他的多晶陶瓷材料制造的,具有较低的电阻,其居里温度可以通过掺杂多晶陶瓷材料的不同而改变。当今汽车上面广泛使用 PTC 热敏电阻代替断路器。

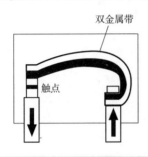

图 1-7 汽车断路器

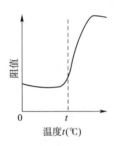

图 1-8 PTC 热敏电阻特性图

1.4.4 汽车常用继电器

汽车常用继电器为直流电磁继电器,主要有起动继电器、前照灯继电器、喇叭继电器、点火开关继电器和刮水器间歇继电器等。如图 1-9 所示,喇叭按钮接通继电器线圈,继电器线圈将触点闭合,由继电器触点接通喇叭。继电器既是控制装置,又是保护装置,保护按钮免受大电流通过引起的烧蚀。一般情况下 30 端子接电源正极端、87 接负载端。两个线圈端子 85 和 86,85 端子接线圈控制输出端,86 端子接线圈控制输入端(实际开关控制可以在 85 端子,也可以在 86 端子)。

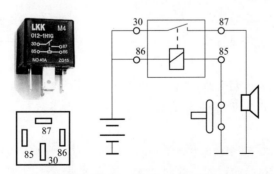

图 1-9 奥迪 A4L 喇叭电路简图

图 1-10 为大众汽车公司使用的几种通用继电器的外形和内部电路。在诊断是否为继

电器故障时,应先进行电路和继电器检测,确认为继电器故障后再对其进行更换。

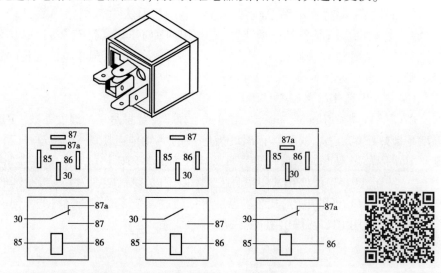

图1-10 汽车使用的几种通用继电器的外形和内部电路简图

检查继电器时,应先用万用表测量线圈电阻,电阻正常后通电检查触点导通情况。

1.4.5 点火开关

点火开关是汽车最主要的开关,也是控制汽车最主要的用电设备。点火开关有五个挡位,如图1-11所示。

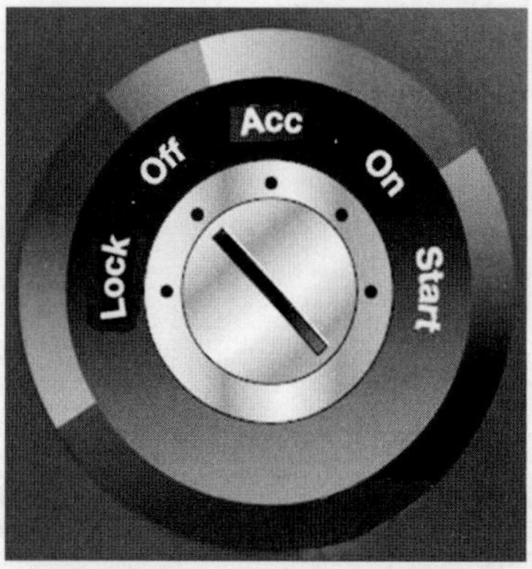

Lock挡:钥匙插入和拔出的挡位,当钥匙在此挡位时,转向盘锁住,电子系统关闭。

Off挡:当钥匙拧到此挡位时,转向盘未锁住,电子系统关闭;钥匙可以插入和拔出。

Acc挡:当钥匙拧到此挡位时,附属电子系统开启,如收音机、光盘等。

On挡:当钥匙拧到此挡位时,所有电子系统开启,如照明、仪表板灯和点火线路;车辆开始自检;正常行车时,钥匙处于On挡。

Start挡:当钥匙拧到此挡位时,起动机工作,起动发动机;起动后松开钥匙,自动回到On挡。

图1-11 点火开关

注意:

(1)在Lock挡位置拔出钥匙后,左右轻轻转动转向盘,转向盘会被固定,这样可以防止车辆被盗。这时插入钥匙后,因转向盘在被固定状态,钥匙不能转动。此时,可以左右轻轻转动转向盘并旋转钥匙。

(2)发动机熄火后,请勿将点火开关长时间置于Acc挡或On挡,以免蓄电池放电。

(3)点火开关在Start挡的时间不能超过5s。如果第一次起动发动机没有成功,应至少等待15s,然后才能再次起动。

(4)起动发动机后,不要再把点火开关转到Start挡,这样会损坏起动机。有的点火开关有自锁装置,钥匙从 Start 挡回到 On 挡后,无法再直接转到 Start 挡,以保护起动机。

1.4.6 转向盘下组合开关

转向盘下组合开关(图 1-12)的左边是灯光组合开关,右边是刮水器开关和喷水洗涤开关。

图 1-12 组合开关

灯光组合开关由灯光总开关、变光开关、雾灯开关、转向灯开关和超车灯开关组成。灯光总开关控制前照灯、示廓灯和尾灯的亮暗变化,变光开关控制前照灯亮暗(或远近)变化。雾灯开关控制雾灯亮暗变化,一般须在灯光总开关接通前照灯或示廓灯时,雾灯才能点亮。刮水器开关一般有停止挡、手动挡、低速挡、高速挡和间歇挡。有的刮水器开关具有间歇时间可调的功能。有的刮水器开关还有自动挡,自动挡时刮水器控制器(或刮水器电子控制单元)通过雨量传感器对雨量进行测量,从而控制刮水器的摆动及摆动速度。喷水洗涤开关在控制喷水洗涤的同时控制刮水器摆动两次。

小组工作一

实训项目 1 汽车电气系统的认识和基本检查

(1)每 3~5 名学生组成 1 个工作小组,确定 1 名小组长,接受工作任务,做好工作准备。

(2)阅读工作单,查阅维修手册或实训指导书。

(3)按照工作单的引导,观察汽车电气系统的组成、作用、位置。填写工作单并描述汽车电气系统的组成、作用、位置。

(4)按照工作单的引导,阅读万用表说明书,按说明书的指示进行数字万用表的使用操作,利用数字万用表检查排除故障并填写工作单。

(5)按照工作单的引导,学会使用试灯。利用试灯检查排除电路短路和断路故障并填写工作单。

(6)按照工作单的引导,认识汽车熔断器和继电器。对熔断器和继电器进行检查,并填写工作单。

(7)回答指导教师的现场提问,接受指导教师的技能考核。

(8)完成工作任务后,对工作过程进行自我评价和小组互评,听取指导教师的点评。

(9)清洁工作场所,清点维护工具设备,完成任务交接。

相关技能

1.5 车载网络技术

随着社会经济条件的不断改善,人们对汽车性能的要求越来越高,汽车功能越来越多,如果采用传统的电源控制方式,相应开关、继电器、线束等也会增多,势必会增大汽车的整车质量,增加线束的故障率。为满足汽车控制领域的要求,同时减少相关组件的数量,汽车制造商开发设计了数据总线控制系统,把众多 ECU 连成网络,其数据通过数据总线的形式传输,可以达到信息共享的目的。

1.5.1 CAN 总线

CAN 是控制器局域网络(Controller Area Network)的简称,由德国 BOSCH 公司研发和生产,现已发展成为国际标准(ISO 11898),是车用控制单元传输信息的一种传送形式。由于车上的布线空间有限,CAN 总线系统的控制单元连接采用铜缆串行方式。不同控制器之间的信息传送方式为广播式传输,即每个控制单元不指定接收者,把所有的信息都向外传送,由接收控制器自主选择是否需要接收这些信息,控制器信息广播示意图如图 1-13 所示。

1.5.2 CAN 总线系统组成

CAN 总线部件包括 CAN 控制器、CAN 收发器、数据传输线及网关,CAN 总线结构如图 1-14 所示,其中 CAN 收发器一般集成在带有 CAN 控制器的控制单元里。

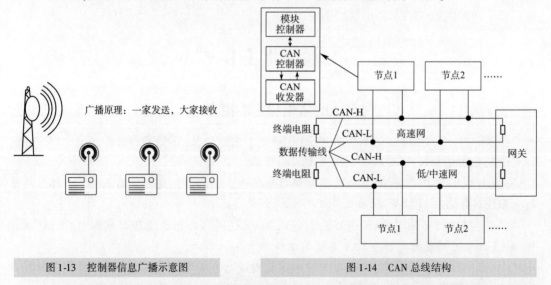

图 1-13 控制器信息广播示意图　　　　图 1-14 CAN 总线结构

(1)CAN 控制器。接收来自 CAN 收发器的数据并进行处理,再传递至控制器内的微处理单元;微处理单元按事先规定的程序处理输入数据,处理结果存储在相应存储器内,然后传递至各执行元件。

(2)CAN 收发器。安装在控制器内部,起到接收和发送信号的作用。可接收来自数据传输线的数据并将其转换成数字信号发送至 CAN 控制器,同时接收 CAN 控制器传递的数据并将其转化为电信号发送至数据传输线。

(3) 数据传输线。使用双绞线,两条线传输相同的数据,分别为 CAN-High(高速总线)和 CAN-Low(低速总线)。CAN 总线的传输速率可达 500kbit/s,采用双绞线可防止电磁干扰对数据传输的影响,也可以防止本身对外界的干扰,双绞线抗干扰示意图如图 1-15 所示。数据传输线两端各有一个 120Ω 的终端电阻,以防止信号回流并实现故障追踪。

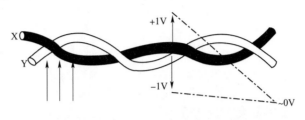

图 1-15 双绞线抗干扰示意图

(4) 网关。由于不同区域 CAN 总线的速率和识别代号不同,因此一个信号要从一个总线区域进入到另一个总线区域,必须对其速率和识别代号进行转换,这个任务由网关来完成。

1.5.3 CAN 总线数据传输原理

CAN 总线上的所有控制单元以并联方式经收发器与总线连接,各控制单元均有权向总线发送数据。同一时刻只有一个控制单元向总线发送数据,传输系统的其他控制单元收发器均能接收到该数据,并由相应的控制单元判断是否为需要的数据。以迈腾轿车 CAN 总线为例,迈腾轿车 CAN 总线数据传输采用差动电压、信号放大和信号干扰过滤的方法。

(1) 总线电压的差动信号。差动信号是指 CAN-High 与 CAN-Low 的电压之差,如图 1-16a)所示。传输过程有静止状态与显性状态两种。静止状态下,CAN-High 线与 CAN-Low 线的电压相同,均为 2.5V;显性状态下,CAN-High 线的电压升高至 3.5V 左右,CAN-Low 线则降低至 1.5V 左右,其电压差约为 2V。

(2) 差动信号放大器。差动信号放大器用于求 CAN-High 线和 CAN-Low 线的信号电压差如图 1-16b)所示,并将转换后的数据传至控制单元的 CAN 收发区。

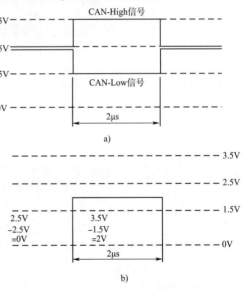

图 1-16 CAN 总线数据传输示意图
a) 差动信号;b) 信号电压差

(3) 信号干扰过滤。迈腾轿车 CAN 总线的 CAN-High 线和 CAN-Low 线采用铰接方法,传输过程中产生的干扰脉冲有规律地作用在两条线上。差动信号放大器总是输出 CAN-High 线与 CAN-Low 线的电压差值,可有效过滤干扰。

1.5.4 LIN 总线

局部连接网络 LIN(Local Interconnect Network)总线系统是一个汽车底层网络协议。相比 CAN 总线系统,LIN 总线系统传输速度较低,但价格低廉,可在某些传感器和执行器联网时与 CAN 系统形成互补的关系。

LIN 总线采用单主/多从带信息标示的广播式信息传输方式,网络节点根据在通信中的地位分为主节点和从节点。LIN 总线的传输速率可达 20kbit/s,通常一个 LIN 网络节点数目小于 12 个,共 64 个标识符。

LIN 总线是 CAN 总线的子网络,但它只有一根数据线,没有屏蔽措施,图 1-17 为 LIN 总线数据传输波形图。

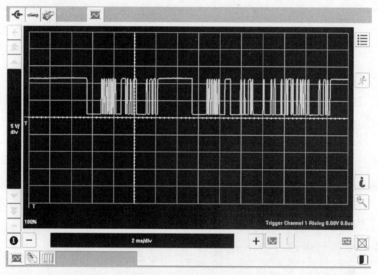

图 1-17 LIN 总线数据传输波形图

1.6 汽车电路识图

1.6.1 汽车电路图概述

汽车电路图是汽车维修人员必备的技术资料。目前,大部分汽车都装备有较多的电气装置和电子控制装置,其技术含量高、线路复杂。仅凭传统的经验来完成汽车电气系统维修和故障诊断,已无法适应现代汽车电气系统的检修工作。因此,正确识读汽车电路图是完成汽车电气系统检修和故障判断排除任务的必备条件。

汽车电路由电源、保护装置、控制装置、用电设备以及连接它们的线束和插接器组成。汽车电路图由表示汽车部件的图形符号、线条、文字标注和文字注释组成。图形符号用于表示汽车电器的部件,线条用于表示连接各电器部件的导线,文字标注用于对图形符号等进行解释,文字注释用于对文字标注等进行解释。

汽车电路图是由各种图形符号和线条等构成的图形,电路图清楚地表示了电路的各组成元件,如电源、熔断器、继电器、开关、继电器盒、连接器、电线、搭铁等。有些电路图还表示了电气零件的安装位置、连接器的形式及接线情况、电线的颜色、接线盒和继电器盒中各部件(如继电器及熔断器等)的位置以及线束等在汽车上的布置。

为了读懂汽车电路图,首先要识别电路图中的各种图形符号及其含义。汽车电气系统电路图常用图形符号可分为以下几种。

1) 限定符号

限定符号用于表示电路图中各部件、线路、接线端子的性质,如表1-3所示。

限定符号　　　　　　　　　　　　　　　　　表1-3

序号	名称	图形符号	序号	名称	图形符号
1	直流	——	6	中性点	N
2	交流	∼	7	磁场	F
3	交直流	≂	8	搭铁	⊥
4	正极	+	9	交流发电机输出接线柱	B
5	负极	−	10	磁场二极管输出端	D+

2) 导线、端子和导线的连接符号

导线、端子和导线的连接符号如表1-4所示。

导线、端子和导线的连接符号　　　　　　　　　表1-4

序号	名称	图形符号	序号	名称	图形符号
1	接点	●	11	多极插头和插座(示出的为三极)	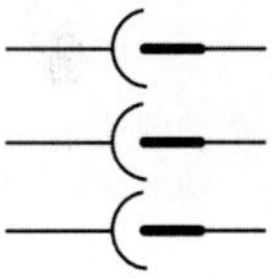
2	端子	○			
3	可拆卸的端子	φ			
4	导线的连接	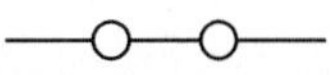 —○—○—			
5	导线的分支连接	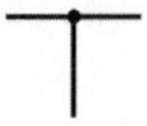 ┬	12	接通的连接片	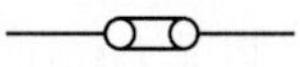 —○═○—
6	导线的交叉连接	 ┼	13	断开的连接片	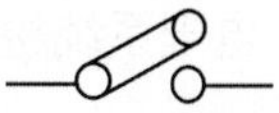
7	导线的跨越	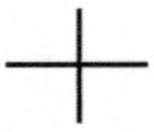 ╪	14	边界线	 ———
8	插座的一个极	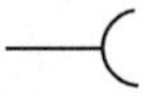 ⊃	15	屏蔽(护罩)	
9	插头的一个极	 —			
10	插头和插座	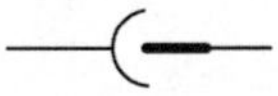 —⊂—	16	屏蔽导线	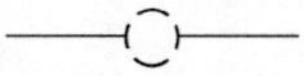

3）触点与开关符号

触点与开关符号如表1-5所示。

触点与开关符号　　　　　　　　　　　　　　　　　　　　表1-5

序号	名称	图形符号	序号	名称	图形符号
1	旋转、旋钮开关		7	热继电器触点	
2	液位控制开关		8	旋转多挡开关位置	
3	机油滤清器报警开关		9	推拉多挡开关位置	
4	热敏开关动合触点		10	钥匙开关（全部定位）	
5	热敏开关动断触点		11	多挡开关、点火开关、起动开关，瞬时位置为2能自动返回到1（即2挡不能定位）	
6	热敏自动开关动断触点		12	节流阀开关	

4）电器元件符号

电器元件符号如表1-6所示。

电器元件符号　　　　　　　　　表1-6

序号	名　　称	图形符号	序号	名　　称	图形符号
1	动合(常开)触点		16	钥匙操作	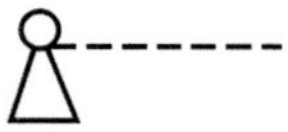
2	动断(常闭)触点		17	热执行器操作	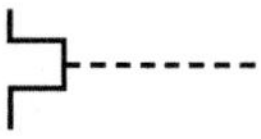
3	先断后合的触点		18	温度控制	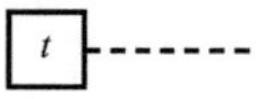
4	中间断开的双向触点		19	压力控制	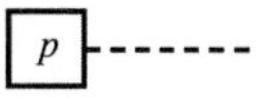
5	双动合触点		20	制动压力控制	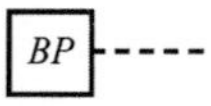
6	双动断触点		21	液位控制	
7	单动断双动合触点		22	凸轮控制	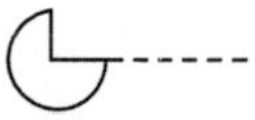
8	双动断单动合触点		23	联动开关	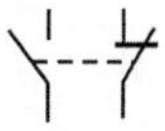
9	一般情况下手动控制	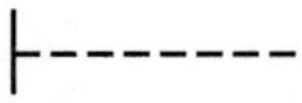	24	手动开关的一般符号	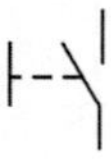
10	拉拔操作	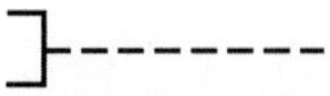	25	定位(非自动复位)开关	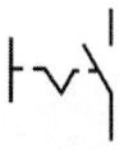
11	旋转操作	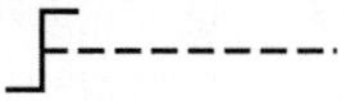	26	按钮开关	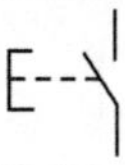
12	推动操作	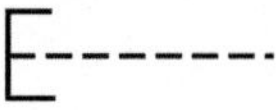	27	能定位的按钮开关	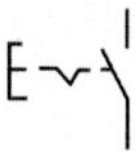
13	一般机械操作	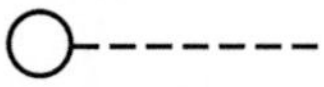	28	拉拔开关	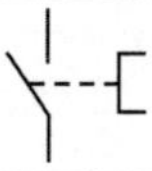
14	电阻器		29	滑线式变阻器	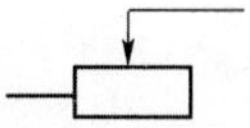
15	可变电阻器	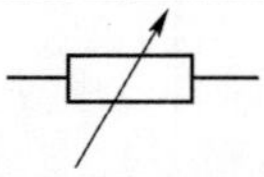	30	分路器	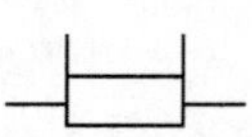

续上表

序号	名　称	图形符号	序号	名　称	图形符号
31	压敏电阻器		48	滑动触点电位器	
32	热敏电阻器		49	仪表照明调光电阻	
33	光敏电阻		50	电感器、线圈、绕组、扼流图	
34	加热元件、电热塞		51	带磁心的电感器	
35	电容器		52	熔断器	
36	可变电容器		53	易熔线	
37	极性电容器		54	电路断电器	
38	穿心电容器		55	永久磁铁	
39	半导体二极管一般符号		56	操作器件一般符号	
40	单向击穿二极管，电压调整二极管（稳压管）		57	一个绕组电磁铁	
41	发光二极管		58	两个绕组电磁铁	
42	双向二极管（变阻二极管）				
43	三极晶体闸流管				
44	光电二极管		59	不同方向绕组电磁铁	
45	PNP 型三极管				
46	集电极接管壳三极管（NPN 型）		60	触点常开的继电器	
47	具有两个电极的压电晶体		61	触点常闭的继电器	

5）仪表符号

仪表符号如表 1-7 所示。

仪 表 符 号　　　　　　　　　　表 1-7

序号	名　称	图形符号	序号	名　称	图形符号
1	指示仪表	＊	8	转速表	n
2	电压表	V	9	温度表	$t°$
3	电流表	A	10	燃油表	Q
4	电压电流表	A/V	11	车速里程表	v
5	欧姆表	Ω	12	电钟	⌐
6	瓦特表	W	13	数字式电钟	🕐
7	油压表	OP			

6）传感器符号

传感器符号如表 1-8 所示。

传 感 器 符 号　　　　　　　　　　表 1-8

序号	名　称	图形符号	序号	名　称	图形符号
1	传感器的一般符号	＊	8	空气流量传感器	AF
2	温度表传感器	$t°$	9	氧传感器	λ
3	空气温度传感器	$t°a$	10	爆震传感器	K
4	冷却液温度传感器	$t°w$	11	转速传感器	n
5	燃油表传感器	Q	12	速度传感器	v
6	油压表传感器	OP	13	空气压力传感器	AP
7	空气质量传感器	m	14	制动压力传感器	BP

7）电气设备符号

电气设备符号如表 1-9 所示。

电气设备符号　　　　　表1-9

序号	名称	图形符号	序号	名称	图形符号
1	变换器、转换器		14	点火线圈	
2	光电发生器		15	分电器	
3	空气调节器		16	火花塞	
4	滤波器		17	电压调节器	
5	稳压器		18	转速调节器	
6	点烟器		19	温度调节器	
7	热继电器		20	串激绕组	
8	间歇刮水继电器		21	并激或他激绕组	
9	防盗报警系统		22	集电环或换向器上的电刷	
10	天线一般符号		23	直流电动机	
11	发射机		24	串激直流电动机	
12	收音机		25	并激直流电动机	
13	内部通信联络及音乐系统		26	永磁直流电动机	

续上表

序号	名　　称	图形符号	序号	名　　称	图形符号
27	收放机		40	起动机（带电磁开关）	
28	天线电话		41	燃油泵电动机、洗涤电动机	
29	传声器一般符号		42	晶体管电动燃油泵	
30	照明灯、信号灯、仪表灯、指示灯		43	闪光器	
31	双丝灯		44	霍尔信号发生器	
32	荧光灯		45	磁感应信号发生器	
33	组合灯		46	温度补偿器	
34	预热指示器		47	电磁阀一般符号	
35	电喇叭		48	常开电磁阀	
36	扬声器		49	常闭电磁阀	
37	蜂鸣器		50	电磁离合器	
38	报警器、电警笛		51	用电动机操纵的怠速调整装置	
39	元件、装置、功能元件		52	过电压保护装置	
			53	过电流保护装置	

续上表

序号	名称	图形符号	序号	名称	图形符号
54	信号发生器	G	67	加热器(除霜器)	
55	脉冲发生器	G	68	振荡器	
56	加热定时器	H T	69	蓄电池组	
57	点火电子组件	I C	70	蓄电池传感器	B
58	风扇电动机	M	71	制动灯传感器	BR
59	刮水电动机	M	72	尾灯传感器	T
60	天线电动机	M	73	制动器摩擦片传感器	F
61	直流伺服电动机	SM	74	燃油滤清器积水传感器	W
62	直流发电机	G	75	三丝灯泡	
63	星形连接的三相绕组		76	汽车底盘与吊机间电路滑环与电刷	
64	三角形连接的三相绕组		77	自记车速里程表	v
65	定子绕组为星形连接的交流发电机	G 3~	78	带电钟的自记车速里程表	v
66	定子绕组为三角形连接的交流发电机	G	79	带电钟的车速里程表	v

续上表

序号	名　称	图形符号	序号	名　称	图形符号
80	外接电压调节器与交流发电机		83	门窗电动机	
81	整体式交流发电机		84	座椅安全带装置	
82	蓄电池				

1.6.2　仪表板上常用控制符号

仪表板上常用控制符号如图1-18所示。

图1-18　仪表板上常用控制符号

1.6.3 插接器表示方法

插接器又称连接器,用于将线束和线束连接,或将线束和电气部件连接,是汽车电气线路中不可缺少的元件。因其连接可靠、检修方便,故广泛应用于汽车上。

插接器由外部不导电的外壳和内部导电的金属片组成。导电的金属片是线路与各电气设备之间、线路与线路之间的连接部件。现代的汽车零部件多、线束的数量也较多,为了便于安装、检修和更换,采用了各种不同形状的插接器,使其具有防呆防误功能,同时增加线束设计的自由度。汽车常用连接器及电线焊片的种类如图1-19所示。

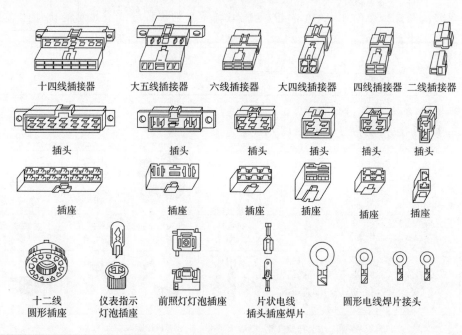

图1-19 汽车常用插接器及电线焊片接头的种类

插接器由插头和插座两部分组成,汽车上不同位置所用插接器的端子数目、几何尺寸和形状各不相同。

插头一般指插接器中不固定的部分。带阳性接触体(实心接触体)的插头称为公插头;带阴性接触体(空心接触体)的插头称为母插头。插座一般指插接器中固定(在面板或底盘上)的部分。带阳性接触体的插座称为公插座;带阴性接触体的插座称为母插座。汽车上面通常使用公插头和母插座。为了叙述和使用方便,汽车维修企业将金属导电部分是实心的接触体称为插头,金属导电部分是空心的接触体称为插座。为了较清楚地表示插接器中各导线的情况,通常都对插接器内的导线插脚进行编号,以便在检查电路时,尽快找到插接器中的各条导线,其编号方法如图1-20所示。

为了保证连接可靠,插接器设有锁止装置,大多数插接器具有良好的密封性,以防止油污、水及灰尘等进入而使端子锈蚀。

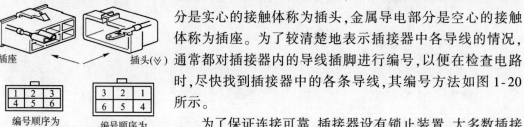

图1-20 插座和插头

插接器在整车电路原理图中有一定的表示符号,各汽车厂家对插接器的表示符号并不相同,但在其电路图册中会进行说明。如丰田公司用"〇"表示零件与线束连接,用"☐"表示线束与线束连接,用带圆角的矩形表示与继电器盒或接线盒连接的接插件,用"▽"表示搭铁点的插接器。符号里面的字母或数字表示该接插件编号。

1.6.4 导线的表示方法

导线是电气线路的基础元件,汽车用导线均采用多股铜线。

(1) 导线截面积

导线的截面积根据所用电气设备的电流值确定。为保证导线有足够的机械强度,规定截面积不能小于 0.5mm^2。我国汽车低压导线的允许负载电流值如表1-10所示。

汽车低压导线允许负载电流值　　　　　　表1-10

铜芯导线截面积(mm^2)	1.0	1.5	2.5	3.0	4.0	6.0	10	13
导线允许载流量(A)	11	14	20	22	25	35	50	60

导线标称截面积是根据规定换算方法得到的截面积值,它既不是线芯的几何面积,也不是各股铜线几何面积之和。导线标称截面积一般会在原车电路图中直接标注出来。

蓄电池电压为12V的汽车,其主要线路导线的标称截面积推荐值如表1-11所示,可作为维修参考。

12V汽车主要线路导线的标称截面积推荐值　　　　　表1-11

标称截面积(mm^2)	适用的电路
0.5	尾灯、顶灯、仪表灯、指示灯、牌照灯、燃油表等
0.8	转向灯、制动灯、停车灯、点火线圈初级绕组等
1.0	前照灯、电喇叭等(3A以下)
1.5	前照灯、电喇叭等(3A以上)
1.5~4.0	其他5A以上电路
4.0~6.0	柴油汽车电热塞电路
6.0~25	电源电路
16~95	起动电路

(2) 导线的颜色

为了便于识别和维修,不同低压导线采用了不同颜色。导线的颜色用1~2个英文缩写字母表示,其代号规定见表1-12。

导线的颜色代号　　　　　　表1-12

代 号	英 文	颜 色	代 号	英 文	颜 色
B	Black	黑色	Bl	Blue	蓝色
Br	Brown	棕色	G	Green	绿色
Gr	Gray	灰色	O	Orange	橙色
R	Red	红色	V	Violet	紫色
W	White	白色	Y	Yellow	黄色

一般汽车电气线路中不同的系统使用不同主色的低压导线,低压导线的选择主色遵循《汽车用低压电线颜色》(ZBT 35002)的规定,如表 1-13 所示。许多进口汽车和我国一些引进国外品牌的汽车厂家,其低压导线的颜色并不遵照 ZBT 35002 的规定。

低压导线的选择主色规定 表1-13

系 统 名 称	主色代号	颜　色
电气装置搭铁线	B	黑色
点火系统、起动系统	W	白色
电源系统	R	红色
灯光信号系统	G	绿色
防雾灯及车身内部照明系统	Y	黄色
仪表及报警指示和喇叭系统	Br	棕色
前照灯、雾灯等外部照明系统	Bl	蓝色
各种辅助电动机及用电器操纵系统	Gr	灰色
收音机、点烟器等辅助装置系统	V	紫色

如导线表面有色条,则用两个字母和中间的一个连接符表示。如 R-B 表示该导线主色为红色,色条为黑色,见图 1-21。

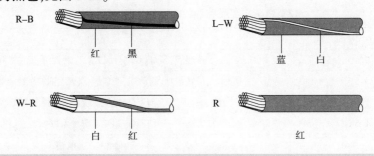

图 1-21　导线的颜色及表示方法

1.6.5　汽车电气电路图的识读技巧

各国汽车电路图的绘制方法、技术标准等各不相同,汽车电路图有很大差异,甚至同一国家不同公司的汽车电路图也存在着较大差异。要想读懂一种车型的整车电路图,特别是较复杂的电路图不是一件轻松的事情。识读汽车电路图的一般步骤为:

(1)认真读几遍图注

图注是说明汽车所有电气设备的名称及其数码代号,通过读图注,可初步了解该汽车都装配了哪些电气设备;然后,通过数码代号在电路图中找出该电气设备,再进一步找出相互连线、控制关系。这样就可以了解汽车电路的特点和构成。

(2)牢记电气图形符号

汽车电路图是利用电气图形符号来表示其构成和工作原理。因此必须了解电气图形符号的含义和功能,才能看懂电路图。

(3)熟记电气部件接线端子的标记符号

为了便于绘制和识读汽车电气电路图,有些电器或其接线柱等都被赋予不同的标志代号。例如,接至电源端的接线端子用"B"或"+"表示;接至点火开关的接线端子用"SW"表示;接至起动机的接线端子用"ST"表示;发电机电枢输出接线端子用"B+"表示等。

(4)要牢记回路原则

任何一个完整的电路都是由电源、开关、用电设备、导线等组成。电流必须从电源正极出发,经过熔断器、开关、导线等到达用电设备,再经过导线(或搭铁)回到电源负极,才能构成回路。这样的电路才是正确的,否则就是读错了或查错了。可以沿着工作电流的流向,由电源查明用电设备。

(5)牢记搭铁极性

我国和世界各国都规定了汽车电气电路为负极搭铁。

(6)注意开关在电路中的作用

对于多层多挡多接线柱的开关,要按层、按挡位、按接线柱逐级分析其各层各挡的功能。有的用电装置受两个以上单挡开关(或继电器)的控制,有的受两个以上多挡开关的控制,其工作状态可能比较复杂。当开关接线柱较多时,首先找到与电源相连的一两个接线柱,再逐个分析与其他各接线柱相连的用电装置处于何种挡位,从而找出控制关系。

(7)注意开关、继电器的初始状态

在电路图中,各种开关、继电器都是按初始位置画出的,如按钮未按下,开关未接通,继电器线圈未通电,继电器触点未闭合(常开触点)或未打开(常闭触点),这种状态称为原始状态。但看图时,不能完全按原始状态分析,否则很难理解电路所表达的工作原理,因为大多数用电设备都是通过开关按钮、继电器触点的变化而改变回路,进而实现不同的电路功能。所以,必须对电路图进行工作状态下的分析。如刮水器电路就是通过开关、继电器触点的变化,使电路发生变化来实现间歇、低速、高速刮水功能的,分析电路时,必须分别对三种工作状态的电路进行分析。

(8)注意电气装置在电路图中的布置

在电气系统中,大量电气装置的驱动部分和被驱动部分采用机械连接,如各种继电器,还有多层多挡组合开关。这些电气装置在电路图上表示时,应做到使画面既简单,又便于识图,可采用集中表示法或分开表示法。随着汽车电路的日趋复杂,一个电气装置有较多的组成部分(如组合开关),若集中画在一起,则易引起线条往返和交叉线过多,造成识图困难。再如继电器的线圈、触点,绘制在一起时,也易引起线条往返和交叉线过多,造成识图困难。这时宜采取分开表示法,即把继电器的线圈、触点分别画在不同的电路中,用同一文字符号或数字符号将分开部分联系起来。

(9)注意各局部电路之间的内在联系和相互关系

汽车整车电路基本上由电源电路、充电电路、点火电路、起动电路、照明电路、辅助电气设备电路等单元电路组成。除电源电路公用外,其他单元电路都是相对独立的,但它们之间也存在着内在联系和相互影响。

(10)先易后难

有些汽车电路图的某些局部电路,或局部电路中的某些部分,可能比较复杂,一时难以看懂,可以暂时不顾及,待其他局部电路都看懂后,再来进一步识读这部分电路。

(11)要善于请教和查找资料

由于新的汽车电气设备不断地出现和应用在汽车上,汽车电路图也随之发生变化。对于看不懂的电路图,要善于请教有关人员,同时还要善于查找资料,直至看懂。

(12)浏览全图框画各个系统

要读懂汽车电路图,首先必须掌握组成电路的各个电器元件的基本功能和电气特性,在大体掌握全图的基本原理的基础上,再把一个个单独的电气系统框出来(或画出来),这样就容易抓住每一部分的主要功能及特性。在框画各个系统时,应注意既不能漏掉各个系统中的组件,也不能多框画其他系统的组件,一般规律是:只有电源和总开关是公共的,其他任何一个电气系统都应是一个完整的独立的电气回路,即包括电源、开关、电气(或电子)部件、导线等,并从电源的正极经导线、开关、熔断器至电器后搭铁,最后回到电源负极。

1.6.6 典型车系电路图识读

1) 大众车系的电路图识读方法

大众车系的局部电路图识读图如图1-22所示。图中序号1~18的解释如表1-14所示。

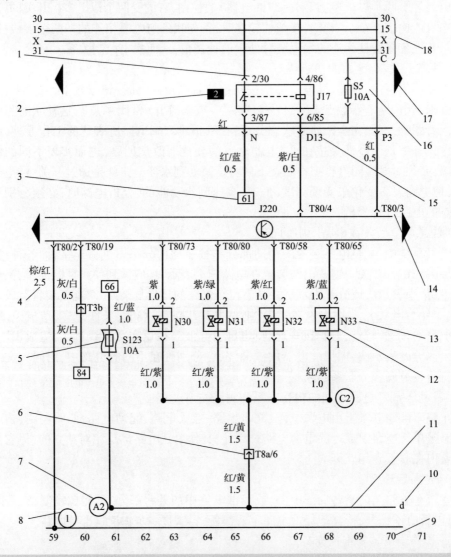

图1-22 大众车系的局部电路图识读图

典型大众车系电路图解读表　　　　　　表1-14

图　例	含　义
1 继电器盒上继电器或控制器接线代号	表示继电器多针插头的各个触点。如2/30、3/87、4/86、6/85等,其中分子2、3、4、6是指中央配电盒插孔代号,分母30、85、86、87是指继电器的插脚代号。2/30就表示出了继电器插脚与插孔的配合关系
2 继电器位置编号	表示继电器板上的继电器位置编号
3 指示导线的去向	断线画法。框内的数字指示导线连接到哪个接点编号位置,61表示连接到编号61位置
4 导线颜色和横截面积	双色线主色棕色,附色红色。横截面积2.5mm^2
5 附加熔断器符号	例如,S123表示在中央电器附加继电器板上第23号位熔断器,额定电流为10A
6 插头连接	例如,T8a/6表示8针插接器a插头触点6
7 线束内多导线的铰接点	在电路图下方可查到该不可拆式铰接点连接位于哪个导线束内以及具体位置
8 搭铁点的代号	在电路图下方可查到该代号搭铁点在汽车上的位置
9 位置编号	位置编号为读图和看图方便设置,不代表实际电路
10 指示内部接线的去向	表示内部接线在下一页电路图中与标有相同字母的内部接线相连
11 内部接线(细实线)	该接线并不是作为导线设置的,而是表示元件或导线束内部的电路
12 元件的图形符号	在元件图形符号表可以查到表示的意思
13 元件代号	在电路图下方可以查到元件的名称
14 接线端子代号	表示电器元件上接线端子数/多针插头连接触点号码。T为插接器,80表示共有80个端子,3表示第3个端子
15 配电盒上接头连接代号	表示多针或单针插头连接和导线的位置,例如D13表示多针插头连接,D位置插接器,触点13
16 熔断器代号	图中S5表示该熔断器位于熔断器座第5号位,额定电流为10A
17 三角箭头	表示接下一页电路图
18 中央配电盒内主要导线	标有"30"字样的导线直接与蓄电池正极相连接,中间不经过任何开关,不论汽车处于停车或发动机处于熄火状态均有电,其电压为电源电压(12V或14V)。标有"15"字样的导线为小容量用电设备的电源正极线,受点火开关控制,只有在点火开关接通后,用电设备才能通电使用。标有"X"字样的导线为大容量用电设备的电源正极线,受点火开关控制,只有在点火开关接通后,卸荷继电器触点闭合、车辆起步运行中才能使用的大容量电器所用电源线。标有"31"字样的为中央线路板内搭铁点

2)丰田车系电路图识读

丰田汽车电路图的标示方法如图1-23所示,电路图中大圆圈内数字是注释符号。其特点是用"○"表示零件与线束连接、用"□"表示线束与线束连接、用带圆角的矩形表示与继电器盒或接线盒连接的接插件、用"▽"表示搭铁点。符号里面的字母或数字表示该接插件编号。图中序号1～14的解释如表1-15所示。

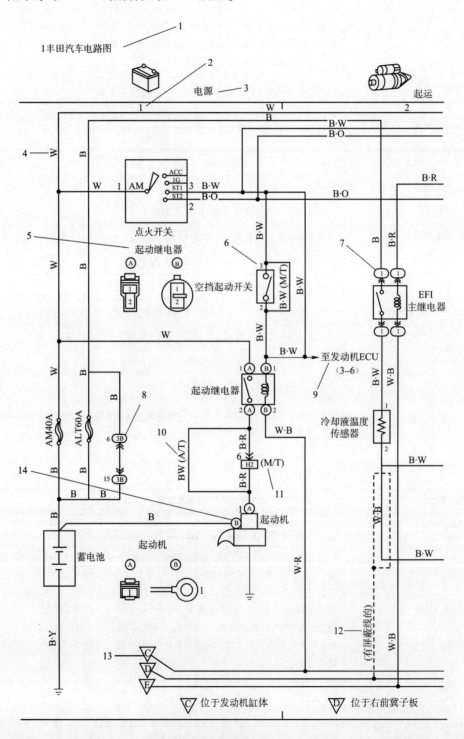

图1-23 丰田车系电路图的标示方法

丰田车系电路图解读表　　　　　　　　　　　　　　　　表1-15

图　　例	含　　义
1 电路图车型和图号	表示丰田车系电路图第一张图
2 电路图的区间	图中表示第1区间
3 系统标题	图中为电源系统
4 配线颜色	图中W表示白色
5 与电器元件连接的插接器	表示与电器元件连接的插接器(数字表示接线端子的编号)。图中还表示起动继电器的插接器有A和B两种型式。A和B已经在图上标示
6 插接器的接线端子编号	其中3表示插接器内部3号端子
7 继电器盒	图中只标明继电器盒的号码,没有印上阴影,以有别于接线盒。图示用带圆角的矩形表示与继电器盒或接线盒连接的接插件,中间都是标注1,表示继电器盒号码为1
8 接线盒	圈内数字表示接线盒号码,圈旁数字表示该插接器插座位置代码。接线盒上一般印上阴影,使其与其他元件区分。不同的接线盒,用不同的阴影标出,以便区分。例如图中的3B表示其为3号接线盒内的B插接器;数字6和15表示两条配线分别在插接器6号和15号接线端子上
9 连接的相关联系统	图中表示到丰田汽车电路图第3图第6区间,给发动机ECU一个起动信号
10 当车辆型号、发动机型号或规格不同时,有不同的配线和插接件	当车辆型号、发动机型号或规格不同时,有不同的配线和插接件。采用自动变速器时使用黑白导线直接连接
11 配线与配线之间的插接器	用"□"表示配线与配线之间的插接器,带插头的配线用符号">>",外侧数字6表示接线端子的号码(注:采用手动变速器时才有插接器)
12 屏蔽的配线	图中表示该导线有屏蔽线
13 搭铁(接地)点的位置	用"▽"表示搭铁点。三角形中间C表示搭铁点位于发动机缸体,三角形中间D表示搭铁点在右前翼子板
14 零件与线束连接	用圆圈"○"表示零件与线束连接

小组工作二

1.6.7　利用电路图检查故障的方法

当电气系统出现故障时,首先应确定故障的现象和发生故障的条件,这样可以大致确定故障的范围。检查时,应首先对故障系统的供电情况(电源和负极搭铁)及故障元件本身进行检查,如果通过上述检查工作还不能确定故障原因时,就需借助电路图进行故障诊断。电路图可以提供电气设备的基本电路、电器元件的安装位置、线束以及连接器的基本情况。在使用电路图进行故障诊断时,可按下述步骤进行:

(1)在电路图中找出故障系统的电路,并仔细阅读。

(2)通过阅读电路图找出故障系统电路中所包含的电器元件、线束和插接器等。

(3)通过电路图找出上述电器元件、线束和插接器在车上的安装位置及电器元件和插接器上各端子的作用或编码;必要时画出系统电路简图有助于故障判断。

(4)按照电路图和系统电路简图和故障现象,分析故障原因。

(5)按照故障原因对怀疑有故障的部件和导线进行检测,直至查出故障的部位。

实训项目2　汽车车载网络认识和典型车系电路识图

(1)每3~5名学生组成1个工作小组,确定1名小组长,接受工作任务,做好工作准备。

(2)阅读工作单,查阅维修手册或实训指导书,讨论实训车辆车载网络类型,查找CAN网络和LIN网络插接器,确定小组人员工作分工。向实训指导教师汇报讨论结果,经指导教师同意后,开始下一步的工作。

(3)按照工作单的引导,完成网络信号测试、线束的拆卸、线束的安装和各系统电路检测的工作。

(4)在完成工作任务的过程中,根据工作单的要求,完成整车电路认识、画出汽车各系统电路图等学习任务。

(5)回答指导教师的现场提问,接受指导教师的技能考核。

(6)完成工作任务后,对工作过程进行自我评价和小组互评,听取指导教师的点评。

(7)清洁工作场所,清点维修工具设备,完成任务交接。

思考与练习

一、名词解释

1. 插头。
2. 插座。
3. 30 端子。
4. 15 端子。

二、填空题

1. 汽车电气系统的特点有_____、_____、_____、_____、_____。
2. 汽车电源系统主要由_____、_____组成。
3. 汽车起动系统主要由_____、_____组成。
4. 汽车电动系统主要由_____、_____、_____组成。
5. 汽车照明系统有_____、_____、_____。
6. 汽车信号装置用于提供安全行车所必需的_____、_____等信号。
7. 汽车仪表和警报装置主要包括_____、_____、_____、_____、_____、_____以及_____和_____。
8. 汽车电气系统的保护装置包括_____、_____、_____。其中_____主要是用于保护线束。_____和_____主要是用于保护电动机。
9. 汽车电路由_____、_____、_____和_____组成。
10. 汽车电路图中的线条旁标有R-Y,表示该导线主色为_____色,色条为_____色。

三、选择题

1. 汽车插接器图一般画的是（　　）。
   A. 插头　　　　　　　　B. 插座　　　　　　　　C. 插头和插座
2. 在汽车电路中，直接接到电源的线，标为（　　）号线。
   A. 30　　　　　　　　　B. 31　　　　　　　　　C. 15
3. 在汽车电路中，直接搭铁的线，标为（　　）号线。
   A. 30　　　　　　　　　B. 31　　　　　　　　　C. 15
4. 在汽车电路中，通过点火开关控制的电源线，标为（　　）号线。
   A. 30　　　　　　　　　B. 31　　　　　　　　　C. 15
5. 可以重复使用的保护装置是（　　）。
   A. 插接器　　　　　　　B. 熔断器　　　　　　　C. PTC 电阻
6. 可以重复使用的保护装置是（　　）。
   A. 插接器　　　　　　　B. 熔断器　　　　　　　C. 断路器
7. 用于保护开关的保护装置是（　　）。
   A. 继电器　　　　　　　B. 熔断器　　　　　　　C. 继电器
8. 用于保护电动机的保护装置是（　　）。
   A. PTC 电阻　　　　　　B. 熔断器　　　　　　　C. 插接器

四、判断题（对的画"√"，错的画"×"）

1. 汽车插接器图画的是插头。　　　　　　　　　　　　　　　　　　　　　（　　）
2. 汽车电气系统为直流系统。　　　　　　　　　　　　　　　　　　　　　（　　）
3. 所有的汽车都采用正极搭铁。　　　　　　　　　　　　　　　　　　　　（　　）
4. 因为汽车负极搭铁、车身是电路的一根导线，所以与车身相连接的汽车零部件的壳体都是电源的负极。　　　　　　　　　　　　　　　　　　　　　　　　　　　（　　）

五、简答题

1. 汽车电气设备由哪些系统组成？
2. 汽车电气有哪些主要零部件？其作用有哪些？点火开关各个挡位的作用是什么？
3. 如何使用灯光开关控制汽车的灯具？
4. 如何使用数字万用表测量电阻、电压、电流、频率和占空比？
5. 如何使用试灯找到汽车电路的断路点？
6. 汽车电路中保护装置有哪些？各自的保护对象是什么？
7. 汽车电路图由哪些部分组成？各起什么作用？
8. 汽车电路图有哪些图形符号？
9. 如何在汽车电路图中查找任何一个汽车电器零部件在汽车上的位置？

单元 2 蓄电池故障检修

学习情境

一天,某上海大众汽车特约维修站来了一辆迈腾汽车,客户反映该车最近一段时间起动困难,一旦第一次不能起动,那么第二次和第三次起动时,起动机转速更低,会出现起动无力甚至起动机不转的现象。不得不经常另外并联一个蓄电池起动。今天也是先用另外一个蓄电池并联起动后(一路不熄火),到特约维修站维修。经过维修接待人员初步检查,起动系统正常、蓄电池正负极桩接触良好。用电压表测量蓄电池静态电压为12.4V,起动机起动时蓄电池电压仅为7V,怀疑蓄电池故障。填写报修单,交汽车电气维修组进一步检查蓄电池技术状态,以确定是否应对蓄电池进行修理或更换。

生产任务一 检查和维护蓄电池

1)工作对象
送检的各种类型蓄电池各一个(干荷电式、免维护式等)。
2)工作内容
(1)领取所需的工具和仪器,做好工作准备;
(2)检查蓄电池液面高度,视情况添加蓄电池补充液;
(3)使用折光式密度计测量蓄电池电解液密度并判断蓄电池技术状态;
(4)测量蓄电池静态电压;
(5)用高率放电计测量蓄电池放电电压并判断蓄电池技术状态;
(6)检查、评价工作质量;
(7)整理工具,清洁工作场地。
3)工作目标与要求
(1)学生应以小组工作的方式,完成本项工作任务;

(2)学生应当能在小组成员的配合下,利用汽车维修手册(或实训指导书),制订工作计划,实施工作计划;

(3)能通过阅读资料和现场观察,辨别所送检的蓄电池的类型;

(4)能认识所送检的蓄电池的结构,口述蓄电池的工作原理和各部件名称、作用;

(5)能向客户解释所送检的蓄电池的损坏情况、原因,向客户说明蓄电池的使用维护注意事项;

(6)能按规范的步骤,完成送检蓄电池的技术测量,根据蓄电池的技术状态,对蓄电池进行修理或更换蓄电池;

(7)在工作过程中,注意工作安全,做好废料的处理,保持工作环境整洁。

2.1 蓄电池的类型和作用

蓄电池类型有铅酸蓄电池、锂离子蓄电池、镍氢蓄电池、钠硫蓄电池、镍锌蓄电池和锌空气蓄电池等。目前,汽车上广泛使用的是铅酸蓄电池。

铅酸蓄电池已有一百多年的历史,并被广泛用作内燃机的电源。它可靠性好、原材料易得、价格便宜、起动电流大,是目前作为起动电源的最佳选择。但如作为动力电池使用,它有两大缺点:一是比能量低,即所占的质量和体积太大,另一个是使用寿命短,使用成本过高,特别是在过充电和过放电情况下很容易损坏。

蓄电池是一种可实现化学能和电能相互转换的装置,属于可逆的直流电源。汽车上广泛应用铅酸蓄电池。蓄电池在汽车上的功用是:

(1)起动发动机时,向起动机、点火系统和仪表系统等供电,这是蓄电池最主要的作用。

(2)发动机熄火时,向用电设备供电。

(3)发电机过载时,协助供电。

(4)发电机端电压高于蓄电池电压时,将发电机的电能转化为化学能储存起来。

(5)吸收发电机和电路中形成的过电压,起大电容器的作用,以保护汽车上的电子设备。

2.2 蓄电池的结构

汽车用蓄电池必须满足发动机起动的需要,即在短时间内向起动机提供大电流(汽油机为200~600A,柴油机可达1000A)。汽车上采用的蓄电池通常称为起动型蓄电池。根据电解液的不同,起动型蓄电池分为酸性蓄电池和碱性蓄电池两种。酸性蓄电池以稀硫酸作为电解液,而碱性蓄电池则以氢氧化钾或氢氧化钠水溶液作为电解液。汽车上广泛使用的是酸性蓄电池。

铅酸蓄电池就是一种酸性蓄电池,它结构简单、价格低廉、内阻小、起动性能好,能在短时间内提供起动机所需的大电流,因此在汽车上得到了广泛的应用。

铅酸蓄电池是在盛有稀硫酸的容器内插入两组极板而构成的电能存储器,铅酸蓄电池由极板组(正极板、负极板、隔板)、电池盖、电解液、加液孔盖和电池外壳组成,如图2-1所示。

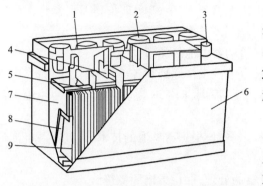

图2-1 蓄电池的结构
1-负极柱;2-加液孔盖;3-正极柱;4-穿壁连接;5-汇流条;6-外壳;7-负极板;8-隔板;9-正极板

电池外壳分为3格或6格,每格装有电解液和极板组。极板组浸入电解液中成为单格电池。每个单格电池的标称电压为2V,因此3个单格串联起来成为6V蓄电池,6格串联起来成为12V蓄电池。

2.2.1 极板组

极板组由正极板、负极板和隔板组成,将正、负极板各一片浸入电解液中,可获得2V左右的电动势。为了增大蓄电池的容量,常将多片正、负极板分别并联,组成正、负极板组,如图2-2所示。

在每个单格电池中,正极板总是比负极板少一片,这样每片正极板都处于两片负极板之间,可以使正极板两侧放电均匀,避免正极板因放电不均匀造成极板拱曲。隔板在两极板之间,可在有限的空间内尽量放置更多的极板,避免正负极板之间短路,又让电解液可以流动。

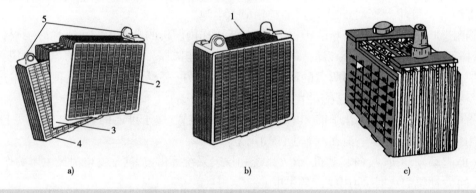

图2-2 蓄电池极板组
1-极板组;2-负极板;3-隔板;4-正极板;5-连接片

1) 极板

极板是电池的基本部件,它的作用是接受充入的电能和向外释放电能。

极板由栅架和活性物质组成。分为正极板和负极板,正极板上的活性物质是棕红色的二氧化铅(PbO_2),负极板上的活性物质是青灰色的海绵状纯铅(Pb),如图2-3所示。

2) 栅架

栅架一般由铅锑合金铸成,其作用是固结活性物质,如图2-4a)所示。

为了降低蓄电池的内阻、改善蓄电池的起动性能,有些铅蓄电池采用了放射形栅架,如图2-4b)所示。

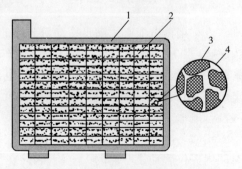

图2-3 极板结构
1-栅架;2-活性物质;3-颗粒;4-孔隙

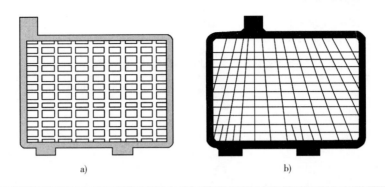

图 2-4 栅架结构

2.2.2 隔板

隔板放置在正负极板之间,以避免其接触而短路。

隔板应具有多孔性,以便电解液渗透,而且化学稳定性要好,具有耐酸和抗氧化性。其结构如图 2-5 所示。常见类型有:

(1) 微孔橡胶隔板:性能好、寿命长,但生产工艺复杂、成本高,故尚未推广使用。

(2) 微孔塑料隔板:其孔径小、孔率高、薄而软,生产效率高、成本低,因此被推荐使用。

(3) 玻璃纤维纸浆和玻璃纤维丝棉隔板。

(4) 袋式隔板:免维护蓄电池中使用较多,它将正极板装入,起到良好的分隔作用,这样可以增大极板面积,进而增大蓄电池的容量。现今的蓄电池广泛使用袋式隔板。

2.2.3 电解液

电解液是蓄电池内部发生化学反应的主要物质,它由纯净硫酸和蒸馏水按一定比例配制而成,也叫稀硫酸。水的密度为 $1g/cm^3$,硫酸的密度为 $1.84/cm^3$,两者以不同的比例混合后形成不同密度的电解液。现在一般使用配置好的电解液,如图 2-6 所示。市场上销售的蓄电池电解液分为蓄电池电解液和蓄电池补充液。蓄电池电解液作为新的干荷电式蓄电池加注电解液使用。而蓄电池补充液主要是蒸馏水,作为使用中的蓄电池液面高度太低时添加电解液使用。

图 2-5 蓄电池隔板

图 2-6 蓄电池电解液

电解液的密度对蓄电池的工作有重要影响,密度大,可减少结冰的危险并提高蓄电池的容量,但密度过大,则黏度增加,反而会降低蓄电池的容量,缩短使用寿命。汽车用铅蓄电池的电解液密度一般为 1.24~1.30g/cm³,使用中的电解液密度应根据地区、气候条件和制造厂家的要求而定。具体参见表 2-1。

不同地区和气候条件下电解液的相对密度　　　　表 2-1

使用地区最低温度(℃)	充足电的蓄电池在25℃时的电解液密度(g/cm³)	
	冬季	夏季
< -40	1.3	1.26
-40~-30	1.28	1.24
-30~-20	1.27	1.24
-20~0	1.26	1.23
>0	1.23	1.23

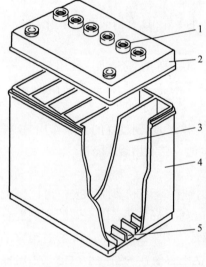

图 2-7　蓄电池外壳
1-注入口;2-盖;3-间壁;4-蓄电池壳体;
5-肋条

2.2.4　外壳

(1)作用:盛装极板组和电解液。

(2)要求:耐酸、耐热、耐振动冲击。

(3)材料:有硬橡胶和塑料两种。现在广泛使用塑料外壳。

(4)结构:蓄电池每组极板所产生的电动势大约为2V,要想获得更高的电动势,通常要使多组极板串联起来,因此在制造蓄电池外壳时,将一个电池外壳内分成若干个单格,即每个单格内有一组极板。每个单格的底部制有肋条,用来放置极板组。肋条之间的空隙可以积存极板的脱落物质,防止正、负极板短路,使用袋式隔板的蓄电池不需要肋条。蓄电池外壳如图 2-7 所示。

极板组的连接均采用铅质连条进行串联。可分为两种形式,即传统的外露式连接和当前常见的穿壁式连接。

2.2.5　蓄电池盖、加液孔盖和正负极桩

蓄电池盖上面有正负极桩和加液孔。蓄电池盖的正极桩位置标有"+",负极桩位置标有"-"。正极桩和负极桩呈上小下大的圆锥形,有些蓄电池正极桩的直径比负极桩大。加液孔用来向蓄电池单格内加注电解液或蒸馏水,加液孔盖上有通气小孔以保证蓄电池内部与大气的压力平衡。加液孔盖上的通气小孔制作成弯曲的通气孔,用于防止电解液溅出。如发生通气孔堵塞可能导致蓄电池爆炸。

2.3　蓄电池的型号

2.3.1　国产蓄电池的型号

根据《铅酸蓄电池名称、型号编制与命名办法》(JB/T 2599—2012)规定,国产蓄电池的型号一般标注在外壳上,用一些数字和字母表示蓄电池最主要的性能,国产蓄电池的型号由

3段5部分组成,其中圆形表示数字,矩形表示字母。

① — ②③ — ④④ ⑤

(1)第1部分表示串联的单体电池数。标准规定蓄电池有3个单格或6个单格两种,用阿拉伯数字(3或6)表示。一个单格蓄电池的电压为2V。3个单格的蓄电池额定电压为$2V \times 3 = 6V$,6个单格的蓄电池额定电压为$2V \times 6 = 12V$。

(2)第2部分表示蓄电池类型,根据其主要用途来划分。

Q——起动用蓄电池。

M——摩托车用蓄电池。

JC——船用蓄电池。

HK——飞机用蓄电池。

(3)第3部分表示蓄电池特征。第3部分为附加部分,仅在同类用途的产品中具有某种特征而在型号中又必须加以区别时采用。当产品同时具有两种特征时,原则上应按表2-2的顺序将两个代号并列标志。产品特征代号如表2-2所示。一般蓄电池不标注。

产品特征代号　　　　　　　　　　　　　　表2-2

特征代号	产品特征	特征代号	产品特征	特征代号	产品特征
不标注	一般蓄电池	J	胶体式	D	带液式
A	干荷电	M	密闭式	Y	液密式
H	湿荷电	B	半密闭式	Q	气密式
W	免维护	F	防酸式	I	激活式
S	少维护				

(4)第4部分表示蓄电池额定容量。指20h放电率(蓄电池用20h把电放完,所提供的电能)额定容量,单位:安培小时(单位符号为$A \cdot h$),用阿拉伯数字表示。

(5)第5部分表示产品某些特殊性能。可用相应的代号加在产品型号的末尾,如G表示高起动率电池、S表示塑料外壳电池、D表示低温起动性能好。

举例如下:

①3-Q-75:由3个单体电池组成,额定电压为6V,额定容量为$75A \cdot h$的起动用一般蓄电池。

②6-QA-105G:由6个单体电池组成,额定电压为12V,额定容量为$105A \cdot h$的起动用干荷电高起动率蓄电池。

③6-QAW-100:由6个单体电池组成,额定电压为12V,额定容量为$100A \cdot h$的起动用干荷电免维护蓄电池。

2.3.2　美国、日本蓄电池的型号

按美国BCI(国际蓄电池协会)标准生产的铅酸蓄电池,型号由两组数字组成,中间由一短横线相隔。第一组数字表示蓄电池的组号,即蓄电池的外形尺寸;第二组数字表示蓄电池的低温起动电流值。如北京切诺基用蓄电池型号为"58-475"或"58-500",其外形尺寸一致,$-17.8 ℃$时的起动电流分别为475A和500A。

按日本标准生产的蓄电池,型号由两部分组成,如在丰田佳美上使用的65D 26LMF蓄

电池。其表示意义如下：

（1）65 表示蓄电池的性能参数。数字越大，表示蓄电池可以存储的电量就越多。

（2）D 表示蓄电池的宽度和高度代号。蓄电池的宽度和高度组合由 8 个字母（A～H）中的一个表示，越接近 H，表示蓄电池的宽度和高度值越大，具体如表 2-3 所示。

表 2-3 日本蓄电池宽度和高度表

代　　号	宽度（mm）	高度（mm）
A	127	162
B	127 或 129	203
C	135	207
D	173	204
E	176	213
F	182	213
G	222	213
H	278	220

（3）26 表示蓄电池的长度约为 26cm。

（4）L 表示正极端子的位置，从远离蓄电池极柱的方向看过去，正极端子在右端的标 R，正极端子在左端的标 L。

（5）MF 表示免维护。

2.4　蓄电池的工作原理和特性

2.4.1　蓄电池的工作原理

蓄电池的工作过程是一个化学能与电能相互转化的过程。当蓄电池的化学能转化为电能而向外供电时，称为放电过程；当蓄电池与外界电源相连而将电能转化为化学能储存起来时，称为充电过程。

1）电动势的建立

负极板在硫酸溶液中，负极板上的纯铅电离为正二价铅离子和两个电子，铅离子进入电解液中，电子留在负极板上，使负极板具有 -0.1V 的负电位。正极板在硫酸溶液中，正极板上的二氧化铅电离为正四价铅离子和负二价氧离子，铅离子附着在正极板上，氧离子进入电解液中，使正极板具有 2.0V 的正电位；其化学反应式如下：

$$Pb \rightleftharpoons Pb^{2+} + 2e$$
$$PbO_2 + 2H_2O \rightleftharpoons Pb^{4+} + 4OH^-$$

因此，正、负极板间产生 2.1V（等于正极板电位减去负极板电位）的电位差，如图 2-8 所示。

2）放电过程

在电位差的作用下，电流从正极流出，经过灯泡流回负极，使灯泡发光。正极板上的正四价铅离子与电子结合，生成正二价铅离子，进入电解液再与硫酸根离子结合，生成硫酸铅（附着在正极板上）；负极板上，正二价铅

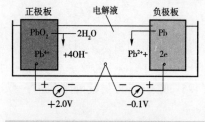

图 2-8　蓄电池电位的形成

离子也同硫酸根离子结合,生成硫酸铅(附着在负极板上)。同时,由于正极板上负二价氧离子与氢离子生成水,电解液中的水不断增多,结果使得电解液的密度不断下降,如图2-9b)所示。

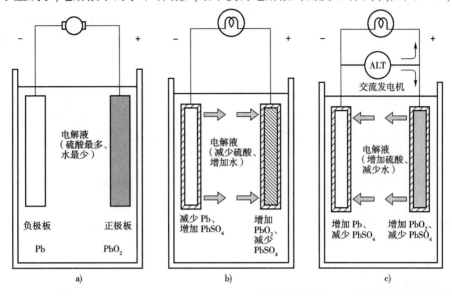

图2-9 蓄电池工作原理

3) 充电过程

充电时,外接直流电源的正极接蓄电池的正极板,电源的负极接蓄电池的负极板。当直流电源的电动势高于蓄电池的电动势时,电流将以与放电电流相反的方向流过蓄电池。

正极板上,正二价铅离子失去2个电子而成为正四价铅离子,再与水反应生成二氧化铅,附着在正极板上,电位升高;负极板上,正二价铅离子得到2个电子生成一个铅分子而附着在负极板上;从正、负极板上电离出来的硫酸根离子与水中的氢离子结合生成硫酸。随着充电过程的进行,极板上的硫酸根离子不断进入电解液与氢离子生成硫酸,使得电解液中的硫酸根离子逐渐增多,结果使得电解液的密度不断升高,如图2-9c)所示。

综上所述,蓄电池的充放电过程的化学反应是可逆的:

正极:

$$PbO_2 + H_2SO_4 + 2H^+ + 2e \underset{充电}{\overset{放电}{\rightleftharpoons}} PbSO_4 + 2H_2O$$

负极:

$$Pb + H_2SO_4^- \underset{充电}{\overset{放电}{\rightleftharpoons}} PbSO_4 + 2H^+ + 2e$$

总的反应式如下:

$$PbO_2 + 2H_2SO_4 + Pb \underset{充电}{\overset{放电}{\rightleftharpoons}} PbSO_4 + 2H_2O + PbSO_4$$
$$\text{正极板} \quad\quad \text{负极板} \quad\quad \text{正极板} \quad\quad \text{负极板}$$

2.4.2 蓄电池的工作特性

蓄电池的工作特性包括:静止电动势、内电阻、容量、充电特性和放电特性。

1)静止电动势

蓄电池在静止状态下(充电或放电后静止2~3h),正负极板间的电位差称为静止电动势,用$E_0(E_j)$表示。

静止电动势可用直流电压表或万用表的直流电压挡直接测得。静止电动势与蓄电池充电程度有关,还与电解液密度和外界温度有关。密度增大和外界温度升高时,静止电动势增大。

2)内电阻

铅蓄电池的内电阻包括极板电阻、电解液电阻、隔板电阻、联条电阻。

(1)极板电阻:正常使用条件下,极板电阻很小,只有极板发生硫化故障时,极板的电阻才明显增大。

(2)电解液电阻:电解液电阻与电解液的温度、密度有关。密度大、温度低,电解液的黏度增大,渗透力下降,电解液的电阻增大。

(3)隔板电阻:隔板电阻主要取决于隔板的材料、厚度以及多孔性。

(4)联条电阻:采用穿壁式结构后,联条电阻可以忽略不计。

3)容量

蓄电池的容量常用额定容量和起动容量表示。

额定容量是完全充足电的蓄电池在电解液平均温度为25℃的情况下,以20h放电率的电流连续放电至单格电压降至1.75V时所输出的电量。

如一只起动型蓄电池,在电解液平均温度为25℃的情况下,以4.5A放电电流连续放电20h后,单格电压降至1.75V,则它的额定容量为$Q=4.5\times20=90(A\cdot h)$。

起动容量则用于表示蓄电池在起动时大电流放电的能力。

蓄电池的容量与放电电流(放电电流越大,蓄电池的容量就越低)、活性物质的数量、极板的厚薄、活性物质的孔率、极板的结构、生产工艺、电解液温度、电解液密度等因素有关。

注意:为防止蓄电池大电流放电损坏,在起动发动机时应注意,一次起动时间不应超过5s,连续两次起动应间隔15s。连续3次无法起动应查明原因后继续起动。

4)充电特性

蓄电池的充电特性是指在恒流充电过程中,蓄电池的端电压U、电动势E和电解液密度$\rho_{25℃}$随时间变化的规律。

蓄电池的充电过程可分为以下4个阶段(图2-10):

(1)迅速上升阶段:充电开始,在极板的孔隙表层中首先形成硫酸,且来不及向外扩散,致使孔隙中的电解液密度增大,此阶段蓄电池的端电压和电动势迅速增大。

(2)稳定上升阶段:充电至孔隙中产生硫酸的速度和向外扩散硫酸的速度相同时,蓄电池的端电压和电动势随整个容器内电解液密度的上升而缓慢上升。

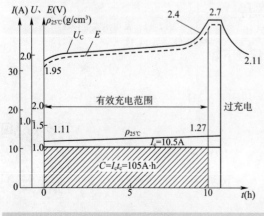

图2-10 蓄电池充电特性

(3)急剧上升阶段:端电压上升至2.3～2.4V时,极板上可能参加变化的活性物质大多恢复为二氧化铅和铅,若继续充电,则电解液中的水被电解成 H_2 和 O_2,以气泡形式放出,形成"沸腾"。但是氢离子在负极板处与电子的结合不是瞬时完成的,于是在负极板处就积聚了大量的氢离子,使电解液与极板间产生了附加电位差(0.33V),因而端电压上升到了2.7V,并保持1～2h不变。

(4)急剧下降阶段:端电压上升到2.7V后应停止充电。若继续充电,则称为过充电。蓄电池过充电会使蓄电池充坏。过充电产生的大量气泡从极板孔隙中冲出,导致活性物质脱落,蓄电池的容量下降。

停止充电后,电源电压消失,积聚在负极板周围的氢离子形成氢气逸出,孔隙内的硫酸向外扩散,电解液混合均匀,端电压迅速下降到稳定值。

(5)充电终了判断:充电终了的标志是电解液呈沸腾状(氢气和氧气的溢出);电解液密度上升至最大值,且2～3h内不再上升;单格电池的端电压上升至最大值(2.7V),且2～3h内不再上升。

5)放电特性

蓄电池的放电特性是指恒流放电时,蓄电池的端电压、电动势和电解液密度随时间变化的规律。

蓄电池的整个放电过程可分为以下4个阶段(图2-11):

(1)开始放电阶段:开始放电时,化学反应在极板孔内进行,首先消耗的是极板孔内的硫酸,而该范围内硫酸很有限,此时外围硫酸来不及向内补充,所以极板孔内电解液密度迅速下降(电动势迅速下降),端电压迅速下降。

(2)相对稳定阶段:随着极板孔隙内电解液密度的不断下降,孔隙内外电解液的密度差不断增大,在密度差的作用下,硫酸向孔隙内的扩散速度也随之加快,从而使放电电压和放电电流得以维持。当孔隙外补充的硫酸和孔隙内部消耗的硫酸基本相等时,极板孔隙内外的密度差将基本保持不变。此时,孔隙内电解液密度将随着孔隙外电解液密度一起下降,端电压也按近似直线规律缓慢下降。

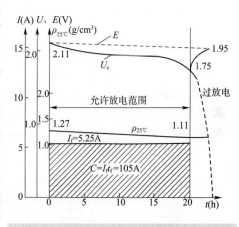

图2-11 蓄电池放电特性

(3)迅速下降阶段:以下3个方面的原因导致了端电压迅速下降。

①当放电接近终了时,孔隙外电解液密度已大大下降,孔隙外硫酸向孔隙内补充的速度减慢,离子的扩散速度下降。

②随着放电时间的延长,极板表面硫酸铅的数量增多,使孔隙变小,将极板活性物质与电解液分隔开来。

③硫酸铅本身的导电性能差。放电时间越长,硫酸铅越多,内阻越大。通常,把端电压急剧下降的临界点(端电压约为1.7V)称为放电终了。若此时仍继续放电,由于电解液不容易渗透内部,端电压会很快下降到0,所以必须停止放电。

(4)电压回升阶段:停止放电后,由于放电电流为0,故内阻上的压降为0,而且因有足够时间让硫酸渗入到极板孔隙内,使电解液混合均匀,所以端电压回升到与此时电解液密度相对应的电动势数值。

蓄电池放电终了,停止放电后,端电压回升是一种表面现象,在没有充电前,若重新接通电路继续放电,电压急剧下降到0的现象又会出现。

(5)放电终了判断:放电终了的标志是单格电池电压下降到放电终止电压值(20h放电率放电时,此值为1.75V。放电电流越大、放电终止电压越低);电解液的相对密度下降到最小许可值,约为$1.11g/cm^3$。

蓄电池过放电会使蓄电池早期损坏。

1. 描述汽车使用的干荷电蓄电池和免维护蓄电池等的结构和使用特点。
2. 分析说明测量蓄电池静态电压能否决定蓄电池技术状态。
3. 描述蓄电池电压和电流的形成过程。

2.5 蓄电池的维护与技术状况的检查

2.5.1 蓄电池的维护

(1)保持蓄电池外表面的清洁干燥,及时清除极桩和电缆卡子上的氧化物,并确定蓄电池极桩上的电缆连接牢固。

清洗蓄电池时,最好从车上拆下蓄电池,用苏打水溶液冲洗整个壳体,然后用清水冲洗蓄电池并用纸巾擦干。对于蓄电池托架,可先用腻子刀刮净厚腐蚀物,然后用苏打水溶液清洗托架,之后用水冲洗并干燥。托架干燥后,涂上防腐漆。

对于极桩和电缆卡子,可先用苏打水溶液清洗,再用专用清洁工具进行清洁,如图2-12所示。清洗后,涂上凡士林或润滑脂以防止腐蚀。

注意:清洗蓄电池之前,要拧紧加液孔盖,防止苏打水进入蓄电池内部。

(2)保持加液孔盖上通气孔的畅通,应定期疏通。

(3)定期检查并调整电解液液面高度,液面不足时,应补加蒸馏水。

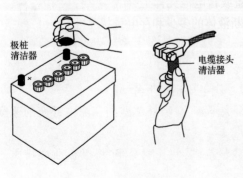

图2-12 蓄电池极桩的清洁

(4)使用密度计或高率放电计检查蓄电池的放电程度,当冬季放电超过25%,夏季放电超过50%时,应及时将蓄电池从车上拆下进行补充充电。

(5) 根据季节和地区的变化及时调整电解液的密度。冬季可加入适量的密度为 $1.40g/cm^3$ 的电解液,以调高电解液的密度(一般比夏季高 $0.02\sim0.04g/cm^3$ 为宜)。

(6) 冬季向蓄电池内补加蒸馏水时,必须在蓄电池充电前进行,以免水和电解液混合不均而引起结冰。

2.5.2 蓄电池技术状况的检查

蓄电池技术状况的检查包括外部检查、电解液液面高度检查、蓄电池放电程度的检查、蓄电池端电压的检查以及电解液密度的测量。

1) 外部检查

(1) 检查蓄电池封胶有无开裂和损坏、极桩有无破损、极桩连接是否可靠、壳体有无泄漏,若出现问题应修理或者更换。

(2) 疏通加液孔盖的通气孔。

(3) 清洁蓄电池外壳,并用钢丝刷或专业清洁工具清洁极桩和电缆卡子上的氧化物,清洁后涂抹一层凡士林或润滑脂。

2) 电解液液面高度的检查

汽车每行驶 1000km 或冬季行驶 10~15 天,夏季行驶 5~6 天,就应对电解液液面高度进行检查。其检查方法如下:

(1) 液面高度指示线检查法。液面高度指示线检查法用于透明塑料外壳的非免维护蓄电池。透明塑料外壳的蓄电池上均刻有(或印有)两条指示线(图2-13),即上限线和下限线。标准的电解液高度应介于两条指示线之间,否则应进行调整。当液面高度低于下限线时,应添加蒸馏水,使液面介于上限线与下限线之间;当液面高度高于上限线时,应将高出的部分吸出,并调整好单格中的电解液密度。

图2-13 蓄电池电解液液面高度指示线

(2) 观察孔检查法。观察孔检查法用于新式免维护蓄电池。为了方便对蓄电池的检查,许多新式免维护蓄电池上设置蓄电池密度计。通过蓄电池密度计观察孔中颜色的变化,可判断蓄电池的状况。在新式免维护蓄电池的蓄电池盖或蓄电池壳体上,印制有各种图标标记和说明,检查时可根据其图示形状或颜色的变化来判断液体的多少和存电量状况(图2-14)。

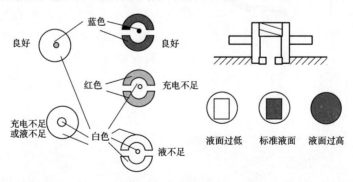

图2-14 蓄电池状况检查图标标记

3) 蓄电池放电程度的检查

(1) 电解液密度与放电程度的关系:电解液密度每下降 $0.01\text{g}/\text{cm}^3$,相当于蓄电池放电 6%。由此,根据电解液密度可以确定蓄电池的放电程度。一般规定,蓄电池冬季放电达 25%,夏季放电达 50% 时不宜再使用,应及时进行充电,否则会使蓄电池极板硫化而提前报废。

(2) 使用吸式密度计测量密度,如图 2-15 所示。打开蓄电池的加液孔盖,将密度计橡皮球捏扁,排出吸管中的部分空气后,使下端橡皮管插入电池电解液中。慢慢放松橡胶皮球,电解液就会被吸进玻璃管中。

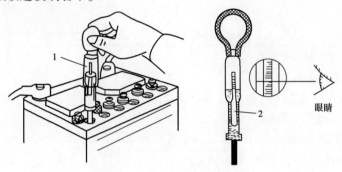

图 2-15 使用吸式密度计测量密度
1-吸式密度计;2-密度计芯管(浮子)

注意:控制吸入的电解液不要过多或过少,使密度计芯管既能浮起,又不要被上端顶住,以保证测量的准确性。

使密度计芯管浮在玻璃管中央(不要与管壁接触),然后读取电解密度值(读取时注意视线应与玻璃管中电解液液面持平,该平面与密度计芯管相交的刻度线就是电解液实测密度值)。

将测量换算后的电解液密度值与上次充电终了的电解液密度值进行对比,根据两次的密度差来判断蓄电池的放电程度。

注意:对于刚进行过强电流放电或刚加过蒸馏水的蓄电池,不宜进行电解液密度的测量。否则,会因电解液不均匀而使测量结果不准确。

(3) 使用折光式密度计测量密度。折光式密度计的结构,如图 2-16a) 所示。折光式密度计利用不同浓度的液体具有不同的折射率这一原理设计而成,具有快速、准确、质量轻、体积小等优点。

测量时打开盖板,用软布仔细擦净检测棱镜。取待测溶液数滴,置于检测棱镜上,轻轻合上盖板,避免气泡产生,使溶液遍布棱镜表面。将仪器进光板对准光源或明亮处,眼睛通过目镜观察视场[图 2-16b)]转动目镜调节手轮,使视场的蓝白分界线清晰。中间刻度线在蓝白分界线的刻度值即为电解液密度。

这一仪器还可用于测量发动机冷却液冰点。视场的左边显示添加丙二醇防冻液的发动机冷却液冰点,右边显示添加乙二醇防冻液的发动机冷却液冰点。

4) 蓄电池端电压的测量

通常采用专用的大量程高率放电计测量蓄电池的端电压和放电程度(图 2-17)。这种放电计的正面表盘上设有红、黄、蓝色的条形,分别表明蓄电池的不同放电程度,其中红色区域表示亏电或有故障;黄色区域表示亏电较少或技术状况较好;绿色区域则表示电充足或技术状况良好。表盘上的上、下两条彩色条形图,分别测量额定容量≤60A·h 和 >60A·h 的蓄电池的放电程度。测量时注意:放电 20s,停止 3min,重复以上操作,直至放电 3 次,以第 3 次为准。

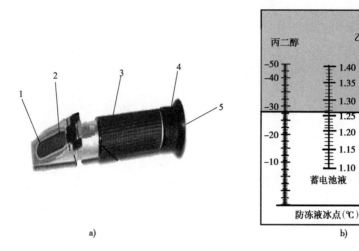

图 2-16　折光式密度计
1-盖板;2-检测棱镜;3-镜筒和手柄;4-视度调节手轮;5-目镜

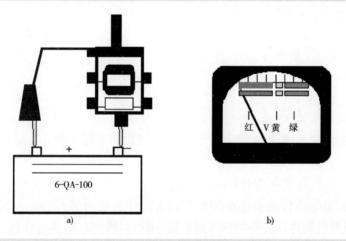

图 2-17　蓄电池端电压的测量

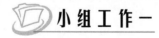

实训项目 3-1　蓄电池的检测与更换——结构认识和性能检测

(1)每 3~5 名学生组成 1 个工作小组,确定 1 名小组长,接受工作任务,做好工作准备。

(2)阅读工作单,查阅维修手册或实训指导书,观察送检的蓄电池,讨论检测方法和步骤,确定小组人员工作分工。向实训指导教师汇报讨论结果,经指导教师同意后,开始下一步的工作。

(3) 按照工作单的引导,完成送检蓄电池的技术状况测量,根据蓄电池的技术状况,对蓄电池进行修理或更换蓄电池。

(4) 在完成工作任务的过程中,根据工作单的要求,完成蓄电池结构认识、工作原理描述等学习任务。

(5) 回答指导教师的现场提问,接受指导教师的技能考核。

(6) 完成工作任务后,对工作过程进行自我评价和小组互评,听取指导教师的点评。

(7) 清洁工作场所,清点维护工具设备,完成任务交接。

生产任务二 蓄电池充电

1) 工作对象

需充电的汽车蓄电池及充电设备。

2) 工作内容

(1) 领取所需的工具和充电机等仪器,做好工作准备;

(2) 阅读充电机使用说明书,了解充电机使用;

(3) 识别蓄电池型号,制定蓄电池充电规范;

(4) 对蓄电池进行充电前的检测,调整蓄电池电解液液面高度和密度;

(5) 按蓄电池充电规范对蓄电池进行充电;

(6) 充电结束后,对蓄电池技术状况进行测量,再次补充和调整电解液液面高度和密度;

(7) 检查、评价工作质量;

(8) 整理工具,清洁工作场地。

3) 工作目标与要求

(1) 学生应以小组工作的方式,完成本项工作任务;

(2) 学生应当能在小组成员的配合下,利用汽车维修手册(或实训指导书)和仪器设备使用说明书,制订工作计划,实施工作计划;

(3) 能通过阅读资料和现场观察,辨别所充电蓄电池的型号并制定蓄电池充电规范;

(4) 能描述蓄电池各种充电方法和优缺点;

(5) 能向客户解释所充电的蓄电池特性及使用注意事项;

(6) 能按规范的步骤,完成蓄电池充电,恢复蓄电池技术状态;

(7) 在工作过程中注意工作安全,做好废料的处理,保持工作环境整洁。

相关知识二

2.6 蓄电池的充电

蓄电池的充电方法可分为定流充电、定压充电和脉冲快速充电。

2.6.1 定流充电

充电过程中,使充电电流保持恒定的充电方法,称为定流充电。

定流充电的特点是：

(1) 充电过程中,充电电流恒定,但充电电压是变化的(充电过程中,蓄电池的端电压不断升高,为保证充电电流的恒定,充电电源电压或调节负载应随时变化)。

(2) 充电电流大小可根据充电类型及蓄电池的容量确定。

(3) 不同端电压的蓄电池可以串联充电。

(4) 充电时间长。

为缩短充电时间,充电过程通常分为两个阶段。充电特性曲线,如图 2-18 所示。第一阶段采用较大的充电电流(一般为蓄电池容量的 1/15～1/10),使蓄电池的容量得到迅速恢复。当蓄电池电量基本充足,单格电池电压达到 2.4V,电解液开始产生气泡时,转入第二阶段,充电电流减小一半,直到电解液密度和蓄电池端电压达到最大值且在 2～3h 内不再上升,蓄电池内部剧烈冒出气泡时为止。

2.6.2 定压充电

充电过程中,使加在蓄电池两端的电压保持不变的充电方法,称为定压充电。蓄电池在汽车上就是使用定压充电。这是各种蓄电池使用最广泛的充电方法,其充电过程如图 2-19 所示。

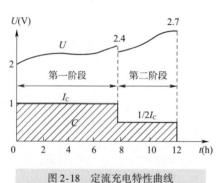

图 2-18 定流充电特性曲线

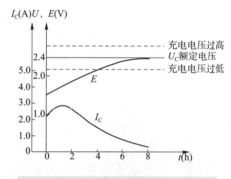

图 2-19 定压充电特性曲线

定压充电的特点是：

(1) 充电过程中,充电电压保持不变。充电开始时,充电电流很大,随着蓄电池电动势的不断升高,充电电流逐渐减小,直至为零。

(2) 充电电压的选择：一般单格电池的充电电压为 2.4V。蓄电池电压为 12V 的汽车充电电压为 14.5V,蓄电池电压为 24V 的汽车充电电压为 29V。若充电电压低,则蓄电池会出现充电不足的现象；若充电电压过高,则蓄电池充足电后还会继续充电,此时的充电则为过充电,过充电会使蓄电池损坏。如图 2-19 虚线所示。

2.6.3 脉冲快速充电

脉冲快速充电必须采用脉冲快速充电机进行充电,其充电电流波形如图 2-20 所示。

脉冲快速充电的过程是：先用 0.8～1 倍额定容量的大电流进行恒流充电,使蓄电池在短时间内充至额定容量的 50%～60%,当单格电池电压升至

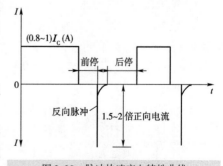

图 2-20 脉冲快速充电特性曲线

2.4V,开始冒气泡时,由充电机的控制电路自动控制,开始脉冲快速充电,首先停止充电25ms(称为前停充),然后再放电或反向充电,使蓄电池反向通过一个较大的脉冲电流(脉冲深度一般为充电电流的1.5~2倍,脉冲宽度为150~1000μs),然后再停止充电40ms(称为后停充),以后的过程为:正脉冲充电—前停充—反向脉冲瞬间放电—后停充—正脉冲充电……循环进行,直至充足电。

脉冲快速充电的特点是:

(1)充电速度快,充电时间短。

(2)可以增加蓄电池的容量。充电过程中,化学反应充分,而且加深了化学反应的深度,并可使极板去硫化。因此,蓄电池的容量增加。

(3)去硫化效果好。

(4)充电过程中产生大量气泡,对活性物质的冲刷力强,易使活性物质脱落,蓄电池的使用寿命下降。

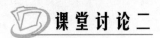

课堂讨论二

1.试述各种充电方法的优缺点和使用范围。

2.试设计一种能综合各种充电方法优点的充电法。

相关技能二

2.7 蓄电池的充电工艺过程

蓄电池充电按照蓄电池使用情况主要有补充充电和去硫化充电。

2.7.1 补充充电

蓄电池在使用过程中,若符合下列条件时应进行补充充电:

(1)起动机运转无力、灯光比平时暗淡。

(2)电解液密度下降至$1.15g/cm^3$以下。

(3)单格电池电压下降至1.75V以下。

(4)储存不用近一个月的蓄电池。

操作步骤:

(1)清洁——从汽车上拆下蓄电池,清除蓄电池盖上的脏污,疏通加液孔盖上的通气孔,清除极桩和导线接头上的氧化物。拆下加液口盖。

(2)检查电解液的密度和液面高度。

(3)用高率放电计检查各单格电池的放电情况。

(4)将蓄电池的正、负极接至充电机的正、负极。

(5)选择定流充电:第一阶段的充电电流约为蓄电池额定容量的1/10;第二阶段的充电电流约为蓄电池额定容量的1/20。

(6)充足电的标志:电解液呈沸腾状态;电解液密度和蓄电池端电压达到规定值,且连续

2h 保持不变。

(7)将加液口盖拧紧,擦净蓄电池的表面。

2.7.2 去硫化充电

蓄电池使用过程中,可能发生极板硫化、内阻加大、充电时温度上升较快、蓄电池的容量降低。对于硫化较轻的蓄电池,可以通过去硫化充电法加以消除。

操作步骤:

(1)先倒出原有的电解液,并用蒸馏水清洗两次,然后加入蒸馏水。

(2)接通充电电路,将电流调到初充电的第二阶段电流值充电,当密度上升到 $1.15g/cm^3$ 时,倒出电解液,换加蒸馏水再进行充电,直到电解液密度不再增加为止。

(3)以 10h 放电率放电,当单格电压下降到 1.75V 时,再以补充充电的电流进行充电,然后再放电、再充电,直到其容量达到额定容量的 80% 以上。

小组工作二

实训项目 3-2 蓄电池的检测与更换——补充充电

(1)每 3~5 名学生组成 1 个工作小组,确定 1 名小组长,接受工作任务,做好工作准备。

(2)阅读工作单,查阅维修手册或实训指导书和仪器设备使用说明书,观察待充电的汽车蓄电池,讨论充电方法、步骤和充电规范,确定小组人员工作分工。

(3)向实训指导教师汇报讨论结果,经指导教师同意后,开始下一步的工作。

(4)按照工作单的引导,完成蓄电池补充充电工作。

(5)在完成工作任务的过程中,根据工作单的要求,完成充电机认识、充电方法和原理的描述等学习任务。

(6)在完成蓄电池补充充电过程中,按工作单要求,将充电前检测、充电中检测和充电后检测结果记录在工作单的相应栏目中,并对检测结果作出分析。

(7)回答指导教师的现场提问,接受指导教师的技能考核。

(8)完成工作任务后,对工作过程进行自我评价和小组互评,听取指导教师的点评。

(9)清洁工作场所,清点维护工具设备,完成任务交接。

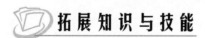

拓展知识与技能

2.8 蓄电池的首次使用和储存

2.8.1 新蓄电池的首次使用

新购置的蓄电池在首次使用时,应先擦净外表面,拧开加液孔盖,疏通通气孔,注入新电解液,静置 4~6h 后,再调节液面高度到规定值,按初充电规范进行充电后即可使用。

干荷电蓄电池在规定存放期(一般为 2 年)内启用时,可直接加入规定密度的电解液,静置 20~30min 后,校准液面高度,即可使用。若超期存放或保管不当,损失部分容量,应在加注电解液后经补充充电方可使用。

2.8.2 蓄电池的储存

(1) 新蓄电池的储存。未启用的新蓄电池,其加液孔盖上的通气孔均已封闭,不要捅破。保管蓄电池时,应注意以下几点:

① 应存放在温度为 5~30℃ 的室内,保持周围的环境干燥、清洁、通风。

② 不要受阳光直射,离热源距离不小于 2m。

③ 避免与任何液体和有害气体接触。

④ 不得倒置或卧放,不得叠放,不得承受重压。

⑤ 新蓄电池的存放时间不得超过 2 年。

(2) 暂时不用蓄电池的储存。暂时不用的蓄电池可采用湿储存的方法,即先充足电,再把电解液密度调至 $1.24 \sim 1.28 \text{g/cm}^3$,液面调至规定高度,然后将通气孔密封,存放期不得超过半年,期间应定期检查,如容量降低 25%,应立即补充充电,交付使用前也应先充足电。

(3) 长期停用的蓄电池的储存。长期停用的蓄电池应采用干储存法,即先将充足电的蓄电池以 20h 放电率放完电,然后倒出电解液,用蒸馏水反复冲洗多次,直到水中无酸性,晾干后拧紧加液孔盖,并将通气孔密封,存放条件与新蓄电池相同。

2.9 蓄电池的常见故障及排除方法

2.9.1 自行放电

1) 故障现象

充足电的蓄电池放置一段时间后,在无负荷的情况下会逐渐失去电量。

由于蓄电池本身的结构原因,正常情况下也会产生一定程度的自放电。如果自放电在一定的范围内,可视为正常现象。如果每昼夜放电超过 2%,就应视为故障。

2) 故障原因

(1) 电解液中有杂质,杂质与极板之间形成电位差,通过电解液产生局部放电。

(2) 蓄电池表面脏污,造成正负极桩之间小电流通路。

(3) 极板活性物质脱落,下部沉积物过多使极板短路。

(4) 蓄电池长期放置不用,硫酸下沉,从而造成下部电解液密度比上部大,极板上下部电位差引起自放电。

3) 排除方法

将蓄电池全部放电或过放电,使极板上的杂质进入电解液。倒出电解液,清洗几次,最后加入新配制的电解液。

2.9.2 极板硫化

极板上附着有硬化的白色大颗粒硫酸铅,正常充电时不能转化成二氧化铅和铅。

1) 故障现象

(1) 蓄电池电解液的密度下降到低于规定正常值。

(2) 用高率放电计检测时,蓄电池端电压下降过快。

(3) 蓄电池充电时过早地产生气泡,甚至一开始就有气泡。

(4) 充电时电解液温度上升过快,易超过 45℃。

2) 故障原因

(1) 蓄电池在放电或半放电状态下长期放置,硫酸铅在昼夜温差作用下,溶解与结晶不能保持平衡,结晶量大于溶解量,结晶的硫酸铅附着在极板上。

(2) 蓄电池经常过量放电或深度小电流放电,在极板的深层小孔隙内形成硫酸铅,充电时不易恢复。

(3) 电解液液面过低,极板上部的活性物质暴露在空气中被氧化,之后与电解液接触,生成硬化的硫酸铅。

(4) 电解液不纯或其他原因造成蓄电池的自放电,生成硫酸铅,从而为硫酸铅的再结晶提供物质基础。

3) 故障排除

硫化不严重时,可通过去硫化充电方法解决。硫化严重时,应予以报废。

2.9.3 蓄电池容量达不到规定要求

1) 故障现象

汽车起动时,起动机转速很快减慢,转动无力;按喇叭声音弱、无力;开启前照灯,灯光暗淡。

2) 故障原因

(1) 使用蓄电池前未按要求进行初充电。

(2) 发电机电压太低,使蓄电池经常充电不足。

(3) 经常长时间使用起动机,造成大电流放电,致使极板损坏。

(4) 电解液密度低于规定值,或在电解液渗漏后,只加注蒸馏水,未及时补充电解液,致使电解液密度低。

(5) 电解液密度过高或电解液液面过低,造成极板硫化。

(6) 长时间停车但没有关闭用电设备。

(7) 蓄电池搭铁线、极柱的连接夹接触不良。

3) 故障排除

(1) 首先检查蓄电池外部,检查外壳是否良好、表面是否清洁、极板上是否有腐蚀物或污物。

(2) 检查蓄电池搭铁线、极柱的连接夹是否松动,如果有,则为输出电阻过大,产生压降,使电压过低。

(3) 测量蓄电池的电解液密度。如果电解液密度过低,说明充电不足或新蓄电池未按要求经过充、放电循环,致使蓄电池达不到规定容量。

(4) 检查电解液液面高度。如果液面高度不足,且极板上有白色结晶物质存在,则可能存在极板硫化故障。

(5) 蓄电池充电后,检查电解液密度,如果两个相邻的单格电池中电解液密度有明显差别,则说明该单格电池内部有短路,不能使用。

(6) 必要时,检查发电机的充电电压。

2.10 蓄电池的更换

更换蓄电池时,应注意以下几点:

(1) 拆装、移动蓄电池时,应轻搬轻放,严禁在地上拖拽。

(2)蓄电池型号和车型应相符,电解液密度和高度应符合规定。
(3)安装时,蓄电池应固定在托架上,塞好防振垫。
(4)应在极桩上涂少量凡士林或润滑油,可防腐防锈。

注意:电缆卡子与极桩要接触良好。

(5)蓄电池搭铁极性必须与发电机一致。
(6)接线时,应先接正极后接负极,拆线时则相反。以防金属工具搭铁,造成蓄电池短路。

2.11 新型蓄电池

2.11.1 镍镉蓄电池

镍镉蓄电池是正极活性物质主要由镍制成,负极活性物质主要由镉制成的一种碱性蓄电池。目前,镍镉蓄电池的应用广泛程度仅次于铅酸蓄电池。镍镉蓄电池的优点是比能量大,可达 55W·h/kg,比功率超过 190W/kg。可快速充电,循环使用寿命可达 2000 多次,是铅酸蓄电池的两倍多。但其价格为铅酸蓄电池的 4~5 倍。镍镉蓄电池的初期购置成本虽高,但由于在比能量和使用寿命方面的优势,其长期的实际使用成本并不高。镍镉蓄电池在使用中要注意做好回收工作,以免重金属镉对环境造成污染。

2.11.2 镍氢蓄电池

镍氢蓄电池和镍镉蓄电池一样,也属于碱性电池,其特性和镍镉蓄电池相似。不过镍氢蓄电池不含镉、铜,不存在重金属污染问题。目前,生产电动汽车镍氢蓄电池的公司主要是 Ovonie 公司,它现有 80A·h 和 130A·h 两种单元电池,并由此构成 30kW·h 和 50kW·h 两种规格的电池。其比能量为 75~80W·h/kg,比功率为 160~230W/kg,循环使用寿命超过 600 次。这种蓄电池曾装在几种电动汽车上试用,其中一种电动汽车一次充电可行驶 345km。但由于价格较高,目前尚未大批量生产。估计随着镍氢蓄电池技术的发展,其比能量可超过 80W·h/kg,循环使用寿命可超过 2000 次,远景价格可降至 1000 元/kW·h。

2.11.3 钠硫蓄电池

钠硫蓄电池也是近期被普遍看好的电动汽车蓄电池,美国福特汽车公司的 Mnivan 电动汽车就使用了钠硫蓄电池。它已被美国先进电池联合体(USMABC)列为中期发展的电动汽车蓄电池,德国 ABB 公司生产的 B240K 型钠硫蓄电池,其质量为 17.5kg,蓄电量 19.2kW·h;比能量达 109W·h/kg,循环使用寿命达 1200 次,装车试验时最好的一辆车无故障地行驶了 2300km。钠硫蓄电池主要存在高温腐蚀严重、电池寿命较短、性能稳定性差以及使用安全性不太理想等问题。

2.11.4 锂电池

锂电池目前已被列为电动汽车蓄电池的长期开发目标。锂电池的种类繁多,常见的有锂离子电池、高温锂熔直盐电池、锂聚合物电池和锂聚合物固体电解质电池等,锂离子电池比能量的理论值为 570W·h/kg,其目前达到的性能指标是:比能量为 100W·h/kg,比功率为 200W/kg,循环使用寿命为 1200 次,充电时间为 2~4h。

2.11.5 锌空气电池

锌空气电池的潜在比能量为 200W·h/kg 左右。美国 DEMI 公司为电动汽车开发的锌空气电池的比能量已达160W·h/kg左右,但其目前尚存在寿命短、比功率小、不能输出大电流以及难以充电等缺点。美国的CRX电动汽车装的就是锌空气电池,为弥补其不足,该车还装有镍镉蓄电池以帮助汽车起动和加速。CRX电动汽车的锌空气电池组质量为340kg,充足电后可存储45kW·h的能量,同时装备CRX的重达159kg的镍镉蓄电池充足电后可存储4kW·h能量。充电12min的CRX电动汽车可行驶65km,充电1h则可行驶160km。

2.11.6　EFB和AGM蓄电池

带有起停系统的汽车,由于需要频繁起动发动机,因此对蓄电池的深度循环耐受性和充电接受能力要求更高。即要求蓄电池"更耐用,更稳定"。采用EFB和AGM蓄电池可满足这类车辆以及用电设备较多的豪华车辆对蓄电池的更高要求。

EFB,即增强型富液式蓄电池技术。EFB蓄电池能够满足现代车辆动力系统,比如起停系统的需求,也为更多的额外用电设备(如导航仪等)提供能量。与传统蓄电池相比,EFB蓄电池采用了独特的增强型铅膏配方,正极板的纤维膜替代了原来的衬纸,以防止电池的活性物质脱落,使蓄电池深循环寿命延长2倍以上的同时,还大大提高了电池的充电接受能力。此外,增强内部极群组的装配强度,使其具有更强的抗震性能。

AGM,即吸附式玻璃纤维隔板技术。AGM蓄电池采用贫液式设计,极板不是浸泡在电解液中,除了极板内部吸有一部分电解液外,大部分电解液吸附在多孔的玻璃纤维隔板上,并采用紧装配的技术,使极板充分接触电解液。隔板保持一定比例的孔隙不被电解液占据,这是为了给正极析出的氧气提供移向负极的通道,保证氧气更好地扩散到负极重新化合生成水。

采用AGM技术,一方面,能够有效防止电解液分层,从而增加蓄电池深循环寿命(可以达到普通蓄电池的3倍)和使用寿命;另一方面,由于AGM隔板具有更低的电阻,因此具有更好的低温性能。

与EFB蓄电池相比,AGM蓄电池具有更为优秀的深循环特性,能够满足带有起停系统、能量回收系统的车辆,以及高端豪华轿车的应用需求。而EFB蓄电池则具有成本低,适用温度范围广等特点,整体性能可满足入门级起停系统的需求。

2.11.7　燃料电池

燃料电池是一种将储存在燃料和氧化剂中的化学能通过电极反应直接转化为电能的发电装置。它不经历热机过程,不受热力循环限制,故能量转换效率高。燃料电池的化学能转换效率在理论上可达100%,实际效率已达60%~80%,是普通内燃机热效率的2~3倍。现在,应用于电动汽车中的燃料电池是质子交换膜燃料电池(PEMFC),它以纯氢为燃料,以空气中的氧气为氧化剂。美国通用汽车公司在美国能源部的资助下,推出了以质子交换膜燃料电池(也称为离子交换膜燃料电池或固体高聚合物电解质燃料电池)和蓄电池并用提供动力的轿车。美国福特汽车公司现已研制出从汽油中提取氢的新型燃料电池,其燃料效率比内燃机提高1倍,而产生的污染只有内燃机的5%。在1993年加拿大温哥华科技展览会上,加拿大的BALLABC公司推出了世界上第一辆以PEMFC为动力的电动公共汽车,载客20人,可行驶160km,最高车速达72.2km/h。德国奔驰汽车公司也研制了以PEMFC为动力的电动汽车。目前,所有领先的汽车制造厂商都在积极开发燃料电池发动机技术,许多国家在燃料电池的研究方面取得了可喜的成绩。

燃料电池技术虽已取得快速发展,但要使其装载使用达到规模,仍有一些难题需要解决,例如氢的制取、储存以及携带成本高,基础设施建设投资大等。当前研究和开发工作的重点是降低成本和开发大规模制造工艺。随着燃料电池的体积功率和质量功率的逐步提高、生产成本的不断降低、制造材料和工艺的进一步改进和完善,以燃料电池作为动力的汽车将会得到广泛使用。

思考与练习

一、名词解释

1. 干荷电蓄电池。
2. 免维护蓄电池。
3. 额定容量。
4. 极板硫化。
5. 蓄电池自放电故障。
6. 定压充电。

二、填空题

1. 铅酸蓄电池主要由_____、_____、_____、_____组成。
2. 极板组由_____、_____、_____组成。
3. 铅酸蓄电池正极板上的活性物质为_____,呈_____色;负极板上的活性物质为_____状的_____,呈_____色。
4. 铅酸蓄电池每个单格内,负极板总比正极板多_____片。可使正极板_____,避免_____。
5. 外壳上有"+"记号的铅蓄电池接线柱为_____接线柱,有"-"记号的接线柱为_____接线柱。
6. 蓄电池放电时,正极板上的_____和负极板上的_____与电解液发生化学反应,变成了 $PbSO_4$ 和_____。使得电解液密度变_____,内阻变_____,端电压变_____。
7. 铅蓄电池电解液密度每下降 $0.01g/cm^3$,蓄电池约放掉_____%额定容量的电量。
8. 过充电时,正极板表面会逸出_____气,负极面会逸出_____气,使电解液呈"沸腾"状态。
9. 蓄电池的充电方法有_____、_____以及_____。
10. 用数字式万用表测量电池开路电动势,若12V标称电压的蓄电池电动势小于12V,说明电池_____;在12.2~12.5V之间,说明_____;高于12.5V,说明电池_____。
11. 用整体电池式高率放电计测试蓄电池电压,若15s内,电池能保持在9.6V以上,说明电池_____但_____;若稳定在 11.6～10.6V,说明电池_____;若迅速下降,说明电池已损坏。

12. 蓄电池的容量有_____、_____、_____。

三、选择题

1. 蓄电池在放电过程中,其电解液的密度是( )。
   A. 不断上升的　　　　B. 不断下降的　　　　C. 保持不变的

2. 蓄电池电解液的相对密度一般为( )。
   A. 1.24～1.28g/cm³　　B. 1.15～1.20g/cm³　　C. 1.35～1.40g/cm³

3. 蓄电池电解液温度的下降,会使其容量( )。
   A. 增加　　　　　　　B. 下降　　　　　　　C. 不变

4. 蓄电池在定电流补充充电过程中,第一阶段的充电电流应选取其额定容量的( )。
   A. 1/10　　　　　　　B. 1/15　　　　　　　C. 1/20

5. 蓄电池在使用过程中,如发现电解液的液面下降,应及时补充( )。
   A. 电解液　　　　　　B. 稀硫酸　　　　　　C. 蒸馏水

6. 蓄电池极板上的活性物质在放电过程中转变为( )。
   A. 硫酸铅　　　　　　B. 二氧化铅　　　　　C. 铅

7. 下列原因哪一个可造成蓄电池硫化?( )。
   A. 大电流过充电　　　B. 电解液液面过高　　C. 长期充电不足

8. 随着蓄电池放电电流的增大,其实际输出的容量( )。
   A. 增大　　　　　　　B. 不变　　　　　　　C. 减小

9. 在讨论蓄电池结构时,甲说,12V 蓄电池由 6 个单格电池并联组成;乙说,12V 蓄电池由 6 个单格电池串联组成。你认为( )。
   A. 甲正确　　　　　　　　　　　　　　　B. 乙正确
   C. 甲乙都对　　　　　　　　　　　　　　D. 甲乙都不对

10. 铅蓄电池放电时,端电压逐渐( )。
    A. 上升　　　　　　　　　　　　　　　　B. 平衡
    C. 下降　　　　　　　　　　　　　　　　D. 不变

11. 在讨论蓄电池电极桩的连接时,甲说,脱开蓄电池电缆时,始终要先拆下负极电缆;乙说,连接蓄电池电缆时,始终要先连接负极电缆。你认为( )。
    A. 甲正确　　　　　　　　　　　　　　　B. 乙正确
    C. 甲乙都对　　　　　　　　　　　　　　D. 甲乙都不对

12. 蓄电池最主要的用途是( )。
    A. 蓄电　　　　　　　　　　　　　　　　B. 充电
    C. 起动　　　　　　　　　　　　　　　　D. 停车照明

四、判断题(对的画"√",错的画"×")

1. 在一个单格蓄电池中,负极板的片数总比正极板多一片。　　　　　　　　( )

2. 将蓄电池的正负极板各插入一片到电解液中,即可获得12V的电动势。（　　）
3. 在放电过程中,正负极板上的活性物质都转变为硫酸铅。（　　）
4. 在放电过程中,蓄电池的放电电流越大,其容量就越大。（　　）
5. 在定电压充电过程中,其充电电流也是定值。（　　）
6. 免维护蓄电池在使用过程中不需补加蒸馏水。（　　）
7. 蓄电池主要包括极板、隔板、电解液和外壳等。（　　）
8. 蓄电池可以缓和电气系统中的冲击电压。（　　）
9. 蓄电池正极板上的活性物质是二氧化铅,负极板上的活性物质是海绵状纯铅。（　　）
10. 蓄电池极板硫化的原因主要是长期充电不足、电解液不足。（　　）
11. 如果将蓄电池的极性接反,后果是有可能将发电机的磁场绕组烧毁。（　　）
12. 为了防止冬天结冰,蓄电池电解液的密度越高越好。（　　）
13. 有些蓄电池的正极桩比负极桩小。（　　）

五、简答题

1. 汽车蓄电池为什么会硫化？怎样才能避免和解决硫化？
2. 如何检测蓄电池性能？
3. 蓄电池使用时,应该注意哪些问题？
4. 如何对蓄电池进行充电？
5. 蓄电池在汽车上的用途有哪些？
6. 如何更换蓄电池？叙述蓄电池更换注意事项。

单元 3 充电系统故障检修

学习情境

某 4S 店接到一辆奥迪 A4 汽车。客户反映:汽车在行驶过程中充电指示灯突然点亮,行驶一段距离后感觉动力断断续续,直至熄火。熄火之后就无法起动(起动机不工作)。

生产任务一 检修发电机

1)工作对象
需检修发电机的汽车 1 辆。
2)工作内容
(1)领取所需的工具和仪表,做好工作准备;
(2)就车检查发电机,确定发电机是否有故障;
(3)从车上拆下发电机;
(4)将发电机解体,检测各零部件;
(5)更换损坏的零部件后,装配发电机,检查发电机性能;
(6)将发电机装上汽车;
(7)检查、评价工作质量;
(8)整理工具,清洁工作场地。
3)工作目标与要求
(1)学生应以小组工作的方式,完成本项工作任务;
(2)每个学生应当能在小组成员的配合下,利用汽车维修手册或实训指导书,制订工作计划,实施工作计划;
(3)能通过阅读资料和现场观察,描述所检修的发电机结构;
(4)能认识所检修发电机的零部件,口述发电机的工作原理和各零部件的作用;

(5) 能向客户解释所检修发电机的故障情况和修复方案；
(6) 能按规范的步骤，完成发电机检修，恢复发电机的技术状况；
(7) 在工作过程中，注意工作安全，做好废料的处理，保持工作环境整洁。

3.1 汽车电源系统的发展过程

汽车电源系统的发展主要表现在发电机的结构及其控制电路技术的发展。汽车用发电机主要经历了直流发电机、交流发电机和整体式交流发电机三个阶段，同时控制电路经历了直流发电机三联调节器、交流发电机触点式电压调节器、交流发电机电子电压调节器、交流发电机集成电路电压调节器、多功能集成电路电压调节器和薄片集成电路电压调节器六个阶段。日本汽车发电机技术的发展过程如图3-1所示。随着发电机和控制电路技术的发展，其 kg/kW 指标不断下降，即发电机功率不断提高，质量不断减小并且可靠性也不断提高。

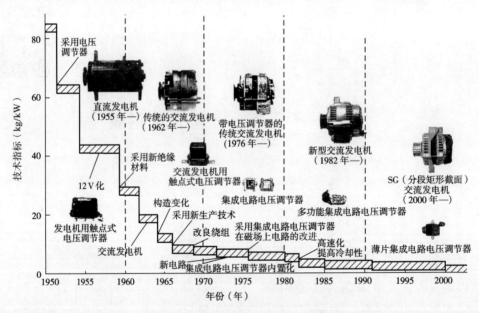

图 3-1 日本汽车发电机技术的发展过程

我国汽车电源电路发展大约比日本迟 10~15 年。20 世纪 90 年代后，我国开始使用整体式交流发电机，现在各厂家电源系统的电路和组成基本相同，但内部结构和电路有所不同。整体式交流发电机电路，如图 3-2 所示。

3.2 汽车电源系统的组成和电路

现在汽车电源系统一般由蓄电池、整体式交流发电机、点火开关和充电指示灯组成。丰田汽车公司提供的丰田新威驰汽车使用的电源系统电路，如图 3-3 所示。丰田新威驰汽车发电机内部电路，如图 3-4 所示。图 3-3 中点画线的大矩形表示发电机。发电机由三相同步交流发电机、硅整流器和集成电路电压调节器三部分组成。发电机通过 B、IG、S、L 端子与外部的蓄电池、点火开关、充电指示灯相连接。其中,B 端子用于对外供电,给蓄电池充电,同时在起动时给发电机提供他励电流。IG 端子用于给集成电路电压调节器供电。S 端子用于将蓄电池极柱上输出电压传给电压调节器,作为电压调节器调节电压的信号。L 端子用于接通充电指示灯,通过指示灯的亮暗变化显示电源系统的工作状态。

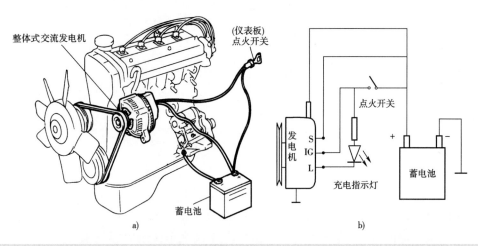

图 3-2 整体式交流发电机电路
a) 零件位置图;b) 丰田新威驰汽车电源系统简图

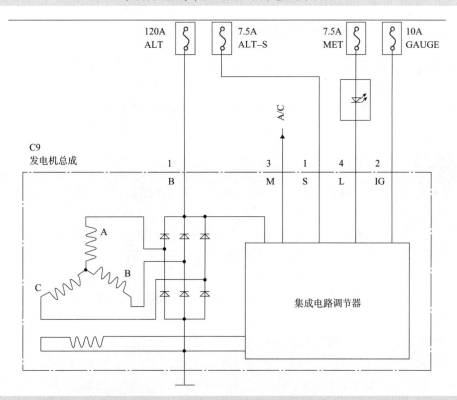

图 3-3 丰田新威驰汽车电源系统电路

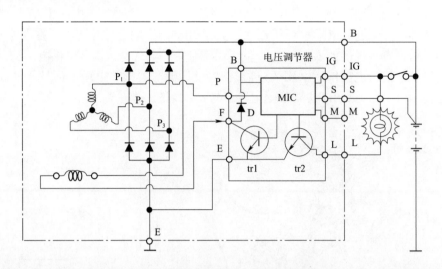

图3-4 丰田新威驰汽车发电机内部电路简图

图3-4中虚线框部分表示集成电路电压调节器。通过B、IG、S、L以及P、F、E端子在整体式发电机内部与其他部分相连接。其中,多功能集成电路MIC通过三极管tr1控制发电机励磁绕组通断,调节发电机电压;通过tr2控制汽车仪表内部充电指示灯亮暗,起指示和警报作用。D用于吸收励磁绕组电流被切断瞬时产生的自感电动势,保护电子元件不被击穿。

3.3 整体式交流发电机构造

发电机是汽车的主要电源,其功用是在发动机正常运转时,向所有用电设备(起动机除外)供电,同时向蓄电池充电。

整体式发电机实物图如图3-5所示,整体式发电机分解图如图3-6所示。

3.3.1 转子

转子由转子轴、励磁绕组、爪形磁极和滑环等组成,如图3-7、图3-8所示。其作用是在传动带轮的带动下转动,产生旋转磁场。转子轴左端的铜环通过电刷给转子中间的线圈供电,产生磁场。转子轴左端螺纹用于锁紧传动带轮。整根转子轴通过轴承安装在前后端盖之间,在传动带轮带动下转动。

图3-5 整体式发电机实物图

转子轴上压装着两块爪极,爪极被加工成鸟嘴形状,爪极空腔内装有励磁绕组和磁轭。滑环由两个彼此绝缘的铜环组成,压装在转子轴上并与轴绝缘,两个滑环分别与励磁绕组的两端相连。

当给两滑环通入直流电时,励磁绕组中就有电流通过,并产生轴向磁通,使一块爪极被磁化为N极,另一块被磁化为S极,从而形成六对(或八对)相互交错的磁极。当转子转动时,就形成了旋转的磁场。磁场方向为:N极→定子铁芯→S极,如图3-9所示。

单元3 充电系统故障检修

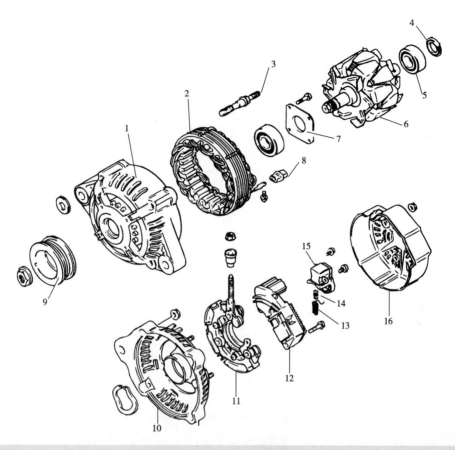

图 3-6 整体式发电机分解图
1-前端盖;2-定子;3-双头螺栓;4-轴承盖;5-轴承;6-转子;7-金属板;8-绝缘管;9-传动带轮;10-后端盖;11-整流器;12-集成电路电压调节器;13-电刷;14-弹簧;15-电刷螺钉;16-后盖

图 3-7 交流发电机的转子实物图

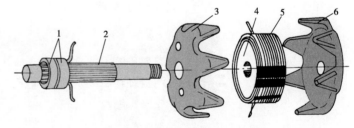

图 3-8 交流发电机的转子解剖图
1-滑环;2-转子轴;3-爪极;4-磁轭;5-励磁绕组;6-爪极

3.3.2 定子

定子(图3-10)安装在转子的外面,和发电机的前后端盖固定在一起,其作用是产生三相交流电。当转子在其内部转动时,引起定子绕组中磁通的变化,定子绕组中就产生交变的感应电动势。

定子由定子铁芯和定子绕组(线圈)组成。定子铁芯由内圈带槽、互相绝缘的硅钢片叠成。定子绕组有三组线圈,对称地嵌放在定子铁芯的槽中。三相绕组的连接有星形接法和三角形接法两种,都能产生三相交流电。

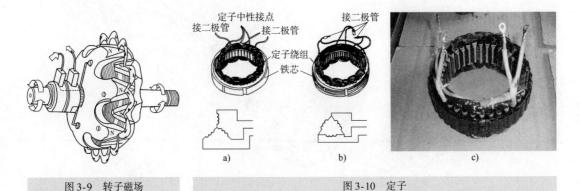

图3-9 转子磁场　　　　　　图3-10 定子

3.3.3 传动带轮

通常由铸铁制成,有的利用半圆键安装在前端盖外侧的转子轴上,用弹簧垫片和螺母紧固。通过半圆键带动转子转动。有的利用在前端盖外侧的转子轴的锥度,用弹簧垫片和螺母压紧,通过压紧后产生的摩擦力带动转子转动。有的传动带轮上安装有单向离合器。单向离合器的作用是单向传动,即只能由发动机带动发电机传动带轮转动。在汽车减速和制动时,可以利用发电机转子的惯性提高发电量。

3.3.4 风扇

风扇一般用1.5mm厚的钢板冲压而成,或用钢板冲压后直接安装在转子轴上,如图3-7所示。其作用是,当风扇旋转后能使空气高速流经发电机内部,对定子和转子进行通风冷却。

3.3.5 前、后端盖

前、后端盖(图3-11)用非导磁性的材料(铝合金)制成,它具有轻便、散热性好等优点。在后端盖上装有电刷总成、硅整流器和集成电路电压调节器。在前、后端盖上均有通风口,当风扇旋转后能使空气高速流经发电机内部进行冷却。

图3-11 发电机前、后端盖
a)前端盖；b)后端盖

3.3.6 电刷总成

两只电刷装在电刷架的方孔内,并在其弹簧的压力推动下与转子滑环保持良好的接触,如图 3-12 所示,电刷给转子绕组供电,产生磁场。

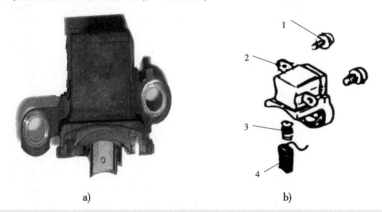

图 3-12 电刷
1-螺钉;2-接线柱;3-弹簧;4-电刷

电刷总成上的两个电刷接线柱可分为 B、F 端子。如图 3-4 所示,B 端子接发电机正极,F 端子接电压调节器。通过电压调节器的三极管控制励磁电流通断。

3.3.7 整流器总成

整流器(图 3-13)的作用是把交流发电机产生的三相交流电变成直流电输出,还可阻止蓄电池的电流向发电机倒流。

如图 3-14 所示,整流器由正极板和负极板组成。正极板上有 3~4 个中心引线为正极、外壳为负极的正极管。其外壳与正极板一起构成发电机正极,通过 B 端子输出。负极板上也有 3~4 个中心引线为负极、外壳为正极的负极管。其外壳与负极板一起构成发电机负极,通过螺栓连接在发电机后端盖上。正极板上 3 个正极管、负极板上 3 个负极管与发电机的三相绕组组成典型的三相全波整流电路,如图 3-15 所示。

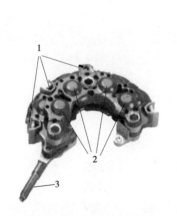

图 3-13 整流器总成实物图
1-三相线圈接柱;2-二极管;3-B 端子

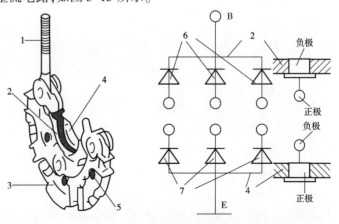

图 3-14 整流器示意图
1-B 端子;2-正极板;3-架座板(散热片);4-负极板;5-二极管;6-正极管;7-负极管

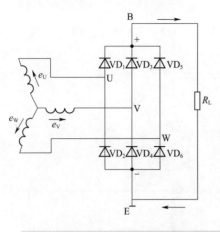

图 3-15　三相全波整流电路

3.3.8　电压调节器

由于交流发电机的转子是由发动机通过传动带驱动旋转的,而且发动机和交流发电机的速比为 1.7~3,因此交流发电机转子的转速变化范围非常大,这样将引起发电机的输出电压发生较大变化,无法满足汽车用电设备的工作要求。为了满足用电设备对恒定电压的要求,交流发电机必须配用电压调节器才能提供恒定电压。

目前,汽车发动机上使用的调节器都是集成电路电压调节器,其基本作用是调节电压。电压调节器的作用如下。

1）调压作用

在发电机转速和负荷变化时,自动控制发电机电压,使之保持恒定,将发电机的输出电压控制在规定范围内。一般蓄电池电压为 12V 的汽车,发电机输出电压为 14.5V;蓄电池电压为 24V 的汽车,发电机输出电压为 39V,以保证用电设备用电和蓄电池充电。由发动机 ECU 控制的电压调节器还可根据汽车的工作状态、蓄电池充电状态以及蓄电池充电电流和蓄电池工作温度等,通过电压调节器控制发电机输出不同的电压。

2）指示作用

集成电路电压调节器还可控制仪表板上的充电指示灯。在正常情况下,打开点火开关置于 IG(ON)挡时,充电指示灯亮;起动后系统正常,则充电指示灯迅速熄灭。

3）警报作用

在电源系统外电路异常(如 S 端子脱开或 B 端子脱开)和发电机内部转子线圈短路、断路等故障时,集成电路电压调节器会通过点亮充电指示灯发出警报。有的还有过电压警报,即某些原因引起发电机 B 端子电压过高时,可点亮充电指示灯发出警报。

4）保护作用

集成电路电压调节器还有保护作用。当发动机熄火后,如忘记关闭点火开关,电压调节器会自动延迟 10s 左右,切断发电机磁场绕组的电流。防止因长时间、大电流通过电压调节器和发电机磁场绕组而产生大量的热,过热会使电压调节器和发电机磁场绕组损坏。

5）激励作用

激励作用就是,当刚刚接通点火开关起动时,断续接通转子磁场绕组,将他励的励磁电流保持在约 0.2A。控制发电机输出较小的电压,减小起动阻力,使发动机快速起动。起动后迅速增大励磁电流,使发电机输出正常电压,保证用电设备供电和对蓄电池充电。

集成电路电压调节器按电压的检测点不同,分为发电机电压检测和蓄电池电压检测两种类型。发电机电压检测的检测信号取自发电机的正极,调节的结果是保持发电机的输出电压稳定。而蓄电池电压检测的检测信号取自蓄电池的正极,调节的结果是保持蓄电池的充电电压稳定。图 3-16 为丰田系列汽车电压调节器,从图中可以看出,蓄电池电压检测型比发电机电压检测型多一个端子 S。调节器有 F、P、E 三个端子,B 端用螺母固定在发电机的输出端子 B 上,IG、L、S 端子经过外部接线插座分别与点火开关、充电指示灯和蓄电池正极相连接。其中,S端子用于将蓄电池极柱上输出电压传给电压调节器,作为蓄电池电压检测的电压调节器调节电压的依据。蓄电池电压检测电压调节器的优点是,在汽车负载较大时,可以保持对蓄电池充电电压的稳定,使蓄电池始终保持良好的充电状态。缺点是汽车发电机负载较大时,发电机输出电压比较大,发电机容易超载。

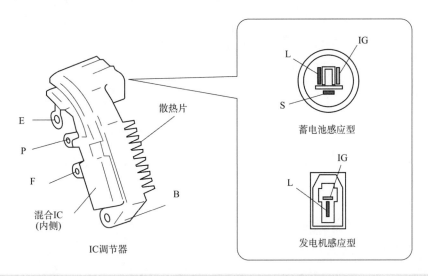

图3-16 丰田系列汽车电压调节器

3.4 整体式交流发电机工作原理

3.4.1 发电原理

如图3-17所示,在发电机内部有一个由发动机带动的转子(旋转磁场),磁场外有一个定子绕组,绕组有3组线圈(三相绕组),三相绕组彼此相隔120°。当转子旋转时,旋转的磁场使固定的电枢绕组切割磁力线(或者说使电枢绕组中通过的磁通量发生变化),而产生电动势。定子三相绕组感应电动势的大小为:

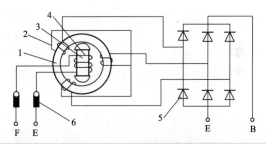

图3-17 交流发电机发电原理
1-铁芯;2-三相线圈;3-转子;4-转子线圈;5-二极管;6-炭刷

$$e_U = E_m \sin\omega t = \sqrt{2} E_\phi \sin\omega t$$

$$e_V = E_m \sin\left(\omega t - \frac{2}{3}\pi\right) = \sqrt{2} E_\phi \sin\left(\omega t - \frac{2}{3}\pi\right)$$

$$e_W = E_m \sin\left(\omega t + \frac{2}{3}\pi\right) = \sqrt{2} E_\phi \sin\left(\omega t + \frac{2}{3}\pi\right)$$

式中:E_m——每相电动势的最大值,V;
　　　E_ϕ——每相电动势的有效值,V;
　　　ω——电角速度,rad/s。

定子三相绕组感应电动势的波形如图3-18b)所示,其幅值是发电机转速的函数。因此,当转速 n 变化时,三相电动势的波形为变频率、变幅值的交流波形。

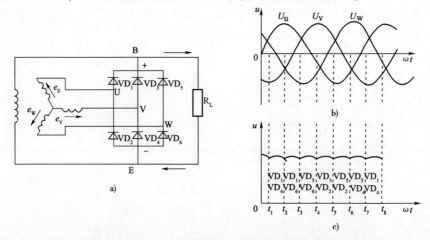

图3-18 三相桥式整流电路及电压波形
a)整流电路;b)整流前三相交流电波形;c)整流后负载上的电压波形

3.4.2 定子每相电动势的有效值

$$E_\phi = \frac{E_m}{\sqrt{2}} = 4.44KfN\phi = 4.44K\frac{pn}{60}N\phi = C_e\phi n$$

式中: E_ϕ——每相电动势的有效值,V;

E_m——每相电动势的最大值,V;

K——绕组系数(和发电机定子绕组的绕线方法有关);

f——转子转动频率,其中 $f = p \times n/60$ Hz;

N——每项匝数,匝;

ϕ——每极磁通,Wb;

p——磁极对数;

C_e——电机结构常数;

n——转速,r/min。

由此可见,当交流发电机结构一定(电机结构常数 C_e 不变)时,三相电动势 E_ϕ 和发电机转速、磁通成正比。

3.4.3 整流原理

发电机定子绕组产生的是三相交流电,要通过6只或8只二极管组成的三相桥式全波整流电路转变为直流电,如图3-18a)所示。

二极管具有单向导电性,当给二极管加上正向电压时,二极管导通,当给二极管加上反向电压时,二极管截止。对于三个正极管(D_1、D_3、D_5),正极和定子绕组始端相连,在某瞬时,电压最高一相的正极管导通。对于三个负极管(D_2、D_4、D_6),负极和定子绕组始端相连,在某瞬时,电压最低一相的负极管导通。但同时导通的管子总是两个,正、负管子各一个。三相桥式整流电路中二极管的依次循环导通,导通的顺序如图3-18c)所示,使得负载 R_L 两端得到一个比较平稳的脉动直流电压。

整流时发电机的输出端 B、E 上输出一个脉动直流电压,将三相交流电的最高电压的一相连接到蓄电池正极,将三相交流电的最低电压的一相连接到蓄电池负极,给蓄电池充电并给负载 R_L 供电,如图 3-18b)、c)所示,这就是发电机的整流原理。

有的发电机采用 8 管整流电路,如图 3-19 所示。8 管交流发电机除组成三相桥式整流电路的 6 只二极管外,还有 2 只中性点二极管。利用中性点的二次谐波电压输出(二次谐波电压比三相线圈输出端高),可提高发电机的输出电压、同时提高 10%~15% 的输出功率。

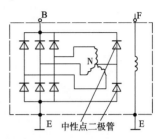

图 3-19 8 管交流发电机整流电路

有的汽车还从中心点 N 输出一个三相半波整流电压,简称中性点 N 电源(丰田汽车称为 P 电源),如图 3-20 所示。中心点 N 电源通过全波整流电路的 D_2、D_4、D_6 整流,在 N 端子和搭铁 E 之间输出一个全波整流电压一半的电压。具体一点说,其电压在熄火时为零(熄火时 B 端子仍然与蓄电池正极连接且电压为 12V),在发动机发动后其电压始终是三相全波整流电压 B^+ 的 1/2。其用途主要是给汽车上的一些控制继电器线圈供电。如用于控制起动电路(图 3-21),可防止在发动机发动状态下,驾驶人误操作再次接通起动电路,而引起起动机驱动齿轮与飞轮齿发生冲击打齿,造成齿轮损坏。其原理是,在熄火时起动机保护继电器常闭触点闭合,接通点火开关即可通过起动继电器接通起动机。发动机发动后,中性点电源接通起动机保护继电器线圈,使常闭触点打开,自动切断起动机控制电路,同时切断起动机。同时,在发动机运转时常闭触点始终打开,即使误操作接通点火开关中的起动开关,起动机也无法接通。

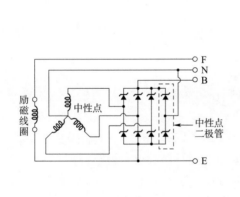

图 3-20 带有中性点电源的交流发电机电路

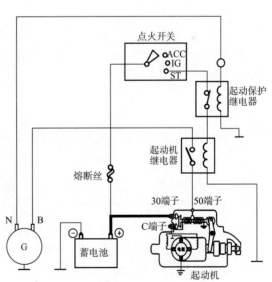

图 3-21 中性点电压控制的起动机保护电路

还有一些汽车利用中性点电压通过具有常闭触点的继电器控制充电指示灯。发电机发电时,中性点电压通过继电器线圈,使常闭触点打开,充电指示灯熄灭。但是现在使用的整体式交流发电机基本没有采用这种方法。

还有的交流发电机采用9管整流电路,大众汽车公司的发电机很多就使用了这种电路。

3.4.4 励磁方式和励磁电路

除了永磁式交流发电机不需要励磁以外,其他形式的交流发电机都必须给励磁绕组通电才会产生磁场进而发电,否则发电机将不能发电。将电流引入励磁绕组使之产生磁场,称为励磁。按照给励磁绕组供电的电源不同,励磁分为他励和自励两种。

1) 他励

在发动机刚刚起动且发电机转速较低时(发动机未达到怠速转速),自身不能发电。单靠微弱的剩磁产生的很小的电动势,很难克服二极管的正向电阻,需要蓄电池供给发电机励磁绕组电流,使励磁绕组产生磁场来发电。这种由蓄电池供给励磁绕组电流发电的方式称为他励发电。丰田新威驰汽车发电机起动时他励电流流向,如图3-22所示。起动时点火开关闭合,给内置集成电路电压调节器供电,三极管 V_1 导通。他励电流流向为:蓄电池正极→发电机 B 端子→励磁绕组(转子绕组)→调压器 F 端子→三极管 V_1→调压器 E 端子→发动机搭铁→蓄电池负极。

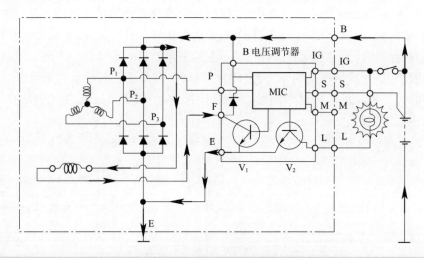

图3-22 丰田新威驰汽车发电机起动时他励电流流向图

2) 自励

随着转速的提高(一般在发动机达到怠速时),发电机定子绕组的电动势逐渐升高并能使整流器二极管导通,当发电机的输出电压大于蓄电池电压时,发电机就能对外供电了。当发电机能对外供电时,就可以把自身发的电供给励磁绕组,这种利用自身供给励磁绕组电流发电的方式称为自励发电。丰田新威驰汽车发电机起动后自励电流流向,如图3-23所示。自励电流流向为:发电机正极→励磁绕组(转子绕组)→调压器 F 端子→三极管 V_1→调压器 E 端子→发电机负极。

所有汽车交流发电机励磁过程都是先他励后自励。发动机起动时,由蓄电池提供励磁电流,当发动机达到正常怠速转速时,发电机的输出电压一般会高出蓄电池电压1～2V,便开始对蓄电池充电,同时发电机自励发电。不同汽车的励磁电路各不相同,但有一个共同特点是,励磁电路都必须直接或间接受点火开关控制,以保证熄火后切断励磁电流。丰田新威驰汽车发电机的励磁电流是由点火开关间接控制的。点火开关接通或切断集成电路电压调节器工作所需的工作电流,集成电路电压调节器通过接通和切断三极管 V_1,接通或切断发电机转子的励磁电流。

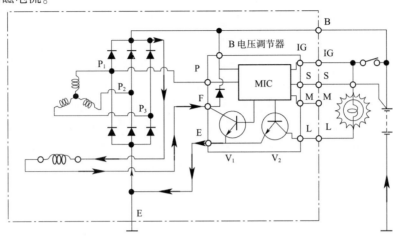

图 3-23　丰田新威驰汽车发电机起动后自励电流流向图

3.4.5　电压调节

1) 电压调节器的基本工作原理

∵ $U_e = E_\phi - IR_e$

又∵ $E_\phi = C_e \cdot \phi n$

∴ $U_e = C_e \cdot \phi n - IR_e$

式中：U_e——发电机输出电压,V；

　　　E_ϕ——发电机电动势有效值,V；

　　　I——发电机输出电流,A；

　　　R_e——发电机内阻,Ω；

　　　C_e——电机结构常数；

　　　n——转速,r/min；

　　　ϕ——每极磁通,Wb。

所以,发电机输出电压 U_e 主要与 ϕ(每极磁通)、n(转速)和 I(发电机输出电流)有关。当发电机转速增大或发电机输出电流减小时,发电机输出电压 U_e 增大。而汽车行驶中发动机的转速不断变化,同时发电机的负载也根据驾驶人的要求经常变化,并且汽车发动机转速和发电机的负载变化范围很大,一般发动机转速范围为 0~3500r/min,并且发动机到发电机之间是增速传动,发电机的转速变化范围更大,将引起发电机输出电压 U_e 也在很大范围内变化。如果不对发电机电压进行调节,可能导致低速时电压太低,用电设备无法正常工作；高速时电压太高,用电设备烧坏无法工作。

当转速 n 升高或发电机输出电流 I 减小时,E_ϕ 增大,发电机输出电压 U_e 升高。要想使发电机的输出电压 U_e 不随转速的升高而上升,只能通过减小磁通 ϕ 来实现。又因为发电机的磁极磁通 ϕ 是励磁电流 I_f 励磁产生的,并且磁极磁通 ϕ 与励磁电流 I_f 成正比,所以减小磁通 ϕ 也就是减小励磁电流 I_f。

交流发电机电压调节器的调压原理是：当发电机转速升高或发电机输出电流减小时，电压调节器通过减小发电机励磁电流 I_f 来减小磁通 ϕ，使发电机的输出电压 U_e 保持不变；当发电机的转速降低或发电机输出电流增大时，调节器通过增大发电机的励磁电流 I_f 来增加磁通 ϕ，使发电机的输出电压 U_e 保持不变。

2）集成电路(IC)电压调节器工作过程

以丰田新威驰汽车发电机电压调节器为例，具体工作过程如下：

(1) 点火开关接通，发动机停机时，如图3-24所示。点火开关(IG—SW)接通，蓄电池电压便施加在 MIC 控制电路内部稳压器的端子 IG 上。MIC 检测到蓄电池这一电压，于是 Tr1 接通，使初始励磁电流经蓄电池和 B 端子流至转子线圈。这时发动机还没有发动，发电机还没有发电，为了减少点火开关接通时蓄电池的放电量，MIC 根据 P 端子电压为零的情况，断续接通和断开 Tr1，将励磁电流保持在约0.2A（图3-24中虚线箭头）。

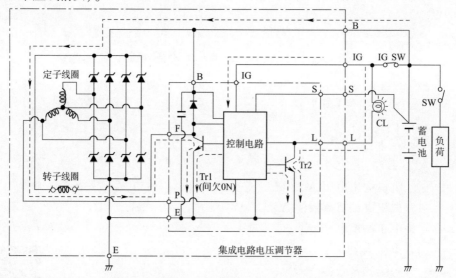

图3-24 集成电路电压调节器原理图

充电指示灯(丰田原厂资料图中的充电警告灯即为充电指示灯)：因为还没有开始发电，P 端子电压为零。MIC 检测到这一情况，就接通 Tr2，于是充电指示灯 CL 亮（如图3-24虚线箭头所示）。

这时断续接通和断开三极管 Tr1，将励磁电流保持在约0.2A，其另一个目的是减小起动时发电机的发电量，减小起动阻力。这一功能称为激励功能。

还有一些丰田汽车的电压调节器，在点火开关接通、发动机停机并且点火开关又不会马上开启时，或停车熄火后没有将点火开关断开时，三极管 Tr1 会延迟1~2min 自动关闭，切断励磁电流。这一功能称为保护功能。

(2) 交流发电机发电，发电机电压低于标准电压时，发动机起动，发电机转速增大，交流发电机开始发电。当 P 端子电压升高时，MIC 控制电路将三极管 Tr1 从断续通断状态转为持续接通状态，于是蓄电池向转子线圈供给充足的励磁电流，发电机电压很快增加。发电机电压大于蓄电池电压时，发电机给蓄电池充电，给用电设备供电，同时开始自励，即发电机给自己的励磁绕组供电。

P 端子处的电压上升，于是 MIC 控制电路确认发电机发电，将 Tr2 由接通转为断开状态，充电指示灯熄灭。

(3) 当发电机发电电压高于规定电压时，如果 Tr1 继续导通，B 端子处的电压将增加，导致 S 端子处的电压超过规定电压。MIC 控制电路检测到此情况并关掉三极管 Tr1，转子线圈的磁场电流经逆电动势吸收二极管被衰减，使 B 端子处的电压(发电机电压)降低，导致 S 端子处的电压降低到低于规定电压，MIC 检测到这一情况，又将三极管 Tr1 打开，使转子线圈的磁场电流增加，B 端子处的电压也增加。集成电路调节器通过重复上述操作将 S 端子处的平均电压(蓄电池端子电压)调节为恒定电压(一般为 14.5V 左右)。

由于 P 端子处始终保持较高的电压，MIC 控制电路将 Tr2 断开，因此充电指示灯不亮。

(4) 当交流发电机转动、IC 调节器 S 端子断开时，MIC 控制电路检测到"S 端子无输入"，这时 MIC 便以 B 端子的电压取代 S 端子，控制三极管 Tr1 接通和断开，以保持 B 端子电压在 14V 左右。这样可防止输出电压过高，从而保护交流发电机、IC 稳压器和其他电子元件。

当 MIC 检测到"S 端子无输入"时，便使 Tr2 接通，于是充电指示灯亮，起到警示作用。

(5) 当发电机转动、交流发电机 B 端子电路断开时，蓄电池将无法充电，S 端子电压会降低。由于 S 端子的电压下降，MIC 控制电路会增加磁场的电流，使 B 端子电压上升(设计上 MIC 控制电路调节磁场电流，使 B 端子处的电压不超过 20V，起保护作用)。同时，当 S 端子处的电压变低时(大约在 13V 时)，MIC 便根据 B 端子和 S 端子的电压差，判断出 B 端子断路。这时 MIC 便以 B 端子的电压取代 S 端子，控制三极管 Tr1 接通和断开，以保持 B 端子电压在 14V 左右。这样可防止输出电压过高，从而保护交流发电机、IC 调节器和其他电子元件。同时，使 Tr2 接通，充电警报灯亮。

(6) 当发电机转动时，如果转子线圈开路，发电机便停止发电，P 端子处的输出电压变为 0V。当 MIC 控制电路检测到这一情况时，便使 Tr2 接通，于是充电指示灯亮，起到警示作用。

(7) 当发电机转动时，如果转子线圈发生短路，B 端子处的电压直接施加到 F 端子，并产生大电流。当 MIC 检测到此情况时，会立即关掉三极管 Tr1 进行保护，同时打开 Tr2 以便点亮充电指示灯，指示异常发生。

(8) 在发电机运转期间，如果 F 端子和 E 端子之间发生短路，B 端子处的电压从 E 端子经转子线圈搭铁，而不经过三极管 Tr1。因为磁场电流不能被三极管 Tr1 调节，B 端子处的电压就会超过其规定电压，发电机的输出电压也会高于其规定值。MIC 通过 F 端子和 E 端子之间的电压差检测到这种情况，便使 Tr2 接通，充电指示灯点亮，指示异常情况。

3.5 交流发电机的型号

根据中华人民共和国汽车行业标准《汽车电气设备产品型号编制方法》(QC/T 73—1993)的规定，汽车交流发电机型号由产品代号、电压等级代号、电流等级代号、设计序号、变型代号五部分组成，分别用数字和字母进行表示，如图 3-25 所示。

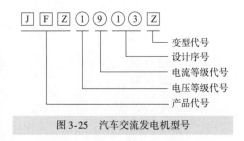

图 3-25　汽车交流发电机型号

其中,圆形表示数字,矩形表示字母。

3.5.1 产品代号

交流发电机型号的第一部分为产品代号。产品代号用中文汉语拼音字母表示,例如:ZF——直流发电机;JF——普通交流发电机 ;JFZ——整体式交流发电机 ;JFB——带泵的交流发电机 ;JFW——无刷交流发电机。现在汽油车上广泛使用的是 JFZ(整体式交流发电机),柴油车上广泛使用的是 JFZB(整体式带泵的交流发电机)。带泵的交流发电机的真空泵在汽车制动系统真空增压或真空助力时使用。

3.5.2 电压等级代号

交流发电机型号的第二部分为电压等级代号。电压等级代号用 1 位阿拉伯数字表示,1 表示 12V 系统、2 表示 24V 系统、6 表示 6V 系统,6V 系统不在常用汽车上使用。

3.5.3 电流等级代号

交流发电机型号的第三部分为电流等级代号。电流等级代号也用 1 位阿拉伯数字表示,其含义见表 3-1。

表 3-1 电流等级代号

代号	1	2	3	4	5	6	7	8	9
电流等级(A)	小于 19	20~29	30~39	40~49	50~59	60~69	70~79	80~89	90~99

3.5.4 设计序号

交流发电机型号的第四部分为设计序号。设计序号用 1~2 位阿拉伯数字表示,表示产品设计的先后顺序。

3.5.5 变型代号

交流发电机型号的第五部分为变型代号。交流发电机变型代号以调整臂位置为依据,从驱动端看,固定端朝下时,调整臂在左边用 Z 表示,调整臂在右端用 Y 表示,调整臂在中间不加标记。图 3-26 为调整臂在中间的发电机。与汽车发电机相关的标准还有《汽车用交流发电机技术条件》(QC/T 729—2005)、《汽车交流发电机用电子电压调节器技术条件》(QC/T 774—2006)和《滚动轴承 汽车发电机轴承 技术条件》(JB/T 8167—2017)。

如发电机型号 JFZ1913Z,表示输出电压为 12V,输出最大电流为 90~99A,调整臂在左边的整体式交流发电机。

图 3-26 调整臂在中间的发电机

课 堂 讨 论

1. 描述整体式交流发电机的结构、内部电路和各零部件作用。
2. 探讨无刷发电机结构。
3. 描述电源系统的电路和原理。
4. 描述整体式交流发电机内部 IC 电压调节器电压检测方式和优缺点。

5. 描述丰田新威驰汽车整体式交流发电机内部 IC 电压调节器如何起调压、指示、报警和保护作用。

相关技能一

3.6 整体式交流发电机检修

3.6.1 发电机就车检查

发电机就车检查的目的是确定发电机是否有故障,检查内容有:
(1)检查发电机传动带。
(2)检查电源系统电路。
(3)发电机无负荷测试(发电机电压是否保持在一恒定的水平)。
(4)发电机带负荷测试(发电机输入电流和功率)。

3.6.2 从车上拆下发电机

从车上拆下发电机的步骤是:
(1)断开蓄电池的负极电缆。

注意:断开蓄电池的负极电缆之前,对存储在 ECU 等器件内的信息做笔记。可能会导致音响系统防盗起动。

(2)拆下发电机电缆。
(3)拆下发电机防短路盖。
(4)拆下发电机电缆定位螺母。
(5)断开发电机 B 端子的发电机电缆。
(6)拆下发电机连接器(压下或拉起连接器的卡爪,握住连接器拔出)。
(7)松开连接器螺母拆下传动带和发电机。

3.6.3 发电机解体

发电机解体的步骤是:
(1)拆卸发电机传动带轮。
(2)拆卸后盖和发电机电刷座总成。
(3)拆卸发电机调节器总成。
(4)拆卸整流器。
(5)拆卸后端盖。
(6)拆卸发电机转子总成。
(7)零件清洗。

3.6.4 解体后检测

发电机解体后的检测内容有:
(1)检查发电机转子总成。
(2)检查整流器。
(3)检查集成电路电压调节器。

(4)检查发电机电刷座。
(5)检查发电机电枢绕组。
(6)检查发电机轴承。

3.6.5 装配

装配发电机的步骤是：
(1)安装发电机转子总成。
(2)安装整流器。
(3)安装发电机调节器总成。
(4)安装发电机电刷座总成。
(5)依次安装电刷座、后端盖、发电机端子绝缘体。
(6)安装发电机传动带轮。
(7)按规定力矩拧紧传动带轮螺母。

3.6.6 装配后检查
(1)发电机调节电压测试。
(2)发电机无负荷测试。
(3)发电机输出测试。

3.6.7 发电机装车
(1)将发电机吊耳安装到发动机和托架上,并安装传动带,调整其松紧度。
(2)连接发电机电缆和连接器。
(3)连接蓄电池负极端子电缆。
(4)起动发动机进行运转实验。

小组工作一

实训项目4 发电机检修

(1)每3~5名学生组成1个工作小组,确定1名小组长,接受工作任务,做好工作准备。
(2)阅读工作单,查阅维修手册或实训指导书,观察待修车辆的发电机,讨论发电机拆卸、检测、装配的方法和步骤,确定小组人员工作分工。向实训指导教师汇报讨论结果,经指导教师同意后,开始下一步的工作。
(3)按照工作单的引导,完成发电机的拆卸、分解、检测和装配等工作。
(4)在完成工作任务的过程中,根据工作单的要求,完成发电机零部件认识、工作原理描述等学习任务。
(5)完成工作单要求的发电机主要零部件的检测任务,将检测结果记录在工作单的相应栏目中,并对检测结果作出分析。
(6)回答指导教师的现场提问,接受指导教师的技能考核。
(7)完成工作任务后,对工作过程进行自我评价和小组互评,听取指导教师的点评。
(8)清洁工作场所,清点维护工具设备,完成任务交接。

生产任务二　电源系统故障诊断

1）工作对象

充电指示灯常亮的故障汽车一辆。

2）工作内容

(1)领取所需的工具和仪器,做好工作准备;

(2)起动发动机观察故障现象;

(3)阅读汽车维修手册或实训指导书,认识该车电源系统电路和零部件位置;

(4)根据电源系统电路,分析故障可能原因和检测方法、步骤;

(5)按确定的检测方法、步骤进行故障判断,找出故障原因并排除故障;

(6)重新起动发动机观察故障现象是否消失;

(7)测量发电机电压和输出电流,判断是否达到技术标准要求;

(8)检查、评价工作质量;

(9)整理工具,清洁工作场地。

3）工作目标与要求

(1)学生应以小组工作的方式,完成本项工作任务;

(2)学生应当能在小组成员的配合下,利用汽车维修手册或实训指导书,制订工作计划,实施工作计划;

(3)能通过阅读资料和现场观察,描述电源系统电路和零部件位置;

(4)能通过电路图分析出故障的可能原因并制订检测方法和步骤;

(5)能向客户解释所修电源系统的故障原因和修复方案;

(6)能按规范的步骤,完成故障判断和排除,恢复电源系统正常性能;

(7)在工作过程中注意工作安全,做好废料的处理,保持工作环境整洁。

相关技能二

3.7　电源系统常见故障诊断

电源系统(装用整体交流发电机)常见故障主要有,发电机异响、充电指示灯不熄灭和充电指示灯不亮。

3.7.1　发电机异响

1）故障现象

发动机在运转过程中有不正常的响声。

2）原因分析

发电机异响主要是机械出现故障,原因有:

(1)发电机传动带过紧或过松。

(2)轴承损坏或缺油松旷,使转子与定子相碰。

(3)电刷磨损过大或与滑环接触角度偏斜。
(4)电刷在刷架内倾斜摇摆。
(5)发电机装配不到位,使机体倾斜或转子轴弯曲。
(6)发电机传动带轮与轴松旷,使传动带轮与散热片碰撞。

3)故障诊断方法步骤

首先检查传动带的松紧度,然后根据原因分析异响部位,按先简单后复杂的顺序依次进行检修与调整。

3.7.2 充电指示灯不熄灭

1)故障现象

正常情况下在接通点火开关时,汽车充电指示灯应亮起,发动机起动后应立即熄灭。充电指示灯不熄灭的故障现象是,发动机起动时充电指示灯亮,发动机起动后回到 On 挡充电指示灯不熄灭。

2)故障原因分析

充电指示灯不熄灭的故障可能有:

(1)接线端子松脱。
(2)熔断器烧断。
(3)发电机传动带过松。
(4)发电机 S 端子及线路断路。
(5)发电机 L 端子及线路短路。
(6)发电机 IG 端子及线路接触不良。
(7)发电机电刷接触不良。
(8)发电机电压调节器损坏。
(9)定子绕组断路和短路。

3)故障判断步骤

(1)外观检查:检查电源系统线路各接线端子有没有松脱。不能直观检查到的接线端子不要检查。
(2)检查电源系统电路各熔断器。
(3)检查发电机传动带松紧度。
(4)用万用表检查发电机电压(熄火时应为 12V,起动后应为 14~15V)。如起动后电压没有升高,并稍有下降,则说明发电机不发电。
(5)如发电机不发电,检测发电机 IG 端子电压。IG 端子电压正常,则发电机内部有故障。应拆下发电机进行维修,或更换发电机。
(6)如发电机发电,则应检查发电机 L 端子是否有短路。
(7)如发电机 L 端子没有短路,再检查 S 端子。如 S 端子正常,应检查充电电路。如充电电路正常,则可能是发电机内部线圈等有故障,需拆检或更换发电机。

3.7.3 充电指示灯不亮

1)故障现象

接通点火开关 On 挡后,充电指示灯不亮。

2)故障原因

(1) IG 端子断路。

(2) 充电指示灯断路。

(3) 发电机 L 端子及线路断路。

3)故障判断

拔出发电机 IG、S、L 端子。用试灯检查 IG 端子。若 IG 端子试灯不亮,则检查点火开关和各熔断器。用灯泡试灯检查 L 端子,充电指示灯不亮,则为充电指示灯断路或熔断器断路。

小组工作二

实训项目5 电源系统电路故障检修

(1) 每 3~5 名学生组成 1 个工作小组,确定 1 名小组长,接受工作任务,做好工作准备。

(2) 阅读工作单,查阅维修手册或实训指导书,观察待修车辆的电源系统,讨论该车电源系统电路、零部件位置、故障可能原因和检测方法、步骤,确定小组人员工作分工。向实训指导教师汇报讨论结果,经指导教师同意后,开始下一步的工作。

(3) 按照工作单的引导,完成故障判断与排除工作。

(4) 在完成工作任务的过程中,根据工作单的要求,完成电源系统电路的认识、工作原理描述等学习任务。

(5) 完成工作单要求的电源系统故障的诊断和检测,将检测结果记录在工作单的相应栏目中,并对检测结果作出分析。

(6) 回答指导教师的现场提问,接受指导教师的技能考核。

(7) 完成工作任务后,对工作过程进行自我评价和小组互评,听取指导教师的点评。

(8) 清洁工作场所,清点维护工具设备,完成任务交接。

拓展知识与技能

3.8 其他车型电源系统电路

3.8.1 丰田发电机带 M 端子的电源系统电路

图 3-27 为丰田带 M 端子的电源系统电路。其 M(有些车型为 FR,如三菱发电机)端子的作用是把集成电路电压调节器的发电状态,发送给发动机的电子控制单元。发动机 ECU 利用 M 端子信号对发电机发电状况进行监测,以调整发动机转速等。

3.8.2 丰田发电机带 C 端子的电源系统电路

图 3-28 为丰田带 C 端子的电源系统电路。其 C 端子的作用是让发动机电子控制单元根据汽车的工作状态,把调节电压转换为高电压和低电压两个状态。例如,汽车加速时,三极管饱和,C 端子搭铁控制发电机输出低电压;反之,三极管截止,C 端子搭铁控制发电机输

出高电压。

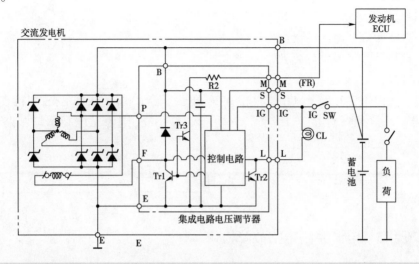

图 3-27　丰田带 M 端子的电源系统电路

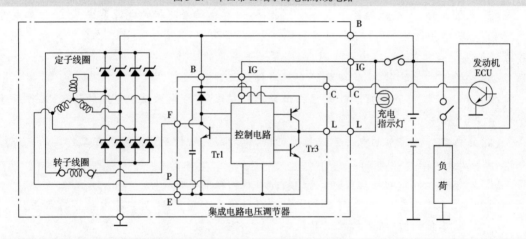

图 3-28　丰田带 C 端子的电源系统电路

3.8.3　奥迪 A4 B8 汽车电源系统电路

奥迪 A4 B8 汽车交流发电机的电路原理如图 3-29 所示。

（1）当接通点火开关（不起动发动机）时，蓄电池电压通过点火开关给数据总线诊断接口模块（J533）供电。这时，J533 通过 CAN 网络与仪表板模块（J285）通信，控制充电指示灯点亮。

（2）发动机运转，由蓄电池监控控制器（J367）实时检测蓄电池电量及发电机发电量，并将信号传递给 J533。J533 通过 LIN 网络控制电压调节器（C1），调整发电机电压。可根据不同发动机工况以及蓄电池充放电要求，调整发电量。同时，C1 通过 LIN 网络向 J533 反馈发电机状态，如没有发电机相关的故障信息，J533 通过 CAN 网络与 J285 通信，使充电指示灯熄灭。

（3）发动机运转时，J533 调节发电机至最佳充电电压，并可降低负荷（减少用电器）提高怠速转速。在极端情况下，J533 可以通过 CAN 网络关闭用电器，以便在发动机关闭时减少静态电流,以免蓄电池过度放电。

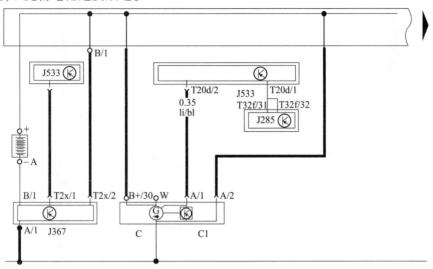

图3-29 奥迪A4 B8汽车交流发电机的电路原理
A-蓄电池;C-发电机;C1-电压调节器;J533-数据总线诊断接口;J367-蓄电池监控控制器

3.8.4 迈腾B7L汽车电源系统电路

迈腾B7L电源负载管理系统主要由蓄电池、车载电网控制单元(J519)、仪表控制单元(J528)、发电机现场监控器(DFM)、发动机控制单元(J623)等组成,如图3-30所示。其中发电机由B+线、DFM线和L线组成。DFM线通向发动机控制单元J623,提供发电机负荷信号。DFM检测发电机的发电量,在负荷过大、电量不足情况下,用于提高发动机转速;L线通向车载电网控制单元J519,为J519提供发电机工作信号,起动时L线电压约为1.0V,起动后约为12.0V,J519也通过L线为发电机工作提供他励电流。若由于故障导致J519接收不到发电信号,J519会点亮充电指示灯,关闭座椅加热装置等其他附属装置,同时负荷管理系统迅速工作使电压达到工作要求。

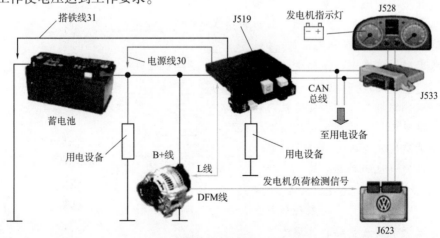

图3-30 迈腾B7L带负载的电源管理系统
J528-组合仪表;J533-数据总线诊断接口;J519-车载电网控制单元;J623-发电机控制单元

思考与练习

一、名词解释

1. 调节电压。
2. 正极管。
3. 汽车无刷发电机。
4. 他励。
5. 整体式硅整流发电机。
6. SG(分段矩形截面)发电机。

二、填空题

1. 整体式硅整流发电机由_____、_____和_____三大部分组成。
2. 丰田发电机的_____端子用于接通和控制充电指示灯亮暗。
3. 丰田发电机的_____端子用于对外供电,给蓄电池充电。
4. 丰田发电机的_____端子用于给集成电路电压调节器供电。
5. 丰田发电机的_____端子用于将蓄电池极柱上输出电压传给电压调节器。
6. 发电机转子由_____、_____、_____、_____等组成。
7. 定子由_____和_____组成。定子绕组的接法有_____、_____两种方式。
8. 整流器的作用是把三相同步交流发电机产生的_____电转换成_____电输出,它一般用6个硅二极管接成_____整流电路。
9. 一般情况下,充电指示灯亮表明蓄电池正在_____,发电机处于_____励状态,灯由亮转灭表明蓄电池正在_____,发电机处于_____励状态。
10. 行驶中丰田汽车充电指示灯亮表明_____或_____或_____。
11. 从定子三相星形绕组中性点引出的接线柱叫_____接线柱(记为N),其输出电压为三相桥式整流器输出电压的_____。
12. 检查硅整流发电机传动带松紧度时,应在发电机传动带轮和风扇传动带轮中间,用_____的力按下传动带,传动带挠度应为_____。
13. 集成电路调节器装于发电机内部,构成_____式硅整流发电机。
14. 中性点二极管的作用是提高发电机的_____。
15. 衡量交流发电机性能的指标有_____、_____、_____。
16. 交流发电机的励磁分为_____、_____两种。
17. 交流发电机按总体结构分为_____、_____、_____、_____、_____五种形式。
18. 电压调节器最主要的作用为_____。
19. 丰田汽车发电机内部的多功能电压调节器有_____、_____、_____、_____、_____5个作用。

20. 正极管的中心引线为二极管的_____极、管壳为_____极。
21. 硅整流发电机充电前采用_____励发电,充电时采用_____励发电。
22. 根据集成电路调节器检测电压方式的不同,硅整流发电机可分_____电压检测式和_____电压检测式两种。

三、选择题

1. 交流发电机中装在元件板上的二极管( )。
   A. 是正极管　　　B. 是负极管　　　C. 既可以是正极管也可以是负极管
2. 交流发电机所采用的励磁方法是( )。
   A. 自励　　　　　B. 他励　　　　　C. 先他励,后自励
3. 交流发电机转子的作用是( )。
   A. 产生交流电　　B. 产生磁场　　　C. 变交流为直流
4. 发电机中性点输出的电压是发电机输出电压的( )。
   A. 1/2　　　　　　B. 1/3　　　　　　C. 1/4
5. 交流发电机中产生磁场的装置是( )。
   A. 定子　　　　　B. 转子　　　　　C. 电枢　　　　　D. 电压调节器
6. 交流发电机切割磁力线产生的电流装置是( )。
   A. 定子　　　　　B. 转子　　　　　C. 硅整流器　　　D. 电压调节器
7. 发电机调节器是通过调整( )来调整发电机电压的。
   A. 发电机的转速　B. 发电机的励磁电流　C. 发电机的输出电流
8. F 是硅整流发电机( )接线柱代号。
   A. 电枢　　　　　B. 磁场　　　　　C. 中性抽头

四、判断题(对的画"√",错的画"×")

1. 交流发电机硅整流器中正极管的负极为发电机的正极。　　　　　　　　　　( )
2. 交流发电机中性点 N 的输出电压为发电机电压的一半。　　　　　　　　　　( )
3. 在三相桥式整流电路中,每个二极管导通的时间占整个周期的1/2。　　　　( )
4. 交流发电机的励磁方法为:先他激,后自激。　　　　　　　　　　　　　　　( )
5. 交流发电机的定子绕组通常为 Y 形接法,整流器为三相桥式整流电路。　　( )
6. 整体式发电机由三相异步交流发电机和硅整流器两大部分组成。　　　　　( )
7. 硅整流发电机都有电刷、滑环。　　　　　　　　　　　　　　　　　　　　　( )
8. 无刷式交流发电机不必整流。　　　　　　　　　　　　　　　　　　　　　　( )
9. 壳体与发电机电枢相通的二极管是正极管。　　　　　　　　　　　　　　　( )
10. 带中性点二极管的硅整流发电机低速时,可提高10%～15%的输出功率。( )
11. 带励磁二极管的硅整流发电机可配装充电指示灯。　　　　　　　　　　　( )

五、简答题

1. 调节器为什么可以控制交流发电机的输出电压?

2. 交流发电机在使用过程中为什么要定期进行维护?

3. 硅整流发电机一只硅整流二极管击穿短路时,为什么会造成定子绕组一相或两相烧毁?

4. 为什么发电机在长期运行状态下不会烧毁,但在发动机熄火时,忘记切断点火开关时却容易烧毁硅整流发电机励磁绕组?

5. 标出图 3-31 中集成电路调节器(IG、S、L、B、F、P、E)各接柱位置。叙述各接线柱作用。

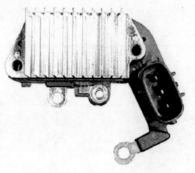

图 3-31　集成电路调节器 1

6. 标出图 3-32 中集成电路调节器(IG、L、M、RLO、B、F、P、E)各接柱位置。叙述各接线柱作用。

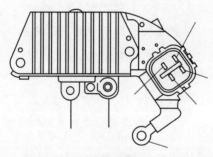

图 3-32　集成电路调节器 2

单元 4

起动系统故障检修

学习情境

大众汽车维修部接到救援电话,称迈腾轿车在路上抛锚,客户反映该车起动时起动机不转。经过施救维修人员用外挂蓄电池进行起动,起动机仍不能转动。拖回后,交汽车电气维修组进一步检查,用蓄电池高率放电计对蓄电池进行检测,确认蓄电池正常。进一步将30端子和C端子短接起动机转动,将30端子和50端子短接起动机不转。基本确认起动机电磁开关故障,进一步进行起动机检修。

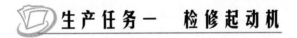

生产任务一 检修起动机

1)工作对象
需进行起动系统维修的汽车一辆。
2)工作内容
(1)领取所需的工具,做好工作准备;
(2)就车检查起动机,确认起动机故障;
(3)从汽车上拆下起动机;
(4)不解体检测起动机,确认故障部位;
(5)分解起动机;
(6)起动机零部件检测和修复;
(7)装复起动机并进行检验和性能检测;
(8)将起动机装上汽车;
(9)检查、评价工作质量;
(10)整理工具,清洁工作场地。
3)工作目标与要求
(1)学生应以小组工作的方式,完成本项工作任务;

(2) 学生应当能在小组成员的配合下,利用汽车维修手册(或实训指导书),制订工作计划,实施工作计划;

(3) 能通过阅读资料和现场观察,描述所修车辆起动机和起动电路类型和工作原理;辨别起动系统主要部件在汽车上的位置,描述其作用和结构;

(4) 能认识所拆卸起动机的零部件,描述起动机的工作原理和各零部件的作用;

(5) 能向客户解释所修车辆起动机的损伤情况和修复方案;说明起动机的使用注意事项;

(6) 能按规范的步骤,完成起动机的检修,恢复汽车的起动性能;

(7) 在工作过程中注意工作安全,做好废料的处理,保持工作环境整洁。

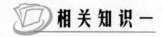

相关知识一

4.1 发动机起动系统概述

4.1.1 发动机的起动

要使发动机由静止状态过渡到工作状态,必须用外力转动发动机的曲轴,使汽缸内吸入(或形成)可燃混合气并燃烧膨胀,工作循环才能自动进行。曲轴在外力作用下开始转动到发动机自动地怠速运转的全过程,称为发动机的起动,这也是起动系统的作用。

要使发动机起动,应满足一定的要求,除了对汽缸压缩压力、混合气浓度、电火花强度(汽油机)或着火温度(柴油机)的要求外,还要求起动系统能为发动机提供起动转矩和起动转速。

曲轴在外力作用下开始转动到发动机正常运转,必须克服汽缸内被压缩气体的阻力和发动机本身及其附件内相对运动的零件之间的摩擦阻力。克服这些阻力所需的力矩称为起动转矩。

保证发动机顺利起动所需的曲轴转速称为起动转速。

车用汽油机在 0~20℃ 的气温下,一般最低起动转速为 30~40r/min。为使发动机能在更低气温下迅速起动,要求起动转速能达 50~70r/min。车用柴油机所要求的起动转速较高,达 150~300r/min。

4.1.2 起动系统的组成和各零部件的作用

起动系统由起动机和控制电路两大部分组成,主要包括:蓄电池、起动机、起动继电器和点火开关(柴油机则称为起动开关)组成,如图4-1所示。对于具体汽车来说,可能还有起动安全开关(或起动安全继电器)、起动切

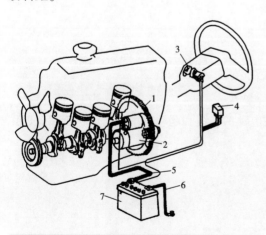

图 4-1 起动系统组成
1-飞轮;2-起动机;3-点火开关;4-起动继电器;5-起动电缆;6-搭铁电缆;7-蓄电池

断继电器等。

起动机的作用是将蓄电池提供的电力转化成起动力矩,通过小齿轮驱动发动机飞轮转动,使发动机起动;通过控制电路进而控制起动机的工作。控制电路中点火开关的作用是接通和切断起动继电器的线圈,并由起动继电器的触点控制起动机工作。起动继电器还起到保护点火开关的作用。防止经过点火开关的电流过大,烧坏点火开关的接触点。

安全开关主要有离合器开关和自动变速器空挡开关两种。离合器开关主要应用在手动挡汽车上。离合器开关串联在起动系统控制电路中,踩下离合器踏板时,离合器开关闭合,起动机才能起动,防止手动挡汽车变速器在最低挡时起动,起动后驾驶人还没有做好行驶准备,导致汽车直接向前冲。

所有自动挡汽车都有自动变速器空挡开关。自动变速器空挡开关串联在起动系统控制电路中。当自动变速器的换挡手柄在停车挡(P挡)和空挡(R挡)时,自动变速器空挡开关闭合。在其他挡位时,自动变速器空挡开关断开。保证自动变速器的换挡手柄在停车挡(P挡)和空挡(R挡)时,起动机才能起动。防止自动变速器的汽车在前进挡上起动,起动后汽车马上向前行驶造成事故。

起动切断继电器主要有防盗继电器和保护继电器等。防盗继电器的作用是防盗系统起动时,切断起动电路。保护继电器的作用是:发动机起动后,自动切断起动机;发动机运转时,通过点火开关无法接通起动机,防止起动机齿轮和飞轮齿轮撞击损坏。

4.1.3 起动系统电路和基本工作原理

起动系统电路有两种常见形式,一种是没有起动继电器的形式,由蓄电池、起动机和点火开关组成,如图4-2所示。图中30端子、50端子和C端子是德国大众汽车公司对起动机各端子(又称接线柱)用途的定义。其中,30端子表示直接与蓄电池正极连接的电源。实际汽车中,起动机的30端子通过全车最粗的电缆直接与蓄电池正极连接、50端子通过点火开关和熔断器与蓄电池正极连接、C端子与起动机内部的电动机连接。起动时,点火开关转至ST挡,通过50端子接通起动机电磁开

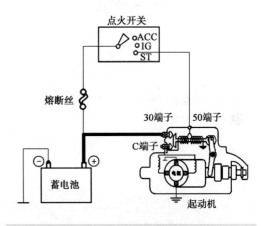

图4-2 无起动继电器的起动系统电路

关,电磁开关将30端和C端子连接,也就是将蓄电池的电缆和起动机中的电动机连接,使起动机内部的电动机转动,带动发动机旋转起动。

也有的汽车厂家将图中的30端子称为B端子,50端子称为S端子,C端子称为M端子。其中,B是batteries(代表蓄电池接线柱)、S是switch(代表起动开关接线柱)、M是motor(代表电动机接线柱)。

另一种是有起动继电器的形式,由蓄电池、起动机、起动继电器和点火开关组成(图4-3)。起动时点火开关转至ST挡,接通起动继电器线圈,使起动继电器触点闭合,通过50端子接通起动机电磁开关,电磁开关将30端和C端子连接,也就是将蓄电池的电缆和起动机中的电动机连接,使起动机内部的电动机转动,带动发动机旋转起动。

4.2 起动机的组成和类型

4.2.1 起动机的组成

起动机由直流电动机、传动机构和控制装置三部分组成,如图4-4所示。通常,在起动机的电磁开关上有3个接线端子,如图4-5所示,其中一个端子(图中的50端子)与起动继电器(或起动开关)连接,用于控制起动机的电磁开关。另外两个端子是电磁开关的两个接柱,其中一个(图中的30端子)与来自蓄电池正极接柱的电缆连接,另一个(图中的C端子)连接到起动机内部的电动机,这两个端子在起动时被电磁开关短接,直接接通和切断起动机中的电动机。起动机内部零件,如图4-6所示。

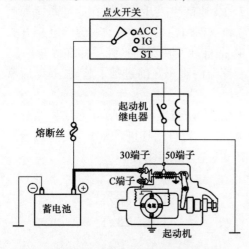

图4-3 带起动继电器的起动系统电路

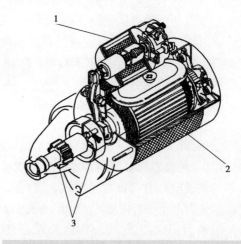

图4-4 起动机组成
1-电磁开关(控制装置);2-直流电动机;3-传动机构

图4-5 起动机外形和连接端子
1-30端子;2-50端子;3-C端子

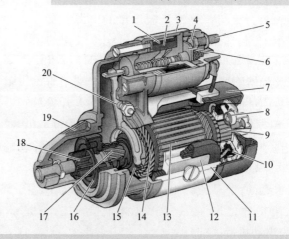

图4-6 起动机实物解剖图
1-保持线圈;2-吸拉线圈;3-电磁开关;4-触点;5-接线柱;6-接触盘;7-前端盖;8-电刷弹簧;9-换向器;10-电刷;11-机壳;12-磁极铁芯;13-电枢;14-磁场绕组;15-移动衬套;16-单向离合器;17-电枢轴花键;18-驱动齿轮;19-后端盖;20-拨叉

直流电动机的作用是将蓄电池输入的电能转换为机械能,产生电磁转矩。过去起动机的直流电动机都是使用直流串励式电动机,其优点是起动时转速低、力矩大。现在由于许多起动机内部安装有减速装置,大大提高了电动机的起动转速并增大了起动力矩。因此起动机的电动机也可使用直流永磁式电动机,其优点是电流利用率高、起动电流小。

传动机构:由单向离合器与驱动齿轮、拨叉等组成。其作用是在起动发动机时使驱动齿轮与飞轮齿圈相啮合,将起动机的转矩传递给发动机曲轴;在发动机起动后,又能使驱动齿轮与飞轮脱离。传动机构还有单向传动的作用,也就是只能将起动机的旋转力矩传给发动机飞轮,而发动机飞轮的力矩不能传给起动机,防止起动机转速太高造成轴承损坏和转子线圈因离心力作用脱出。

操纵机构:主要是指起动机的电磁开关,用来接通或断开电动机与蓄电池之间的电路。

有的起动机还有减速装置,可以看作传动机构的一部分。

4.2.2 起动机类型

起动机种类很多,按照起动机内部的电动机分类,有直流串励式电动机和直流永磁式电动机两种。按照起动机内部的操纵机构分类,有利用电磁开关接通和切断电动机的电磁操纵式起动机;1980年以前汽车上广泛使用直接由脚踩或手拉接通起动机内部电动机的直接操纵式起动机。由于人工接通电动机时,接通和断开的速度慢,电动机的大电流很容易烧蚀电动机的开关,在现在汽车上已被淘汰。按照起动机内部传动机构的啮合方式分类,起动机有强制啮合式、齿轮移动式和电枢移动式三种。

1)强制啮合式起动机

强制啮合式起动机是电磁力通过杠杆机构使起动机驱动齿轮沿电枢轴移动与飞轮齿环啮合的起动机(如图4-4、图4-5和图4-6都是强制啮合式)。强制啮合式起动机是现在汽车上最广泛使用的起动机。

2)齿轮移动式起动机

齿轮移动式起动机是电磁力通过电枢轴孔内的啮合杆使起动机驱动齿轮移动与飞轮齿环啮合的起动机,如图4-7所示。齿轮移动式起动机实际上是将电磁开关安装在起动机内部电动机轴的后端,因而起动机占用的空间很小。因此齿轮移动式起动机主要应用在一些发动机舱空间比较紧凑的高档汽车上。

3)电枢移动式起动机

电枢移动式起动机是依靠磁极电磁力使电枢与小齿轮一起移动与飞轮齿环啮合的起动机,如图4-8所示。这里使电枢与小齿轮一起移动的电磁力不是电磁开关的电磁力,而是磁极的电磁力。电枢移动式起动机主要应用在大型柴油车上,解决了中大型柴油机起动力矩大、起动啮合时摩擦力大、单向离合器无法在电动机轴移动的问题。

此外,还有传动机构带有减速器的减速式起动机,其减速方式有外啮合、内啮合和行星齿轮减速三种。

4.2.3 起动机的型号

根据我国行业标准《汽车电气设备产品型号编制方法》(QC/T 73—1993)的规定,国产起动机的型号用字母和数字表示,由以下五个部分组成:其中矩形代表字母,圆形代表数字。

□ □ □ ② ③ ④ ⑤

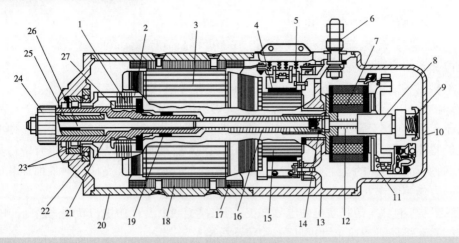

图 4-7 齿轮移动式起动机

1-离合器;2-外啮合鼓;3-电枢;4-电刷;5-电刷架;6-接线柱;7-电磁开关;8-活动铁芯;9-开关闭合弹簧;10-前端盖;11-控制继电器;12-开关切断弹簧;13-换向器盖;14-滚针轴承;15-换向器;16-复位弹簧;17-励磁绕组;18-磁极;19-滚针轴承;20-外壳;21-螺纹花键套筒;22-后端盖;23-轴承;24-驱动齿轮;25-啮轮柄;26-啮合杆;27-内啮合鼓

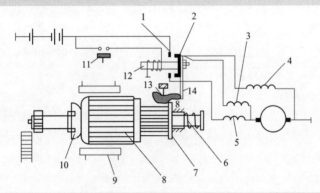

图 4-8 电枢移动式起动机

1-静触点;2-接触桥;3-串联励磁绕组;4-并联励磁;5-磁场绕组;6-复位弹簧;7-圆盘;8-电枢;9-磁极;10-摩擦片式离合器;11-起动开关;12-电磁铁;13-扣爪;14-挡片

1)产品代号

用 2~3 个字母表示,其中 QD 代表起动机、QDJ 代表减速起动机、QDY 代表永磁起动机。

2)电压等级代号

用 1 个数字表示,1 代表 12V,2 代表 24V,6 代表 6V。

3)功率等级代号

用 1 个数字表示其含义,如表 4-1 所示。

起动机功率等级代号　　　　　　　　表 4-1

功率等级代号	1	2	3	4	5	6	7	8	9
功率(kW)	<1	1~2	2~3	3~4	4~5	5~6	6~7	7~8	>8

4)设计代号

按产品设计先后顺序,用 1~2 位阿拉伯数字表示。

5）变型代号

在主要电气设备参数和基本结构不变的情况下，一般电气设备参数的变化和某些结构改变称为变型，以汉语拼音大写字母 A、B、C 等表示。

例如，QD124 表示额定电压 12V、功率 1~2kW、第四次设计的起动机。

4.3 起动机构造与工作原理

起动机由直流电动机、传动机构和操纵机构三部分组成。起动机内部各零部件结构和名称如图 4-9 所示。

4.3.1 直流电动机

直流电动机的功用是将蓄电池输入的电能转换为机械能，产生电磁转矩。

1）直流电动机的结构和原理

直流电动机由电枢（转子）、磁极（定子）、换向器和电刷等主要部件构成。

（1）电枢。直流电动机的转动部分称为电枢，又称转子。转子由外圆带槽的硅钢片叠成的铁芯、电枢绕组线圈、电枢轴和换向器组成，如图 4-10 所示。

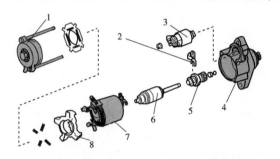

图 4-9 起动机结构分解图
1-端盖；2-拨叉；3-电磁开关；4-外壳；5-单向离合器；6-电枢；7-定子；8-电刷架

图 4-10 电枢

为了获得足够的转矩，通过电枢绕组的电流较大（汽油机为 200~600A、柴油机可达 1000A）。因此，电枢绕组采用较粗的矩形裸铜漆包线绕制为成型绕组。绕组镶在铁芯中，通过换向器和电刷与外电路连接。

强制啮合式起动机和移动齿轮式起动机的电枢轴还有螺旋槽，用于起动机转动时推动单向离合器边转动、边移动，与飞轮啮合。

（2）磁极。磁极在起动机中又称为定子，由固定在机壳内的定子铁芯和定子绕组线圈组成，如图 4-11 所示。定子铁芯由低碳钢制成，用螺母固定在起动机机壳上。定子铁芯上绕有定子绕组线圈（又称励磁绕组），通电后产生磁极。直流永磁式电动机的定子铁芯由永久磁铁制成，没有定子绕组线圈。

磁极一般是 4 个，两对磁极相对交错安装在电

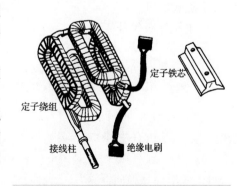

图 4-11 磁极

机的壳体内,定子与转子铁芯形成的磁通回路如图4-12所示,低碳钢板制成的机壳也是磁路的一部分。

起动机内部线路连接如图4-13所示。励磁绕组一端接在外壳的绝缘接线柱上,另一端与两个非搭铁电刷相连接。

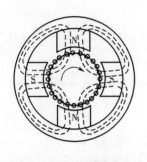

图4-12 磁路

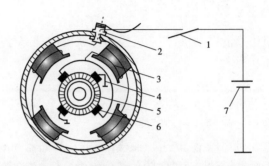

图4-13 起动机内部电路
1-电磁开关;2-接线柱;3-励磁绕组;4-负电刷;5-换向器;6-正电刷;7-蓄电池

当起动开关接通时,电动机的电路为:蓄电池正极→电磁开关1→接线柱2→励磁绕组3→电刷6→换向器和电枢绕组5→搭铁电刷4→搭铁→蓄电池负极。

4个励磁线圈有的是相互串联后再与电枢绕组串联,图4-14a)所示,称为串联式;有的则是两两相串后再并联,再与电枢绕组串联,图4-14b)所示,称为混联式。

(3)电刷与电刷架。电刷架一般为框式结构,如图4-15所示。其中,正极电刷架绝缘地固定在端盖上,负极电刷架与端盖直接相连并搭铁。电刷置于电刷架中,电刷由铜粉与石墨粉压制而成,呈棕黑色。电刷架上有较强弹性的盘形弹簧将电刷压向换向器。

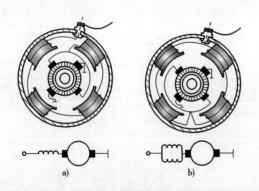

图4-14 磁场绕组的连接
a)四个励磁绕组相互串联;b)励磁绕组两两串联后并联

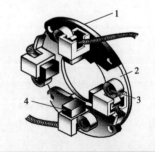

图4-15 电刷及电刷架示意图
1-绝缘片;2-底板;3-弹簧;4-电刷

(4)换向器。向旋转的电枢绕组注入电流,并且每旋转180°相位角改变电流的方向一次(一般电动机有两对磁极,实际角度90°),使直流电动机转动。

换向器由许多截面呈燕尾形的铜片围合而成,如图4-16所示。铜片之间由云母绝缘。云母绝缘层应比换向器铜片外表面凹下0.8mm左右,以免铜片磨损时,云母片很快突出。电枢绕组各线圈的端头均焊接在换向器的铜片上。

2)直流电动机工作原理和特性

(1)电磁转矩的产生。直流电动机是根据载流导体在磁场中受到电磁力作用而发生运动的原理工作的。图 4-17a)为一台最简单的两极直流电动机模型。根据左手定则判定 ab、cd 两边均受到电磁力 F 的作用,由此产生逆时针旋转方向的电磁转矩 M 使电枢转动。其换向方法如图 4-17b)所示。实际电动机为了提高效率,电动机磁极不

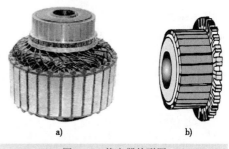

图 4-16 换向器外形图

止一对,电枢绕组线圈也不止一组,因此换向器铜片也有相应的对数。

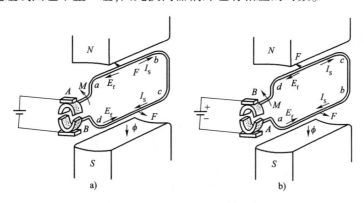

图 4-17 直流电动机的工作原理
a)绕组中的电流从 $a \rightarrow b$;b)绕组中的电流从 $d \rightarrow a$

(2)直流电动机转矩自动调节原理。电枢在电磁转矩 M 作用下转动,但由于绕组在转动的同时也切割磁力线而产生感应电动势,根据右手定则判定其方向与电枢电流 I_s 方向相反,故称反电动势 E_f。反电动势 E_f 与磁极的磁通 ϕ 和电枢的转速 n 成正比:

$$E_f = C_e \phi n$$

式中:C_e——电机结构常数。

由此可推出电枢回路的电压平衡方程式,即:

$$U = E_f + I_s(R_s + R_j)$$

式中:U——蓄电池电压,V;
R_s——电枢回路电阻,Ω;
R_j——磁极绕组电阻,Ω;
I_s——流过电枢的电流,A。

因为电动机的力矩:

$$M = C_e I_s \phi$$

同时对于串励式电动机:

$$\phi = C_e I_s$$

因此:

$$M = C_e I_s^2$$

直流电动机在刚刚接通直流电源的瞬间,电枢转速、反电动势均为0。此时,电枢绕组中

的电流最大,即 $I_{max} = U/(R_s + R_j)$,将产生最大的电磁转矩,即 M_{max}。若此时的电磁转矩 M 大于电动机阻力转矩 M_z,电枢就开始加速运转起来。随着转速 n 的上升,E_f 增大,I_s 下降,M 也就随着下降。当 M 下降至与阻力矩 M_z 相等时,电枢就以此转速运转。如果直流电动机在工作过程中负载发生变化,就会出现以下情况:

①负载增大时,$M < M_z \to n \downarrow \to E_f \downarrow \to I_s \uparrow \to M \uparrow \to M = M_z$,达到新的稳定。

②负载减小时,$M > M_z \to n \uparrow \to E_f \uparrow \to I_s \downarrow \to M \downarrow \to M = M_z$,达到新的稳定。

由此可见,当负载变化时,电动机能通过转速、电流和转矩的自动变化来满足负载的需要,使之能在新的转速下稳定工作。因此,直流电动机有自动调节转矩功能。

(3)工作特性。工作特性曲线:起动机的转矩、转速、功率与电流的关系称为起动机的工作特性曲线。

串励直流电动机的特点是起动转矩大,机械特性软(电枢转速随其负载增大而降低,随其负载的减小而上升)。

①转矩特性。

在磁路未饱和的情况下,串励直流电动机的转矩 M 与电枢电流的平方 I_s^2 成正比。并励式直流电动机和永磁式直流电动机转矩 M 与电枢电流的 I_s 成正比。直流电动机的转矩特性如图 4-18 所示。

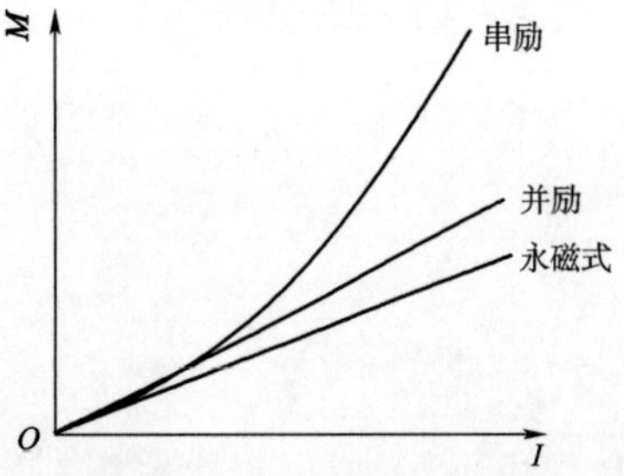

在发动机起动瞬间,发动机的内部阻力矩很大,起动机处于完全制动状态。由于转速为零,电枢电流达到最大值(称为制动电流),电动机产生最大转矩(称为制动转矩),足以克服发动机的阻力矩,使发动机起动。这就是汽车起动机采用串励式电动机的主要原因之一。

汽车起动机有时也采用永磁式直流电动机,其电流效率高,配合减速器也可获得足够大的起动力矩。

图 4-18 直流电动机转矩特性

②转速特性(机械特性)。串励直流电动机转速 n 与电枢电流 I_s 的关系式为:

$$n = \frac{U - I_s(R_s + R_j)}{C_1 \phi}$$

串励电动机在磁极未饱和时,由于 ϕ 不为常数,当 I_s 增加时,电枢转矩随之增大,由于 ϕ 与 $I_s(R_s + R_j)$ 也随之增加。因此,电枢转速 n 随 $I_s(M)$ 的增大下降较快,故具有较软的机械特性,如图 4-19 所示。

直流串励电动机具有在轻载时电枢电流小、转速高;在重载时电枢电流大、转速低的软机械特性,能保证发动机既安全又可靠地起动,这是汽车起动机采用串励式电动机的又一主要原因。

而并励式电动机在低速时,起动力矩较小。不适合直接作为起动机的电动机使用。

③功率特性。串励式电动机的功率 P 可用下式表示:

$$P = \frac{M \cdot n}{9550}$$

式中:M——电枢轴上的力矩,N·m;

n——电枢转速,r/min。

由上式可以看出,在完全制动($n=0$)和空转($M=0$)两种情况下,起动机的功率都等于0。因为起动机工作时间很短,可以允许在最大功率下工作,所以把起动机的最大输出功率称为起动机的额定功率。其特性曲线如图4-20所示。

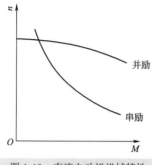

图4-19 直流电动机机械特性

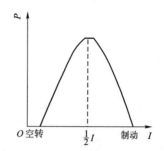

图4-20 直流串励式电动机功率特性曲线

直流串励式电动机的转矩、转速、功率特性完全可以表述起动机的工作特性。图4-21为三大特性曲线在同一坐标系的情况。由该图可以看出:

A. 完全制动时,相当于起动机刚接通的瞬间,$n=0$,电枢电流最大(即制动电流I_{max}),转矩也达到最大值(称为制动转矩),但输出功率为0。

B. 起动机空转时电流最小(称为空载电流I_0),转速达到最大值(称为空载转速),输出功率也为0。

C. 在电流接近制动电流的一半时,起动机功率最大。将其最大功率作为额定功率。

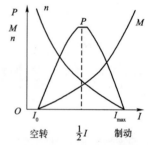

图4-21 直流串励式电动机特性曲线

(4)影响起动机功率的主要因素。

①蓄电池容量的影响:蓄电池容量越小,其内阻越大,放电时产生的电压降越大,因而供给起动机的电压降低,使起动机输出的功率减小。

②环境温度影响:当温度降低时,由于蓄电池电解液密度增大,内阻增大,会使蓄电池容量和端电压急剧下降,起动机功率将会显著下降。

③接触电阻和导线电阻:电刷与换向器接触不良、电刷压簧弹力下降、电刷过短以及导线与蓄电池接线柱接触不良,都会使工作线路电阻增加;导线过长以及导线横截面积过小也会造成较大的电压降,由于起动机工作电流特别大,这些都会使起动机功率减小。

4.3.2 传动机构

传动机构是指使起动机的驱动齿轮和发动机飞轮齿环啮合传动与分离的机构。

传动机构的作用是在起动时使起动机的驱动齿轮与发动机的飞轮齿环啮合,将电动机产生的转矩传递给飞轮;起动后,自动切断动力传递,防止电动机被发动机带动超速运转而遭到损坏。

传动机构由驱动齿轮、单向离合器、拨叉、复位弹簧等组成,安装在转子轴的螺旋槽部分。

单向离合器种类有滚柱式单向离合器、弹簧式单向离合器、摩擦片式单向离合器等。

1) 滚柱式单向离合器

滚柱式单向离合器外形如图4-22所示,其结构如图4-23所示,传动套筒5内有内螺纹

花键槽,与电枢轴上的外螺纹花键相配合。起动小齿轮 1 套在电枢轴的光滑部分上。在传动套筒的另一端,活络地套着缓冲弹簧压向右方,并有卡簧防止脱出。移动衬套 7 由传动叉拨动。起动小齿轮 1 与离合器外壳 2 刚性连接,十字块 3 与传动套筒 5 刚性连接。装配后,十字块与外壳形成四个楔形空间,滚柱 4 分别

图 4-22 滚柱式单向离合器外形

安装在四个楔形空间内且在压帽弹簧张力的作用下,处在楔形空间的窄端,如图 4-24 所示。

其工作过程是:起动发动机时,在电磁力的作用下,传动拨叉使移动衬套沿电枢轴轴向移动,从而压缩缓冲弹簧。在弹簧张力的作用下,离合器总成与起动小齿轮沿电枢轴轴向移动,实现起动小齿轮与发动机飞轮的啮合。与此同时,控制装置接通起动机主电路,起动机输出强大的电磁转矩。转矩由传动套筒传至十字块,十字块与电枢轴一同转动。此时,由于飞轮齿圈瞬间制动,就使滚柱在摩擦力的作用下,滚入楔形槽的窄端而卡死。于是,起动小齿轮和传动套成为一体,带动飞轮起动发动机,如图 4-24a)所示。

起动发动机后,由于飞轮齿环带动驱动齿轮高速旋转且比电枢轴转速高得多,驱动齿轮尾部外壳的摩擦力带动滚柱克服弹簧张力,使滚柱滚向楔形腔室较宽的一端,于是滚柱将在驱动齿轮外壳摩擦力带动下滚动,发动机动力不能传给电枢轴,起到分离作用,电枢轴只按自己的转速空转,避免电枢超速飞散的危险,如图 4-24b)所示。

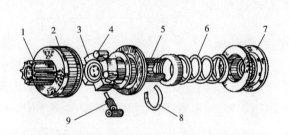

图 4-23 滚柱式单向离合器的结构
1-起动齿轮;2-外壳;3-十字块;4-滚柱;5-传动套筒;
6-弹簧;7-移动衬套;8-卡圈;9-弹簧和压帽

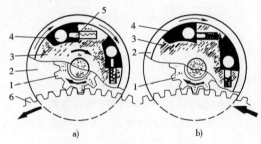

图 4-24 滚柱式离合器工作原理
a)起动时;b)起动后
1-驱动齿轮;2-外壳;3-十字块;4-滚柱;5-压帽;6-飞轮

滚柱式单向离合器构造简单,工作可靠;接合时为刚性,不能承受大的冲击力,传递大转矩时会因滚柱卡死而失效;适用于额定功率在 1.47kW 以下的小型起动机。

2)弹簧式离合器

弹簧式离合器的主动件连接套筒和从动件驱动齿轮由两片月牙圈轴向连接起来(图 4-25),可以相对转动,扭力弹簧分别套在两端。当起动单向传力时扭力弹簧直径缩小,靠摩擦力把动力传给驱动齿轮。当发动后空转时,扭力弹簧直径变大,摩擦力减小。驱动齿轮的扭力无法传给连接套筒,驱动齿

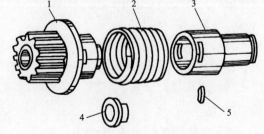

图 4-25 弹簧式离合器结构
1-驱动齿轮;2-扭力弹簧;3-螺旋花键套筒;4-止推套筒;
5-定位键

轮空转。

3) 摩擦片式单向离合器

摩擦片式单向离合器(图4-26)主要使用在大型汽车上,摩擦片式单向离合器按作用可以分为主动部分、从动部分和压紧装置。其中,主动部分主要由电动机轴、外接合鼓1和主动片组成。外接合鼓1通过半圆键与电动机轴连接,主动摩擦片4外齿卡在外接合鼓的切槽中,组成了离合器主动部分。从动部分主要由驱动齿轮10、齿轮柄9和从动摩擦片5组成。齿轮手柄空套在电动机轴上,内接合鼓6通过螺纹花键与齿轮柄连接,内接合鼓外表面带有凹槽,从动摩擦片内齿卡在内接合鼓的凹槽中。主动摩擦片与从动摩擦片交替在内外接合鼓之间。压紧装置主要由弹性圈2、压环3和内接合鼓6组成。在停车不工作状态,弹性圈通过压环将主动片和从动片压紧,动力传递路线为:电动机轴→半圆键→外接合鼓→主动片→从动片→内接合鼓→齿轮柄→驱动齿轮。这时由于弹性力小,可以传递的动力也比较小。起动时,由于传力的结果,内接合鼓将向右移动,将主动片和从动片压紧传递动力。将内接合鼓、主动片、从动片、压环、弹性片压紧在外接合鼓,可以传递大动力,如图4-26b)所示。起动后驱动齿轮转速很高,驱动轴后端的螺旋槽使内接合鼓6克服弹簧力向右移动,压紧力减小,主动片和从动片分离,驱动齿轮空转,如图4-26c)所示。

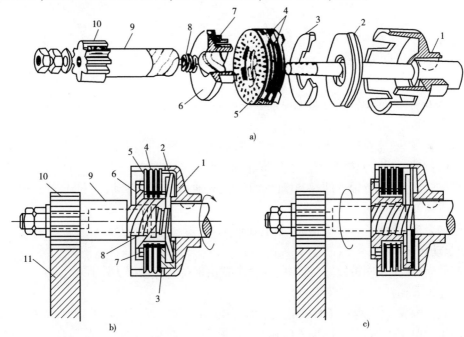

图4-26 摩擦片式离合器结构和原理

1-外接合鼓;2-弹性圈;3-压环;4-主动片;5-从动片;6-内接合鼓;7-小弹簧;8-减振弹簧;9-齿轮柄;10-驱动齿轮;11-反轮

4.3.3 控制装置

在现代汽车上,起动机的控制装置均采用电磁式控制装置(即电磁开关),其作用是控制驱动齿轮与飞轮齿圈的啮合与分离,并控制电动机电路的接通与切断,其外形如图4-27所示。

电磁开关的内部结构,如图4-28所示。主要由吸拉线圈6、保持线圈8、复位弹簧、活动铁芯、接触盘3等组成,其中,电磁开关上的30端子接至蓄电池正极;C端子接起动机励磁绕组;吸拉线圈一端接起动机主电路,与励磁绕组和电枢绕组串联,保持线圈的一端直接搭铁,两线圈的公共端接点火开关。其工作过程是:

图4-27 电磁开关

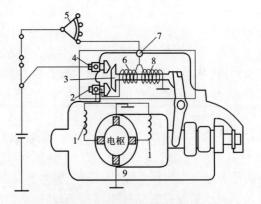

图4-28 起动机控制电路
1-励磁线圈;2-C端子;3-接触盘;4-30端子;5-点火开关;6-吸拉线圈;7-50端子;8-保持线圈;9-电刷

1)起动时

点火开关接至起动挡时,接通吸拉线圈和保持线圈,其电路为:蓄电池正极→熔断器→点火开关→接线柱,然后,分以下两路:

(1)吸拉线圈→主电路接线柱C→励磁绕组→电枢绕组→搭铁→蓄电池负极。

(2)保持线圈→搭铁→蓄电池负极。

此时,吸拉线圈与保持线圈产生的磁场方向相同,在两线圈电磁吸力的作用下,活动铁芯克服复位弹簧的弹力而被吸入。拨叉将起动小齿轮推出使其与飞轮齿圈啮合。同时,起动机缓慢旋转,由于电枢轴上的螺旋槽的作用,使起动小齿轮边转动、边移动与飞轮啮合。

2)起动中

齿轮啮合后,接触盘将触头接通,蓄电池便向励磁绕组和电枢绕组供电,产生正常的转矩,带动起动机转动。

与此同时,吸拉线圈被短路,齿轮的啮合位置由保持线圈的吸力来保持。

3)停止起动时

断开点火开关5,刚刚断开时接触盘仍然与30端子及C端子接通。这时,吸拉线圈与保持线圈产生的电流方向相反,磁场方向相反,使磁场迅速减小,使铁芯、接触盘、拨叉、小齿轮等迅速复位,切断30端子与C端子,起动机停止起动。

课堂讨论

1. 描述起动机结构和每一个零部件的作用。
2. 画出起动机内部电路和起动系统电路。
3. 说明起动系统主要零部件在汽车上位置。

相关技能一

4.4 起动机的使用

(1)起动机每次起动时间不应超过5s,再次起动时应间歇15s,使蓄电池得以恢复。如果连续三次无法起动,应在检查与排除故障的基础上停歇2min以后进行。

(2)在冬季或低温情况下起动时,应对蓄电池采取保温措施。

(3)发动机起动后,必须立即切断起动机控制电路,使起动机停止工作。

4.5 起动机检修步骤

起动机的检修步骤是:
(1)领取所需的工具,做好工作准备。
(2)起动机就车检查,确认起动机故障。
(3)从汽车上拆下起动机。
(4)起动机不解体检测、确认故障部位。
(5)起动机的分解。
(6)起动机解体后零部件的检测和修复。
(7)起动机的装复;装复后检验和性能检测。
(8)将起动机装上汽车。
(9)检查、评价工作质量。
(10)整理工具,清洁工作场地。

小组工作一

实训项目6 起动机维护和检修

(1)每3~5名学生组成1个工作小组,确定1名小组长,接受工作任务,做好工作准备。

(2)阅读工作单,查阅维修手册或实训指导书,观察待修车辆的起动系统和起动机。讨论起动机检修的方法和步骤,确定小组人员工作分工。向实训指导教师汇报讨论结果,经指导教师同意后,开始下一步的工作。

(3)按照工作单的引导,完成起动机的拆卸、分解、检查和安装等的工作。

(4)在完成工作任务的过程中,根据工作单的要求,完成起动机零部件认识、工作原理描述等学习任务。

(5)完成工作单要求的起动机主要零部件的检测任务,将检测结果记录在工作单的相应栏目,并对检测结果作出分析。

(6)回答指导教师的现场提问,接受指导教师的技能考核。

(7)完成工作任务后,对工作过程进行自我评价和小组互评,听取指导教师的点评。

(8)清洁工作场所,清点维护工具设备,完成任务交接。

生产任务二 起动机不转故障诊断

1)工作对象

起动机不转故障的汽车一辆。

2)工作内容

(1)领取所需的工具,做好工作准备。

(2)认识所修汽车起动系统电路,找到起动系统所有零部件(起动机、起动继电器、点火开关和熔断器等)位置。

(3)起动起动机,掌握故障现象和故障特征。

(4)检查蓄电池技术状态和连接状态。

(5)检查起动系统各熔断器、起动继电器和点火开关。

(6)检查起动机 50 端子、30 端子和 C 端子接触情况和供电情况后,将 30 端子和 50 端子短接,检查电磁开关。

(7)检查起动机内部电动机。将 30 端子和 C 端子短接,检查电动机。

(8)在每一项检查过程中,及时分析检查现象、发现故障点并修复。

(9)检查、评价工作质量。

(10)整理工具,清洁工作场地。

3)工作目标与要求

(1)学生应以小组工作的方式,完成本项工作任务。

(2)学生应当能在小组成员的配合下,利用汽车维修手册或实训指导书,制订工作计划,实施工作计划。

(3)能通过阅读资料和现场观察,口述所修汽车起动系统电路和工作原理;起动系统主要零部件在汽车上位置、作用和结构。

(4)能分析所修汽车起动机不转故障的可能原因,针对可能原因制订检查和判断方法。

(5)能根据故障情况,制订故障诊断步骤、诊断和判断方法。

(6)能向客户解释所修汽车起动机故障情况和修复方案;说明起动机使用注意事项。

(7)能按规范的步骤,完成起动机不转故障的排除,恢复汽车的起动性能。

(8)在工作过程中注意工作安全,做好废料的处理,保持工作环境整洁。

相关知识二

4.6 起动系统电路与工作原理

起动系统控制电路是指除起动机本身电路以外的起动电路。大体可以分为无起动继电器的控制电路、有起动继电器的控制电路和带有保护继电器的控制电路。无起动继电器的起动控制电路工作原理已经学习,下面学习带起动断电器的控制电路原理。

在电磁操纵式起动机的使用中,常通过起动继电器的触点接通或切断起动机电磁开关的电路控制起动机的工作,以保护起动开关。

这种控制电路的工作过程是:

起动开关未接通时,起动继电器触点张开,起动机开关断开,离合器驱动齿轮与飞轮处于分离状态。起动开关接通时,其控制电路工作原理如图4-29所示。

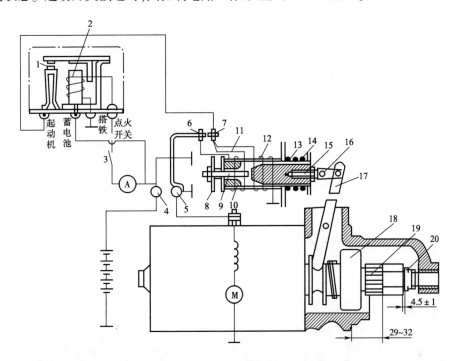

图4-29　QD124型起动机控制电路

1-触点;2-继电器线圈;3-点火开关;4-30端子;5-C端子;6-吸引线圈接柱;7-50端子;8-接触盘;9-接触盘推杆;10-电磁开关外壳;11-吸引线圈;12-保持线圈;13-活动铁芯;14-活动铁芯复位弹簧;15-拨叉连接杆;16-调整螺钉;17-拨叉;18-单向离合器;19-驱动小齿轮;20-止推卡簧

(1)起动继电器线圈电路接通。其电路为:蓄电池正极→点火开关3→起动继电器→继电器线圈2→搭铁→蓄电池负极。

(2)电磁开关线圈电路接通。继电器触点闭合,同时接通吸引线圈和保持线圈电路,两线圈产生同方向的磁场,磁化铁芯,吸动活动铁芯前移,铁芯前端带动接触盘接通两个开关,后端带动拨叉移动使驱动齿轮与飞轮啮合。

①吸引线圈电路:蓄电池正极→起动机30端子→起动继电器电池接柱→支架→触点→起动机接柱→起动机50端子→吸引线圈→起动机C端子→电动机磁场绕组→电枢绕组→搭铁→蓄电池负极。

②保持线圈电路:蓄电池正极→起动机30端子→起动继电器电池接柱→支架→触点→起动机接柱→起动机50端子→保持线圈→搭铁→蓄电池负极。

(3)电动机电路接通。接触盘将起动机30端子盒和C端子接通后,电动机电路接通。此电路电阻极小,电流可达几百安培,电动机产生较大转矩,带动飞轮转动。电动机开关接通后,吸引线圈被短路。由保持线圈保持起动机高速转动,带动发动机起动。

其电路为:蓄电池正极→30端子→接触盘→C端子→磁场绕组→电枢绕组→搭铁→蓄电池负极。

(4) 停止起动。发动机起动后,点火开关断开,起动继电器停止工作,触点张开,切断起动机电磁开关。电磁开关切断电动机,驱动齿轮和飞轮分离。

起动继电器触点张开后,起动机断开瞬间,保持线圈电流通路为:蓄电池正极→30端子→接触盘→C端子→吸引线圈→保持线圈→搭铁→蓄电池负极。这时,吸引线圈和保持线圈电流方向相反,加速退磁,使起动机停止工作。

4.7 带有保护继电器的起动系统电路

4.7.1 带有空挡继电器的起动系统电路

在带有自动变速器的轿车上,要求起动系统只能在P或N挡才能起动。有的起动系统电路将空挡开关直接串联在起动继电器线圈和点火开关之间,有的在起动继电器线圈和点火开关之间串联P/N挡位置继电器,如图4-30所示。当自动变速器在P挡或N挡时,P/N挡开关闭合,给P/N挡继电器线圈供电,P/N挡继电器的触点闭合。点火开关接通ST挡即可起动。起动时,如自动变速器操纵手柄不在P挡或N挡,则P/N挡继电器的触点打开。这时,即使点火开关接通ST挡也无法起动。

4.7.2 带有保护/防盗继电器的起动系统电路

带有保护/防盗起动切断继电器的起动系统电路,如图4-31所示。起动切断继电器是一个常闭触点的继电器,继电器线圈受发动机ECU或发动机防盗ECU控制。当发动机发动后,线圈通电常闭触点打开,自动切断起动电路。如果发动机已经起动,即使误操作接通点火开关ST挡,起动机也不会接通,以保护起动机齿轮和飞轮环齿。此外,还可以在非法起动时起到防盗的作用。

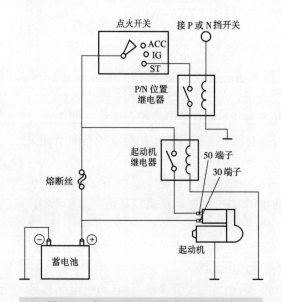

图4-30 带P/N挡继电器的起动系统电路

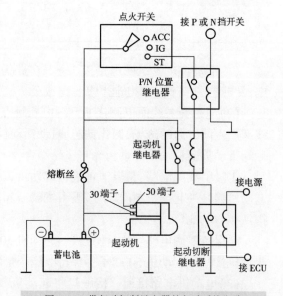

图4-31 带起动切断继电器的起动系统电路

单元4　起动系统故障检修

迈腾 B7L 起动控制电路逻辑原理如图 4-32 所示,迈腾 B7L 轿车起动电路控制原理为:将点火钥匙推到起动挡时,继电器 J329 线圈有电流通过,吸引触点闭合,同时发动机电控单元 J623 接收到 D9 起动信号、F 制动信号和 P/N 信号后,发动机电控单元 J623 的 T94/9 和 T94/31 在电控单元内部搭铁,起动继电器 J682 和 J710 的电磁线圈形成回路,有电流通过,产生电磁力,使触点闭合,此时起动控制电路为:SB30→继电器 J329 触点→起动继电器 J682 触点→起动继电器 J710 触点→起动机继电器线圈,起动机继电器线圈通电,使触点闭合,起动机电源回路接通,使起动机工作。注意:发动机控制单元 J623 接收来自变速器控制器 P/N 信号、F 制动信号、D9 起动信号,只有当三个条件均具备了,起动机才能起动。

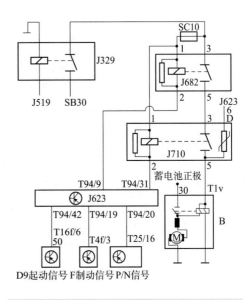

图 4-32　迈腾 B7L 起动控制电路逻辑原理图

4.8　起动系统常见故障诊断

起动系统的常见故障包括:起动机不转、起动机转动无力、起动机空转和起动机运转不停等。下面以带起动继电器的起动控制电路为例分析起动系统的故障,其他汽车起动系统故障的诊断思路和方法大致相同。

4.8.1　起动机不转

1) 故障现象

将点火开关旋至起动挡,起动机驱动齿轮不向外伸出,起动机不转。

2) 故障原因

(1) 电源故障。蓄电池严重亏电或极板硫化、短路等,蓄电池极桩与线夹接触不良,起动电路导线连接处松动而接触不良等。

(2) 起动机故障。换向器与电刷接触不良,励磁绕组或电枢绕组有断路或短路,绝缘电刷搭铁,电磁开关线圈断路、短路、搭铁或其触点烧蚀等。

(3) 点火开关故障。点火开关接线松动或内部接触不良。

(4) 起动继电器故障。起动继电器线圈断路或触点接触不良。

(5) 起动系统线路故障。起动系统线路中,有断路、导线接触不良或松脱等。

3) 诊断思路

起动机不转故障原因分析和相应的判断方法,见表 4-2。

4) 诊断步骤

按照汽车故障诊断原则,对起动机不转故障进行诊断。汽车电气系统故障诊断没有统一的步骤,对于不同的车型、不同的电路,诊断步骤有所不同。图4-33列出了起动机在发动机舱内容易测量到的车型故障诊断步骤;如果起动机在发动机舱内不容易测量到的地方,则可以优先诊断熔断器和起动继电器。

起动机不转故障原因分析和判断方法　　　　　　　　　　　　表4-2

项目	故障原因	判断方法1	判断方法2	说明
1	蓄电池存电不足或正负极桩接触不良	打开前照灯,并按喇叭	用大功率的灯泡试灯检查	可能起动机会转,但运转无力
2	起动机30端子接触不良	人工检查接触情况,用大功率的灯泡试灯检查,在起动机30端子检查	在起动状态下,用万用表测量蓄电池电压,电压应大于8V,不起动时大于12V	
3	起动机内部电动机故障	将30端子和C端子短接		常见炭刷接触不良
4	起动机内部电磁开关故障	将30端子和50端子短接		常见接触盘接触不良
5	熔断丝断	用试灯在熔断丝两端检查	拔出熔断丝检查	找出熔断丝断的原因后更换
6	起动继电器故障	拔出起动继电器测量		
7	点火开关故障	将点火开关30端子和ST端子短接		
8	空挡开关故障或不在P挡和N挡	打开点火开关挡,用试灯测量	关闭点火开关挡,用万用表测量电阻	
9	电路断路或接触不良	用试灯逐点测量,亮与不亮之间是故障点		

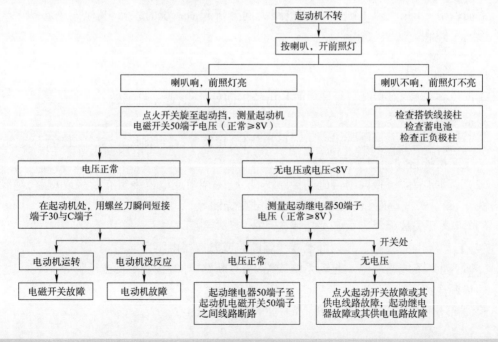

图4-33　起动机不转故障诊断流程图

5）诊断实例

以图 4-34 迈腾 B7L 起动系统电路为例。迈腾 B7L 轿车起动电路控制原理为：当将点火钥匙推到起动挡时，继电器 J329 线圈有电流通过，吸引触点闭合，同时发动机电控单元 J623 接收到 D9 起动信号、F 制动信号和 P/N 信号后，发动机电控单元 J623 的 T94/9 和 T94/31 在电控单元内部搭铁，起动继电器 J682 和 J710 的电磁线圈形成回路，有电流通过，产生电磁力，使触点闭合，此时起动控制电路为：SB30→继电器 J329 触点→起动继电器 J682 触点→起动继电器 J710 触点→起动机继电器线圈，起动机继电器线圈通电，使触点闭合，起动机电源回路接通，使起动机工作。

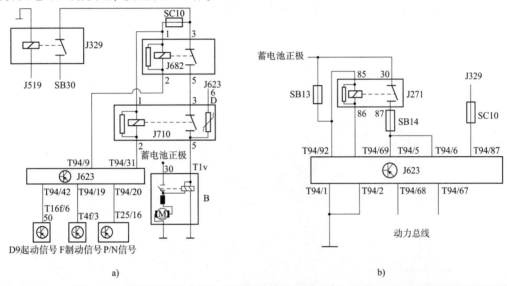

图 4-34　迈腾 B7L 起动系统电路简图
a）起动控制电路逻辑原理图；b）J623 电源及通信原理简图

在点火开关推到起动位置时，用汽车专用万用表测量发动机电控单元 J623 供电端子电压，端子 T94/92、T94/5、T94/6、T94/87 标准值均为 +B（B 端子或蓄电池电压），端子 T94/1、T94/2 标准值为 0，若不正常，则可能是 J623 供电线路或搭铁故障，需进一步检测。以测量 SB14 熔断器输入和输出端子电压为例：打开点火开关，用汽车专用万用表黑表笔搭铁，红表笔分别接 SB14 熔断器的输入和输出端子，测试结果应为 +B，若电压偏低则存在接触不良故障，若为 0，则说明其上游没有供电。结合图 4-36b) J623 电源及通信原理简图，进一步明确故障原因可能为：

（1）继电器 J271 本身故障；

（2）继电器 J271 电源电路故障；

（3）继电器 J271 控制电路故障。

检查继电器 J271 的工作状况：关闭点火开关，拔下 J271，用跨接线对 J271 进行在线检测，连接好跨接线，打开点火开关，用汽车专用万用表测量 J271 各端子电压，85 端子、30 端子、87 端子对地电压标准值均为 +B，86 端子对地电压标准值为 0V。

再次连接汽车专用诊断仪，确保诊断仪与发动机电控单元 J623 可以正常通信，若故障依旧，则可能是起动继电器 J682 或 J710 故障，检查方法同继电器 J271。

4.8.2 起动机转动无力

1) 故障现象

将点火开关旋至起动挡,起动齿轮发出"咔嗒"声,但是起动机不转动或转动缓慢无力。

2) 故障原因

(1) 电源故障。蓄电池亏电或极板硫化短路,起动电源导线连接处接触不良等。

(2) 起动机故障。换向器与电刷接触不良,电磁开关接触盘和触点接触不良,电动机励磁绕组或电枢绕组有局部短路等。

3) 诊断步骤

起动机转动无力故障的诊断步骤,如图4-35所示。

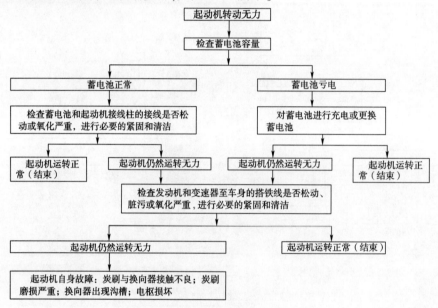

图4-35 起动机转动无力故障诊断流程图

4.8.3 起动机空转

1) 故障现象

接通起动开关后,只有起动机快速旋转而发动机曲轴不转。

2) 故障原因

此现象表明起动机电路畅通,故障在于起动机的传动装置和飞轮齿圈等处。

3) 故障诊断

(1) 起动机空转时,有较轻的摩擦声音,起动机驱动齿轮不能与飞轮齿啮合而产生空转,即驱动齿轮还没有啮合到飞轮齿圈中,电磁开关就提前接通,说明主回路的接触行程过短,应拆下起动机,进行起动机接通时刻的调整。

(2) 若在起动机空转的同时伴有齿轮的撞击声,则表明飞轮齿圈牙齿或起动机小齿轮牙齿磨损严重或已损坏,致使不能正确地啮合。

(3) 起动机传动装置故障有:单向离合器弹簧损坏;单向离合器滚子磨损严重、单向离合器套管的花键槽锈蚀。这些故障会阻碍小齿轮的正常移动,造成不能与飞轮齿圈准确啮合等。

(4)有的起动机传动装置采用一级行星齿轮减速装置,其结构紧凑、传动比大、效率高。在使用中,常会出现载荷过大而烧毁卡死。有的采用摩擦片式离合器,若压紧弹簧损坏,花键锈蚀卡滞和摩擦离合器打滑,也会造成起动机空转。

小组工作二

实训项目7 起动系统电路故障检修

(1)每3~5名学生组成1个工作小组,确定1名小组长,接受工作任务,做好工作准备。
(2)阅读工作单,查阅维修手册或实训指导书,观察待修车辆的起动系统和起动机。讨论起动机不转故障检修的方法和步骤,确定小组人员工作分工。向实训指导教师汇报讨论结果,经指导教师同意后,开始下一步的工作。
(3)按照工作单的引导,完成起动机不转故障的诊断并排除故障。
(4)在完成工作任务的过程中,根据工作单的要求,在诊断过程中完成对起动系统电路、零部件的认识,并描述工作原理、诊断原理和依据。
(5)回答指导教师的现场提问,接受指导教师的技能考核;
(6)完成工作任务后,对工作过程进行自我评价和小组互评,听取指导教师的点评;
(7)清洁工作场所,清点维护工具设备,完成任务交接。

拓展知识与技能

4.9 减速起动机

减速起动机与常规起动机的主要区别是:在传动机构和电枢轴之间安装了一套齿轮减速装置,通过减速装置把力矩传递给单向离合器,可以增大电动机的转速,增大输出力矩,减小起动机的体积和质量。齿轮减速装置主要有平行轴外啮合减速齿轮装置和行星齿轮减速装置两种形式。

4.9.1 平行轴式减速起动机

平行轴式减速起动机的构造如图4-36所示,主要包括电动机、平行轴减速装置、传动机构和控制装置。

1)电动机

该电动机四个磁场绕组相互并联后再与电枢绕组串联,仍为串励式电动机,基本与常规起动机相似,如图4-37所示。

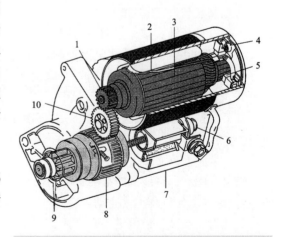

图4-36 平行轴式减速起动机的构造
1-电枢轴齿轮;2-励磁绕组;3-电枢;4-电刷弹簧;5-电刷;6-活动铁芯;7-电磁开关;8-滚柱式单向离合器;9-驱动齿轮;10-惰轮

2) 传动机构和减速装置

传动机构和减速装置的位置关系，如图 4-38 所示。滚柱式单向离合器设置在减速齿轮内毂，其内毂制成楔形空腔，传动导管装入时，将空腔分割成 5 个楔形腔室，腔室内放置滚柱和弹簧。平时在弹簧张力作用下，滚柱滚向楔形腔室窄端，传递动力时，由滚柱将传动导管和减速齿轮卡紧成一体。离合器的工作原理和常规起动机中的滚柱式单向离合器工作原理相同。

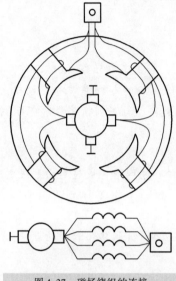

图 4-37 磁场绕组的连接

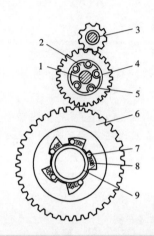

图 4-38 减速齿轮啮合关系和单向离合器
1-中间轴；2-尼龙骨架；3-电枢轴齿轮；4-中间齿轮；5-圆柱滚子轴承；6-减速齿轮；7-滚柱；8-弹簧；9-传动导管

减速齿轮装置采用平行轴外啮合减速齿轮装置，该装置中设有三个齿轮，即电枢轴齿轮、惰轮（中间齿轮）以及减速齿轮。与常规起动机相比，该减速装置传动比较大，输出力矩也较大。

3) 控制装置和工作过程

下面以平行轴式减速起动机为例，结合电路图分析控制装置的工作原理。如图 4-39 所示，控制装置的结构与传统式电磁控制装置大致相同，不同之处在于活动铁芯的左端固装的挺杆，经钢球推动驱动齿轮轴，引铁右端绝缘地固装着接触片。起动机不工作时，触盘与触点分开，驱动齿轮与飞轮分离。

其工作过程如下：接通起动开关，吸引线圈（P.C）和保持线圈（H.C）通电，此时的电流流向为：蓄电池→点火开关→端子 50→保持线圈→搭铁，蓄电池→点火开关→端子 50→吸引线圈→端子 C→励磁线圈→电枢绕组→搭铁，此时电动机高速运转。

吸引线圈和保持线圈的电磁力吸引活动铁芯左移，推动驱动齿轮轴，迫使驱动齿轮与飞轮啮合，这种动作过程称为直动齿轮式。

驱动齿轮与飞轮齿圈进入啮合后，接触片和触点接触，此时电流的方向为：蓄电池→点火开关→50 端子→保持线圈→搭铁，这样保持线圈产生的磁场使活动铁芯保持在原位。同时，电流还流经吸引线圈，电路为：蓄电池→点火开关→50 端子→吸引线圈→C 端子→励磁线圈→电枢绕组→搭铁。这时，活动铁芯左移，接触片将 30 端子和 C 端子接通，接通电动机。电动机电路：蓄电池→30 端子→接触片→C 端子→励磁线圈→电枢绕组→搭铁。这样,电枢电路接通并开始旋转。电枢轴产生的力矩经电枢轴齿轮→惰轮→减速齿轮→滚柱式单向离合器→驱动齿轮轴→驱动齿轮→飞轮齿圈,带动曲轴旋转,使发动机起动。

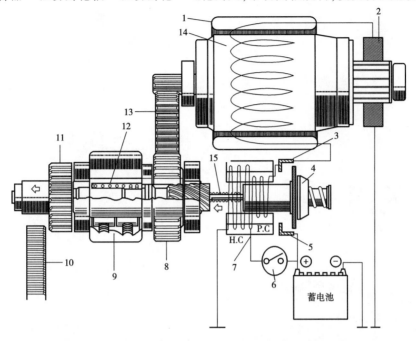

图4-39 平行轴式减速起动机结构及电路图
1-励磁线圈;2-电刷;3-C端子;4-活动铁芯;5-30端子;6-点火开关;7-50端子;8-离合器齿轮;9-单向离合器;10-飞轮齿圈;11-驱动齿轮;12-驱动齿轮复位弹簧;13-惰轮;14-电枢;15-活动铁芯复位弹簧

发动机起动后,放松起动开关,点火开关回到点火挡,吸引线圈和保持线圈断电,引铁在复位弹簧张力作用下复位,接触片与触点分离,电枢停止转动。同时,驱动齿轮轴在复位弹簧作用下复位,拖动驱动齿轮与飞轮分离,恢复到初始状态。

4.9.2 行星齿轮式减速起动机

行星齿轮式减速起动机的结构,如图4-40所示。

1)电动机

该起动机的电动机有两类,一类与常规起动机类似,采用励磁线圈产生磁场;另一类采用永久磁铁磁场代替励磁绕组,减小了起动机的体积,提高了起动性能。

2)传动机构及减速齿轮装置

该起动机的传动机构采用滚柱式单向离合器,用拨叉拨动驱动齿轮使之移动。其结构和工作过程与传统的起动机类似。

行星齿轮减速装置中设有三个行星轮、一个太阳轮(电枢轴齿轮)以及一个固定的内齿圈,其结构如图4-41所示。

内齿圈固定不动,行星齿轮支架是一个具有一定厚度的圆盘,圆盘和驱动齿轮轴制成一体。三个行星齿轮连同齿轮轴一起压装在圆盘上,行星齿轮在轴上可以边自转边公转。驱动齿轮轴一端制有螺旋键齿,与离合器传动导管内的螺旋键槽配合。如图4-42所示,为了防止起动机中过大的扭力对齿轮造成损坏,弹簧垫圈把离合器片压紧在内齿轮上,当内齿圈受到过大的扭力时,离合器片和弹簧垫圈可以将其吸收。

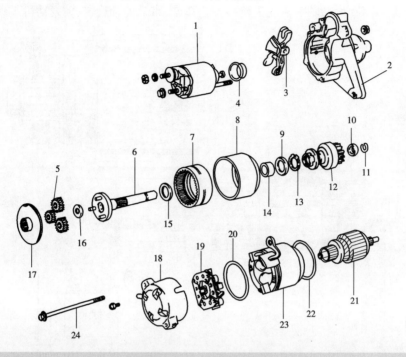

图4-40 行星齿轮式减速起动机
1-电磁起动开关;2-起动机壳;3-驱动杆;4-活动铁芯罩;5-行星齿轮;6-行星齿轮架轴;7-内齿轮;8-减振器;9-板垫圈;10-止动套圈;11-弹簧卡环;12-起动机离合器;13-弹簧卡环;14-中间轴承;15-板垫圈;16-板垫圈;17-压板;18-换向器端框架;19-电刷座;20-O形环;21-电枢;22-O形环;23-励磁线圈;24-贯穿螺栓

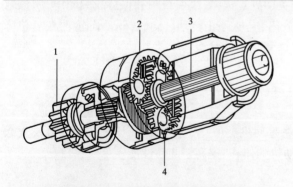

图4-41 行星齿轮减速装置结构
1-驱动齿轮;2-内齿轮;3-电枢轴;4-行星齿轮

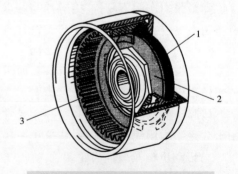

图4-42 减速装置中内齿圈的结构
1-离合器片;2-弹簧垫圈;3-内齿轮

思考与练习

一、名词解释

1. 电磁开关。

2. 强制啮合式起动机。
3. 齿轮移动式起动机。
4. 电枢移动式起动机。
5. 减速型起动机。
6. 永磁式起动机。
7. 50 端子。
8. 30 端子。

二、填空题

1. 起动机一般由_____、_____、_____三大部分组成。
2. 起动机操纵机构的作用是接通_____端子和_____端子,即接通起动机内部的电动机与蓄电池之间的主电路,同时驱动拨叉使_____与_____啮合。
3. 一般励磁式起动机励磁绕组与转子呈_____联,故称_____励式电动机。
4. 单向离合器常见有_____式、_____式和_____式三种。
5. 起动机工作时,应先让单向离合器小齿轮与_____啮合,再接通起动机主电路,以避免_____现象产生。
6. 起动系统电路常见有_____控制式、_____控制式、_____控制式。
7. 起动系统的作用是_____。
8. 按控制方式的不同,起动机可以分为_____、_____两种形式。
9. 起动机"QDJ"表示_____。
10. 起动机每次起动时间不得超过_____s,再次起动时应间隔_____s。
11. 起动机的实验有_____、_____。
12. 在冬天或低温情况下起动时,应对蓄电池采取_____措施。
13. 单向离合器最常见的故障为_____。
14. 起动机"QDY"表示_____。
15. 减速型起动机按齿轮啮合方式可分为_____啮合式、_____啮合式以及_____啮合式三种,减速比一般为_____。
16. 普通起动机励磁绕组断路多发生在_____;电枢绕组断路多发生在_____。
17. 起动机的电刷磨损超过原长度的_____应更换电刷。电刷与换向片的接触面积应在_____以上。
18. 起动机电磁开关触点闭合后,活动铁芯应能继续移动_____mm附加行程,使开关可靠闭合。
19. 起动机空载试验时,若电流和转速均低于标准值,说明起动机线路中有_____故障。制动试验时,若制动电流小于标准值,电动机空转,表明起动机_____。

三、选择题

1. 直流串励式起动机中的"串励"是指（　　）。
   A. 吸引线圈和保持线圈串联连接
   B. 励磁绕组和电枢绕组串联连接
   C. 吸引线圈和电枢绕组串联连接

2. 下列不属于起动机控制装置作用的是（　　）。
   A. 使活动铁芯移动，带动拨叉，使驱动齿轮和飞轮啮合或脱离
   B. 使活动铁芯移动，带动接触盘使起动机的两个主接线柱接触或分开
   C. 产生电磁力，使起动机旋转

3. 永磁式起动机中用永久磁铁代替常规起动机的（　　）。
   A. 电枢绕组　　　B. 励磁绕组　　　C. 电磁开关中的两个线圈

4. 起动机空转的原因之一是（　　）。
   A. 蓄电池亏电　　B. 单向离合器打滑　　C. 电刷过短

5. 在以下引起动机运转无力的原因中，错误的一项是（　　）。
   A. 吸引线圈断路　　　　　　　　B. 蓄电池亏电
   C. 换向器脏污　　　　　　　　　D. 电磁开关中接触片烧蚀、变形

6. 在起动机零件检测过程中，属于电枢的不正常现象的是（　　）。
   A. 换向器片和电枢轴之间绝缘
   B. 换向器片和电枢铁芯之间绝缘
   C. 各换向器片之间绝缘

7. 在判断起动机不能运转的过程中，在车上短接电磁开关30端子和C端子时，起动机不运转，说明故障在（　　）。
   A. 起动机的控制系统中
   B. 起动机本身
   C. 起动机内部的电动机

8. 采用直推的方式使驱动齿轮伸出和飞轮齿圈啮合的起动机是（　　）。
   A. 常规起动机
   B. 平行轴式减速起动机动
   C. 行星齿轮式减速起动机

9. 减速起动机和常规起动机的主要区别在于（　　）。
   A. 直流电动机不同　　B. 控制装置不同　　C. 传动机构不同

10. 在行星齿轮式减速起动机中，行星齿轮（　　）。
    A. 只是围绕各自的中心轴线转动
    B. 沿着内齿圈公转
    C. 边自转边公转

11. 起动机驱动轮的啮合位置，由电磁开关中（　　）的吸力保持。
    A. 保持线圈　　　B. 吸引线圈　　　C. 励磁线圈

12. 电磁操纵式起动机主开关接通后,电磁开关中的铁芯被( )线圈电磁力保持在吸合位置。
　　A. 吸引　　　　　B. 保持　　　　　C. 吸引与保持
13. 最大传递转矩可以调整的单向离合器是( )。
　　A. 滚柱式离合器　B. 弹簧式离合器　C. 摩擦片式离合器
14. 起动机空转试验的接通时间不得超过( )。
　　A. 5s　　　　　　B. 1min　　　　　C. 5min
15. 起动机做全制动时间不得超过( )。
　　A. 5s　　　　　　B. 1min　　　　　C. 5min
16. 为了减少电阻,起动机内导电开关及绕组均用( )制成。
　　A. 紫铜　　　　　B. 黄铜　　　　　C. 青铜

四、判断题(对的画"√",错的画"×")

1. 起动系统主要包括起动机和控制电路两个部分。　　　　　　　　　　( )
2. 常规起动机中,吸引线圈、励磁绕组以及电枢绕组是串联连接。　　　( )
3. 起动机的传动装置只能单向传递力矩。　　　　　　　　　　　　　　( )
4. 在永磁式起动机中,电枢是用永久磁铁制成的。　　　　　　　　　　( )
5. 平行轴式起动机的齿轮需要用拨叉使之伸出和退回。　　　　　　　　( )
6. 起动机励磁线圈和起动机外壳之间是导通的。　　　　　　　　　　　( )
7. 用万用表检查电刷架时,两个正电刷架和外壳之间应该绝缘。　　　　( )
8. 起动机电枢装配过紧可能会造成起动机运转无力。　　　　　　　　　( )
9. 减速起动机中的减速装置可以起到减速增矩的作用。　　　　　　　　( )
10. 减速起动机中直流电动机的检查方法和常规起动机完全不同。　　　( )
11. 起动机一定有励磁绕组且与电枢绕组呈完全串联。　　　　　　　　( )
12. 电磁操纵起动机单向离合器与电枢轴普遍用螺旋花键连接。　　　　( )
13. 起动机有"嗒嗒"声响,但不能发动的原因一定是电磁开关中吸引线圈已烧断。
　　　　　　　　　　　　　　　　　　　　　　　　　　　　　　　　( )
14. 弹簧式离合器驱动弹簧内径与套筒是过盈配合。　　　　　　　　　( )
15. 弹簧式离合器驱动弹簧内径与套筒之间属于间隙配合时才能空转。　( )
16. 蓄电池搭铁极性接反,会造成普通电磁式起动机转子反转。　　　　( )
17. 普通起动机电枢绕组各线圈的两端分别焊在相隔大约180°的两个换向片上。
　　　　　　　　　　　　　　　　　　　　　　　　　　　　　　　　( )

五、简答题

1. 常规起动机由哪几个部分组成?各起什么作用?
2. 直流电动机由哪几个部分组成?各起什么作用?
3. 起动机的传动装置由哪些部件组成?其中滚柱式单向离合器是如何工作的?
4. 起动机的控制装置有哪些作用?简要说明其工作过程。

5. 减速式起动机有哪几类？说明它们的主要区别。

6. 一辆使用常规起动机的汽车出现不能起动的故障，故障现象是将点火开关旋至起动挡后，起动机一直发出"咔嗒"的声音且不动了。请你结合所学的起动系统相关知识判断哪些原因可能导致此种故障？

7. 起动系统电路有哪些类型？如何工作？

8. 如图 4-43 所示，当起动机保持线圈断路时，按下起动按钮会出现什么现象？为什么？

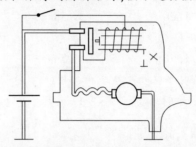

图 4-43　第 8 题图

9. 减速型起动机有何优点？

10. 使用起动机时，应注意哪些事项？

11. 连接图 4-44 起动机线路。

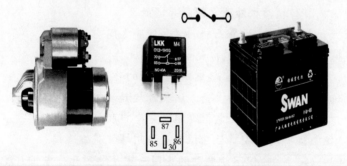

图 4-44　第 11 题图

单元 5

电动辅助系统故障检修

学习情境

一辆现代越野车驶入 4S 店,客户报修电动车窗不工作。经过检查,确认在打开点火开关后,从电动车窗开关上对各车窗进行玻璃上升和下降的操作时,各车窗均无反应。初步检查相关熔断器、继电器和蓄电池电压均正常,故障应在电动车窗的内部机构或其控制电路。填写报修单后,交汽车电气维修组进一步检查维修。

生产任务　检修电动车窗

1) 工作对象

需检修电动车窗电路的汽车一辆。

2) 工作内容

(1) 领取所需的工具,做好工作准备;

(2) 查阅维修手册或实训指导书,描述电动车窗系统电路,找出该系统各零部件在车上的位置;

(3) 起动发动机,通过电动车窗开关对各车窗进行玻璃上升和下降的操作,确认故障现象;

(4) 根据电路图和故障现象分析故障可能原因,提出检测方法和检测步骤;

(5) 按提出的检测方法和检测步骤进行故障判断,并排除故障;

(6) 检查、评价工作质量;

(7) 整理工具,清洁工作场地。

3) 工作目标与要求

(1) 学生应以小组工作的方式,完成本项工作任务;

(2) 学生应当能在小组成员的配合下,利用汽车维修手册或实训指导书,制订工作计划,实施工作计划;

(3)能通过阅读资料和现场观察,分辨所修车辆电动系统的组成和类型,说明其作用和结构,能正确操作各电动系统;

(4)通过电动车窗不工作故障的检修,能认识汽车电动系统各部分的组成和工作原理,口述电动系统的工作原理和各零部件的作用;

(5)能向客户解释所修电动车窗的故障原因、修复方案,说明电动车窗的使用注意事项;

(6)能按规范的步骤,完成电动车窗的检修,恢复汽车电动车窗的使用性能;

(7)在工作过程中注意工作安全,做好废料的处理,保持工作环境整洁。

相关知识

汽车电动系统主要由电动车窗、电动后视镜、中控门锁、电动座椅和刮水器等组成。

5.1 电动车窗

5.1.1 电动车窗的组成及分类

电动车窗是指以电为动力,使车窗玻璃自动升降的系统。它是由驾驶人或乘员操纵开关接通车窗升降电动机的电路,使电动机产生动力,通过一系列的机械传动,使车窗玻璃按要求进行升降的机构。其优点是操作简便,有利于行车安全。同时方便乘客进行车窗玻璃升降的操作。

电动车窗主要由车窗玻璃升降器、电动机(含减速器)、控制开关等组成。电动车窗主要零部件在车上的位置,如图5-1所示。

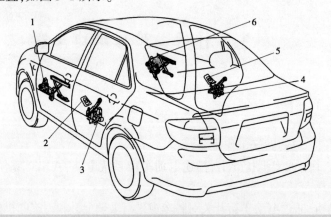

图5-1 电动车窗主要零部件在车上位置
1-驾驶人侧车窗电动机;2-左后侧电动车窗控制开关;3-左后侧电动车窗电动机;4-右后侧电动车窗电动机;5-右后侧电动车窗控制开关;6-副驾驶人侧车窗电动机

采用电动车窗的车辆,驾驶人可以在驾驶座上控制所有车窗玻璃的升降,还可以限制乘客对车窗玻璃的操作。一般驾驶人座位的电动车窗还有自动功能,即驾驶人只需将控制开关拉起或按下至第二挡,车窗玻璃就会一直上升到最高点后自动停止,或下降到最低点后自动停止。

乘客在驾驶人没有按下限制开关时,可以手动控制自己座位车窗玻璃的升降。

有的电动车窗还具有防夹功能:当玻璃上升夹住手臂时,会自动下降。

有的电动车窗还具有延时功能:当关闭点火开关后,电动车窗系统的电源电路会延迟几分钟关闭。其作用是方便驾驶人锁门前关闭车窗。

有的电动车窗还与门锁联动,当驾驶人用车钥匙锁门时,车窗系统电路会自动将玻璃升起关闭。

5.1.2 电动车窗的主要部件

电动车窗系统主要由直流双向永磁电动机、涡轮蜗杆减速器、车窗玻璃升降器、玻璃升降轨道、控制开关等组成。

1)电动机

电动车窗的电动机用于将电转化成车窗玻璃升降的机械力。每个车门各采用一个直流双向永磁电动机,通过开关控制电动机中的电流方向,从而控制电动机的正转或反转,通过减速器和车窗玻璃升降器即可控制玻璃升降。

2)控制开关

电动车窗系统在每个车门上都有一套(或一个)控制开关,用于控制电动机中电流的方向,从而控制车窗的升降。

控制开关一般有两种类型,一种为总开关,装在仪表板或驾驶人侧的车门上,驾驶人可以通过该控制开关控制每个车窗玻璃的升降,如图5-2所示。另一套为分开关,如图5-3所示,分别安装在每个车门上,以便乘客对自己座位的车窗进行升降控制。驾驶人和乘客可以通过拉起开关使车窗玻璃上升,压下开关使车窗玻璃下降。

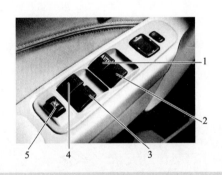

图5-2 驾驶人侧的车门上控制开关
1-驾驶人侧电动车窗控制开关(带有AUTO挡);2-前乘客电动车窗控制开关;3-右后电动车窗控制开关;4-左后电动车窗控制开关;5-乘客位置电动车窗锁死开关

图5-3 乘客侧的车门上控制开关

3)车窗玻璃升降器

不同车型的电动车窗,其玻璃升降器的结构往往有较大的不同,按其结构可分为三种类型:交臂式、绳轮式和软轴式。

(1)交臂式车窗玻璃升降器。交臂式车窗玻璃升降器结构,如图5-4所示。按照其结构特点也被称为齿扇式车窗玻璃升降器,主要由电动机、减速器、大齿扇、主动摆臂、从动摆臂、固定槽、活动槽和玻璃导轨等组成。其中,大齿扇和主动摆臂是一个整体,活动槽上方安装着车窗玻璃。其工作原理是:电动机经过减速器带动小齿轮转动,小齿轮带动大齿扇、主动摆臂和从动摆臂摆动,从而使活动槽上方的玻璃沿着玻璃导轨上下移动。

(2)绳轮式车窗玻璃升降器。绳轮式车窗玻璃升降器(又称滚筒式升降器)由电动机、绳轮、钢丝绳、夹持器、导轨、张力器、张力滑轮等组成,如图5-5所示。它通过电动机带动绳轮转动,绳轮上面缠绕着钢丝绳,通过绳轮的转动拉动钢丝绳,钢丝绳上装有滑块式的玻璃夹持器,玻璃夹持器沿着导轨运动,控制车窗玻璃的升降。

(3)软轴式车窗玻璃升降器。软轴式车窗玻璃升降器(又称齿条式升降器)由软轴、小齿轮等组成,如图5-6所示。电动机的输出部分是一个小齿轮,通过与软轴上的齿(近似于齿条)相啮合,驱动软轴卷轴卷绕,带动玻璃沿导轨上下运动。图5-6中1号~7号表示铆钉。

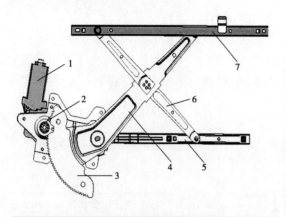

图5-4 交臂式车窗玻璃升降器结构
1-电动机;2-减速器;3-大齿扇;4-主动摆臂;5-固定槽;6-从动摆臂;7-活动槽

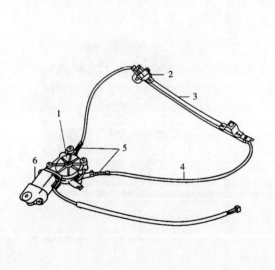

图5-5 绳轮式车窗玻璃升降器结构
1-绳轮;2-夹持器;3-玻璃升降导轨;4-钢丝绳;5-减振弹簧;6-涡轮机构和电动机

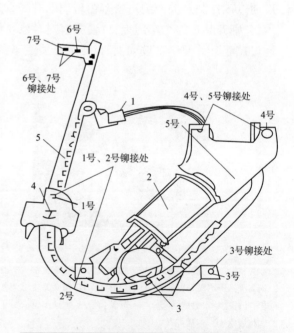

图5-6 软轴式玻璃升降器结构
1-插头;2-电动机;3-小齿轮;4-定位架;5-齿条

在这三种玻璃升降器中,广泛使用的是交臂式车窗玻璃升降器和软轴式车窗玻璃升降器两种。交臂式车窗玻璃升降器具有工作可靠的优点,软轴式车窗玻璃升降器具有结构简单、价格低的优点。

5.1.3 电动车窗的控制电路

电动车窗有手动控制和自动控制两种功能。手动控制是指将控制开关拉起或按下至第一挡时,车窗可以上升或下降,若中途松开按钮,上升或下降的动作即停止。自动控制是指将控制开关拉起或按下至第二挡时(与手动控制比较,拉起或按着按钮的行程较大),松开手后车窗会一直上升至最高点或下降至最低点。图 5-7 为四车门电动车窗的控制电路。控制电路由四个直流双向永磁式电动机(每个车门一个)、驾驶人座位主控制开关和三个乘客车门上的控制开关组成。大的虚线框表示驾驶人座位主控制开关,小的三个虚线框表示三个乘客车门上的控制开关。

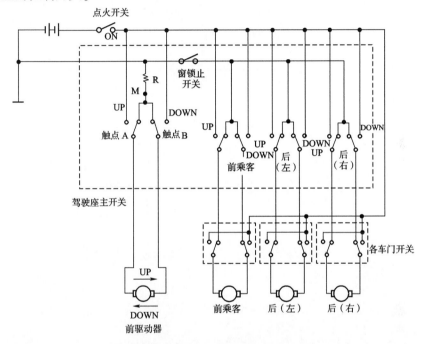

图 5-7 电动车窗控制电路图 1

1)驾驶人手动控制玻璃升降电路

当驾驶人向上拉起手动旋钮后,触点 A 与开关的 UP 接点相连,触点 B 处于原来状态,电动机按 UP 箭头方向通过电流,车窗玻璃上升直至关闭。当手离开旋钮时,开关在自身回复力的作用下回到中间位置,电动机停转。

若向下按压手动旋钮,触点 A 保持原位不动,而触点 B 则与 DOWN 接点相连,电动机按图中 DOWN 箭头所示的方向通过电流,电动机反转,车窗玻璃向下移动,直至下降至最低点。同理,驾驶人可以通过主开关上的乘客位置电动车窗开关控制乘客座位玻璃的升降。当玻璃向上运动时,电流方向为:蓄电池正极→点火开关→主开关向上触点→分开关的常闭触点→电动机→分开关的常闭触点→主开关的常闭触点→锁止开关→蓄电池负极。这时,主开关、分开关和锁止开关互相串联。

2)乘客手动控制玻璃升降电路

在主开关内部锁止开关闭合(没有锁止)时,乘客可以通过自己座位车门上的控制开关,控制车窗玻璃的升降。当前排乘客拉起车门上的控制开关时,电流通过乘客电动车窗独立的电源线、乘客车门上的开关(接正极)、电动机、乘客车门上的开关(接负极)、主开关、锁止开关,控制玻璃上升。具体电流方向为:蓄电池正极→点火开关→乘客电动车窗独立的电源线→分开关的向上触点→电动机→分开关的常闭触点→主开关的常闭触点→锁止开关→蓄电池负极。当前排乘客压下车门上控制开关时,其工作原理基本相同。当主开关内部锁止开关断开(锁止)时,驾驶人和乘客都无法控制乘客位置车窗玻璃的升降。有些汽车将主开关内部锁止开关安装在乘客电动车窗独立的电源线上,当主开关内部锁止开关断开(锁止)时,驾驶人可以控制乘客位置车窗玻璃的升降,而乘客无法控制自己座位车窗玻璃的升降。具体电路如图5-8所示。

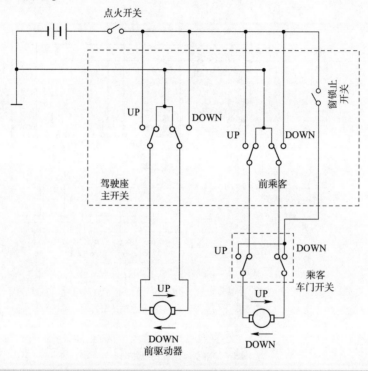

图5-8 电动车窗控制电路图2

3)电动车窗自动升降功能、防夹功能和延时功能

为减轻驾驶人的工作强度,保证行车安全,驾驶人侧的电动车窗经常设有自动挡。对于不同厂家的不同车型,其电动车窗的自动挡电路有所不同。

丰田凯美瑞左前电动车窗的电路,如图5-9所示,具有手动控制、自动控制和防夹功能。控制电路由蓄电池、点火开关、电动窗主继电器、电动车窗总开关和电动车窗电动机总成组成。电动车窗总开关由控制开关、IC集成电路模块和组合继电器等组成。电动车窗电动机总成里面有限位开关、速度传感器和直流永磁双向电动机,其中限位开关的作用是提供上升到最高点或下降到最低点的信号,速度传感器提供电动机转速信号,该信号主要用于防夹功能使用。电动机串联有助于保护电动机的PTC半导体热敏电阻。不工作时,电动机两端通过组合继电器的常闭触点搭铁。

丰田凯美瑞电动车窗玻璃手动上升工作过程如下:当驾驶人轻轻拉起控制开关时,开关A点与开关UP点接触,给IC集成电路B点提供一个12V的电压信号,IC集成电路控制三极管 Tr 和三极管 Tr1 导通,组合继电器里的 UP 继电器线圈接通,UP 继电器线圈的常闭触点打开,常开触点闭合。电动机上端通过 UP 继电器闭合的常开触点连接蓄电池正极,电动机下端通过 DOWN 继电器常闭触点连接蓄电池负极。电流从上到下通过电动机,电动车窗玻璃上升。当驾驶人松开控制开关时,开关 A 点和 UP 点脱开接触,IC 集成电路模块 B 点的信号被切断,IC 集成电路模块通过三极管和组合继电器切断电动机电路,电动车窗玻璃停止上升。

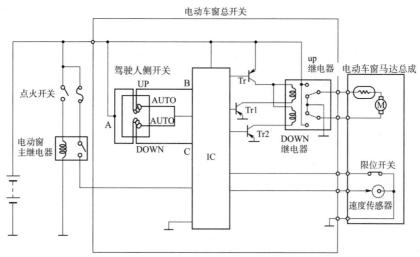

图 5-9　丰田凯美瑞带有自动挡的电动车窗控制电路图

丰田凯美瑞电动车窗玻璃自动上升工作过程如下:当驾驶人稍微用力拉起控制开关时,开关 A 点、开关 UP 点和开关 AUTO 点三点接触,给 IC 集成电路 B 点和 AUTO 点提供一个 12V 的电压信号,电动车窗玻璃上升。当驾驶人松开控制开关时,开关 A 点、UP 点和 AUTO 点脱开接触,IC 集成电路模块 B 点和 AUTO 点的信号被切断。但是 AUTO 点提供信号后,IC 集成电路模块会保持三极管 Tr 和三极管 Tr1 导通,电流从上到下通过电动机,电动车窗玻璃保持上升。上升到最高点时,电动机内部的限位开关打开,给 IC 集成电路模块一个信号,IC 集成电路模块切断电动机的电流,电动车窗玻璃停止上升。

丰田凯美瑞电动车窗玻璃手动下降和自动下降工作过程与上升工作过程基本相同。

丰田凯美瑞左前电动车窗玻璃上升过程中如有异物(如手臂)夹在玻璃和车窗之间时,电动机无法转动,速度传感器没有脉冲信号,这时 IC 集成电路模块将三极管 Tr1 截止,三极管 Tr2 导通控制车窗玻璃向下运动。当异物(如手臂)取出后,由于玻璃下降速度传感器又有脉冲信号,IC 集成电路模块又继续控制车窗玻璃向上运动。

丰田凯美瑞电动车窗的电动机卡死无法转动时,电动机串联 PTC 半导体热敏电阻的电流增大、温度升高,导致阻值突然增大,从原来的几欧姆突然上升到 10MΩ 以上,切断电动机的电流,防止电动机过热烧坏。

大众迈腾 B8L 轿车四个车窗均具有手动上升、手动下降、一键上升、一键下降功能。迈腾 B8L 电动车窗控制原理示意图如图 5-10 所示。具体工作过程如下:

(1)驾驶人控制左前车窗玻璃。驾驶人操作左前车窗升降器按钮 E710,驾驶人侧车门控制模块 J386 接收到左前车窗升降器按钮信号，控制左前车窗玻璃升降电机 V14，实现左前电动车窗升降，如图 5-11 驾驶人侧车窗升降控制电路所示。

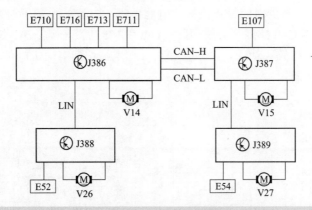

图 5-10　迈腾 B8L 电动车窗控制原理示意图

J386、J387、J388、J389-左前（驾驶人侧）、右前（副驾驶人侧）、左后、右后车门控制单元；E710、E716、E711、E713-驾驶人侧左前、右前、左后、右后车窗升降器按钮；E107、E52、E54-右前、左后、右后车窗升降器按钮；V14、V15、V26、V27-左前、右前、左后、右后车窗玻璃升降电机

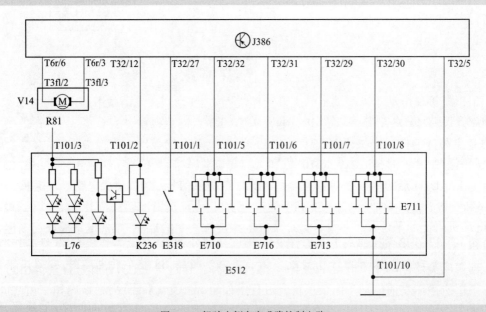

图 5-11　驾驶人侧车窗升降控制电路

E318-儿童安全锁按钮；E512-驾驶人侧车窗升降器操作单元；E710-驾驶人侧前部车窗升降器按钮；E711-驾驶人侧后部车窗升降器按钮；E713-副驾驶人侧后部车窗升降器按钮；E716-副驾驶人侧前部车窗升降器按钮；J386-驾驶人侧车门控制单元；K236-儿童安全锁激活指示灯；V14-左侧车窗升降器电机；L76-按钮照明灯泡；R81-按钮照明灯泡电源接线端

（2）驾驶人控制右前车窗玻璃。驾驶人操作右前车窗升降器按钮 E716，驾驶人侧车门控制模块 J386 接收到右前车窗升降器按钮信号，并通过 CAN 总线将其传递给右前车门控制模块 J387，由 J387 控制右前车窗玻璃升降电机 V15，实现右前电动车窗升降。

（3）驾驶人控制左右车窗玻璃。驾驶人操作左右车窗升降器按钮 E711，驾驶人侧车门控制模块 J386 接收到左后车窗升降器按钮信号，并通过 LIN 总线将其传递给左后车门控制模块 J388，由 J388 控制左后车窗玻璃升降电机 V26，实现左后电动车窗升降。

（4）驾驶人控制右后车窗玻璃。驾驶人操作右后车窗升降器按钮 E713，驾驶人侧车门控制模块 J386 接收到右后车窗升降器按钮信号，并通过 CAN 总线将其传递给右前车门控制模块 J387，由 J387 通过 LIN 总线将信号传递给右后车门控制模块 J389，由 J389 控制右后车窗玻璃升降电机 V27，实现右后电动车窗升降。

（5）副驾驶人控制右前车窗玻璃。副驾驶人操作右前车窗升降器按钮 E107，副驾驶人侧车门控制模块 J387 接收到右前车窗升降器按钮信号，直接控制右前车窗升降电机 V15，实现右前玻璃升降，如图 5-12 副驾驶人侧车窗升降控制电路所示。后排乘客控制对应车窗升降方法与右前车窗类似，这里不再赘述。

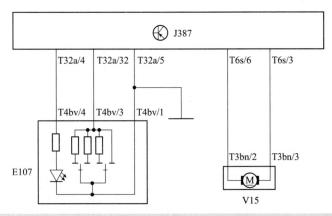

图 5-12　副驾驶人侧车窗升降控制电路

J387-副驾驶人侧车门控制单元；E107-副驾驶人侧车窗升降器开关；V15-右侧车窗升降器电机

实训项目 8　电动车窗电路识别和故障判断

（1）每 3~5 名学生组成 1 个工作小组，确定 1 名小组长，接受工作任务，做好工作准备。

（2）阅读工作单，查阅维修手册或实训指导书和迈腾 B8 整车的电路图，按照工单要求画出电动车窗电路。

（3）根据工作单的引导，完成电动车窗系统零部件认识、工作原理描述等学习任务。

（4）完成工作单要求的电动车窗主要零部件及其控制电路的检测，将检测结果记录在工作单的相应栏目，并对检测结果作出分析。

（5）设置车辆电动车窗的故障现象。

（6）按照工作单的引导，根据待修车辆电动车窗的故障现象，讨论故障原因、检测方法和步骤。

（7）确定小组人员工作分工，向实训指导教师汇报讨论结果，经指导教师同意后，开始下一步的工作。

（8）按照工作单的引导，完成电动车窗不工作故障的诊断和检修工作。

(9) 回答指导教师的现场提问，接受指导教师的技能考核。

(10) 完成工作任务后，对工作过程进行自我评价和小组互评，听取指导教师的点评。

(11) 清洁工作场所，清点维护工具设备，完成任务交接。

5.2 电动后视镜

汽车后视镜俗称倒车镜，通常分为车外和车内两种。外后视镜布置在汽车左右两侧，其功用主要是让驾驶人观察汽车左右两侧的行人、车辆以及其他障碍物的情况，确保行车或倒车安全。车内后视镜主要供驾驶人观察和注视车内乘员、物品以及车后的情况。

电动外后视镜的作用是方便驾驶人调整后视镜的角度，减小驾驶人工作强度，保证行车安全。

5.2.1 电动后视镜的组成及结构

电动后视镜一般由镜片、驱动电机、减速装置、控制电路以及操纵开关等组成。在每个后视镜镜片的背后均有两个直流双向永磁电动机，可操纵其上下及左右运动。通常，垂直方向的倾斜运动由一个电动机控制，水平方向的倾斜运动由一个电动机控制。通过操纵开关改变电动机的电流方向，就可完成对后视镜的上下左右方向的调整。

5.2.2 电动后视镜的控制电路及工作原理

图 5-13 所示为丰田新威驰电动后视镜控制电路，主要由蓄电池、点火开关、控制开关、电动机和左后后视镜总成组成。丰田新威驰每侧后视镜均有三个电动机，分别用于控制后视镜上下摆动、后视镜左右摆动以及整个后视镜的伸展和收缩。丰田新威驰电动后视镜由三组开关组成。一组用于从左右后视镜中选择要调整的后视镜，称为左右后视镜选择开关，简称选择开关，左右后视镜选择开关由两个开关联动；一组用于控制后视镜摆动方向，称为操作开关，按下"上/下"按钮或"左/右"按钮时，它与公用的"上左/下右"按钮开关联动，降低制造成本；一组用于控制左右后视镜向外伸展或向内收缩，称为收缩开关。所有开关初始状态都不接通，电动机两端初始状态为开路。工作时，通过开关分别接到蓄电池正负极，改变后视镜摆动方向，下面以调节左侧后视镜垂直方向的倾斜程度为例介绍工作情况。

左侧后视镜垂直向上摆动的调整过程是：按下选择开关，选择左侧，两个开关臂联动，同时接到左边，再按下操作开关"上/下"按钮的"上(Up)"方向，"上/下"按钮及"上左/下右"按钮开关均与"上(Up)"接通，此时电流的方向为：蓄电池→点火开关→ACC(开关)7.5A 熔断丝→外后视镜开关总成端子 8→操作开关 Up 触点→选择开关 MV 端子→选择开关 Left 触点→选择开关 VL 端子→外后视镜开关总成端子 4→左后视镜总成端子 9→左后视镜总成端子 8→D41 接头连接器端子 12→D41 接头连接器端子 14→外后视镜开关总成端子 6→操作开关 Left/Up 触点→外后视镜开关总成端子 7→搭铁。左侧后视镜"上/下"电动机运转，后视镜向上倾斜。

同理，左侧后视镜垂直向下摆动的过程：按下"上/下"按钮的"下(Down)"方向，改变电动机的电流方向，使后视镜向下倾斜。

迈腾 B8 电动后视镜可实现镜面调节、折叠、电加热等功能，如图 5-14 驾驶人侧后视镜调节控制电路所示，主要由各调节转换开关、控制单元、电机等组成。后视镜转换开关 E48 和调节开关 E43 的控制原理类似，开关内部布置有不同阻值的电阻，操作开关在不同挡位时开关内部串入不同阻值电阻,从而引起线路电压值的改变,控制单元 J386 据此来判断操作意图,进而控制相关电机工作。下面介绍迈腾 B8 电动后视镜的控制电路及工作原理。

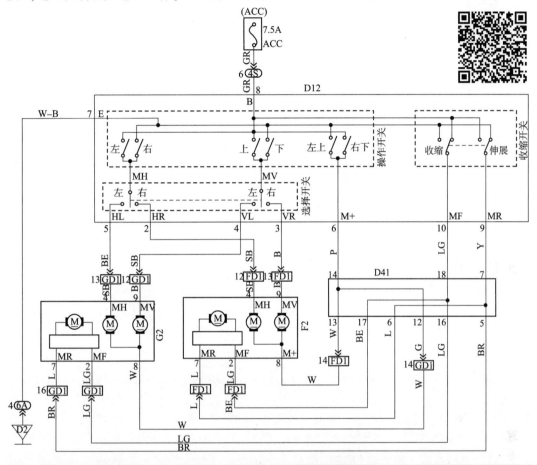

图 5-13　丰田新威驰电动后视镜控制电路图
D12-外后视镜开关总成;D41-接头连接器;G2-左后视镜总成;F2-右后视镜总成

（1）左右后视镜同时调节。当 E48 调至 L 挡时,控制单元 J386 接收到 E48、E43 开关信号,为左侧后视镜调节电机 V17、V149 供电;同时 J386 通过舒适 CAN 总线将这一信息发送给副驾驶人侧车门控制单元 J387,J387 为右侧后视镜调节电机 V25、V150 供电,左右后视镜同时进行上下或左右方向调节。当 E43 调至不同挡位时,对应调节电机正转或反转,各电机标准电压(以左侧后视镜为例)如表 5-1 所示。

左侧后视镜调节电机线路电压值（E43 挡位）　　　　　表 5-1

电机端子	关闭挡	向上	向下	向左	向右
T3cj/1	+B	+B	0	+B	0
T3cj/2	+B	+B	0	0	+B
T3cj/3	+B	0	+B	0	+B

（2）调节右侧后视镜。当 E48 转换至 R 挡,控制单元 J386 接收到 E48、E43 开关信号,J386 通过舒适 CAN 总线将这一信息发送至副驾驶人侧车门控制单元 J387,J387 为右侧后视

镜调节电机 V25、V150 供电,这时右侧后视镜可实现上下或左右方向调节。

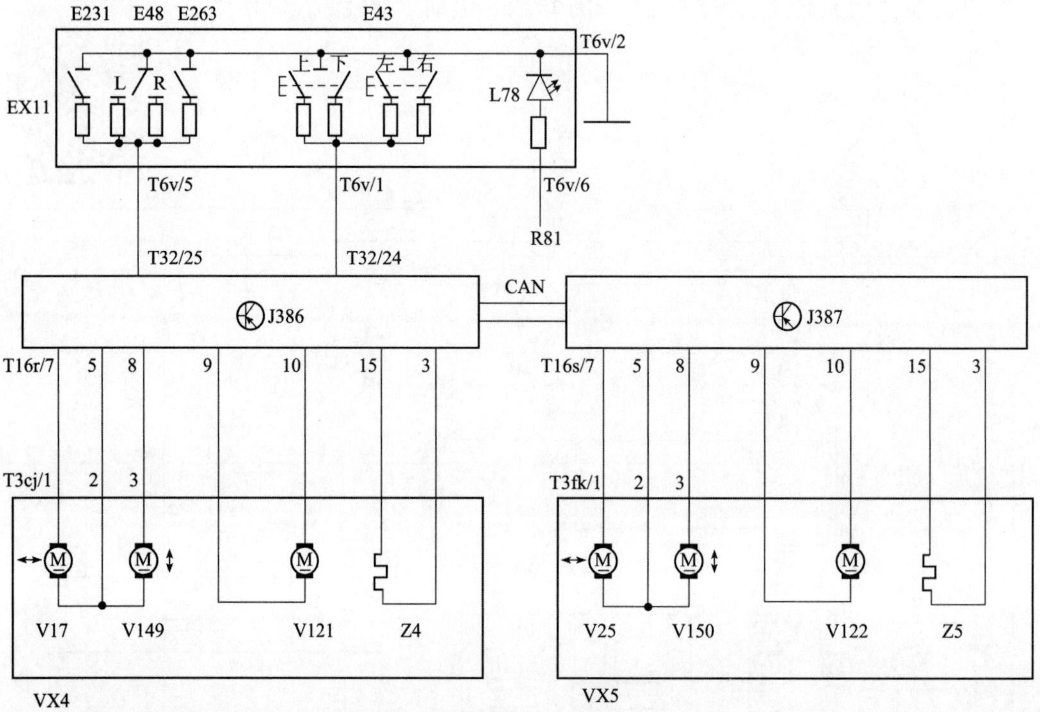

图 5-14 驾驶人侧后视镜调节控制电路
EX11-车外后视镜调节;E43-后视镜调节开关;E48-后视镜调节转换开关;E231-车外后视镜加热按钮;E263-后视镜内折开关;L78-后视镜调节开关照明灯泡;VX4、VX5-驾驶人侧、副驾驶人侧车外后视镜;V17、V25-驾驶人侧、副驾驶人侧后视镜上下调节电机;V149、V150-驾驶人侧、副驾驶人侧后视镜左右调节电机;V121、V122-驾驶人侧、副驾驶人侧后视镜内折电机;Z4、Z5-驾驶人侧、副驾驶人侧可加热车外后视镜;J386-驾驶人侧车门控制单元;J387-副驾驶人侧车门控制单元

(3)后视镜折叠。当后视镜开关 E263 转至内折挡位时,控制单元 J386 接收 E48、E263 开关信号,J386 给左侧后视镜调节电机 V121 供电,同时 J386 通过舒适 CAN 总线将这一信息发送至副驾驶人侧车门控制单元 J387,J387 接收后视镜折叠或展开信号,接通右侧后视镜折叠电机 V122 控制电路,这时左右两侧后视镜在内折电机带动下折叠或展开。

(4)后视镜加热。当后视镜结霜时,可通过后视镜加热功能除霜。将后视镜加热按钮 E231 按下,控制单元 J386 接收 E48、E231 开关信号,J386 接通左侧后视镜加热元件 Z4 控制电路,同时 J386 通过舒适 CAN 总线将这一信息发送至副驾驶人侧车门控制单元 J387,J387 接收后视镜加热信号,接通右侧后视镜加热元件 Z5 控制电路,这时左右两侧后视镜加热元件工作,给镜片加热,等镜片完全去霜后,再次按下加热按钮 E231 停止加热。

5.3 中控门锁

为方便驾驶人和乘客开关车门,现代大部分轿车均安装了中央控制门锁系统。中央控制门锁可实现以下功能:

(1)驾驶人可以用钥匙方式和门锁开关方式,在锁门或解锁一个车门的同时,锁门或解锁其他车门。

(2)在车内个别车门需锁门或解锁时,可分别拉开各自机械装置的锁扣进行操作。
(3)配合防盗系统,实现防盗。
(4)配合遥控系统,实现遥控锁门或解锁。

高档汽车的中央控制门锁还可实现以下功能:
(1)与电动车窗联动实现用钥匙方式锁门时同时升起关闭所有车窗。
(2)车门没有关闭或没有关紧时,汽车无法行驶。
(3)汽车行驶到一定速度自动锁门。

5.3.1 中控门锁的组成

中控门锁系统主要由门锁控制开关、钥匙控制开关、门锁总成、门控开关、门锁开关、门锁电动机以及门锁控制器等组成。中控门锁的组成和主要部件位置,如图 5-15 所示。高档轿车还在点火开关内部设置钥匙未锁警告开关,在车门锁钥匙孔内设置钥匙开锁报警开关。

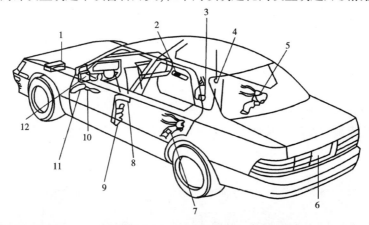

图 5-15 中控门锁的组成和位置
1-2 号接线盒;2-右前门锁控制开关;3-右前门锁电动机及位置开关;4-右前门锁触开关;5-右后门锁电动机及位置开关;6-行李舱门锁;7-左后门锁电动机及位置开关;8-左前车门钥匙开关;9-左前门锁电动机及开关;10-左前门锁控制开关;11-1 号接线盒;12-门锁 ECU 及门锁继电器

1)门锁控制开关

门锁控制开关装在驾驶人侧车门内的扶手上,通过门锁控制开关可以同时锁门和解锁所有的车门。驾驶人侧车门内的扶手上还有门锁按钮和开门手柄,而乘客侧车门内的扶手上只有门锁按钮和开门手柄,如图 5-16 所示。

2)钥匙操纵开关

钥匙操纵开关(图 5-17)装在前门的门锁上,当从外面用钥匙锁门或解锁时,钥匙操纵开关便向门锁控制 ECU 或门锁控制继电器发出锁门或解锁的信号,进行锁门和解锁操作。

3)门锁总成

如图 5-18 所示,门锁总成主要由门锁传动机

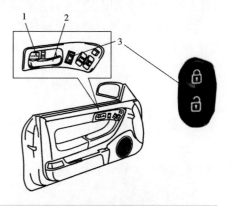

图 5-16 门锁控制开关
1-门锁按钮;2-开门手柄;3-锁门开关

构、门锁位置开关、钥匙控制开关、门锁电动机和门锁壳体等组成(也有的门锁总成不包含钥匙控制开关、门锁电动机)。

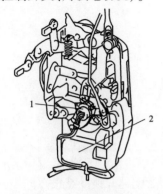 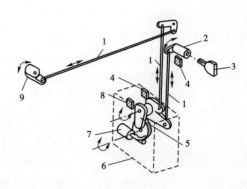

图5-17　钥匙操纵开关　　　　　　　　图5-18　门锁机构示意图
1-钥匙操纵的开关;2-门锁电动机　　　1-连接杆;2-门键筒体;3-键(钥匙);4-门锁开关;5-锁杆;6-门锁总成;7-门锁电动机;8-位置开关;9-门锁按钮(车厢内)

门锁传动机构由电动机、蜗轮蜗杆减速器等组成,如图5-19所示。当门锁电机转动时,蜗杆带动蜗轮转动,蜗轮推动锁杆,车门被锁门和解锁,同时推动门锁位置开关闭合和打开,然后蜗轮在复位弹簧的作用下返回原位,以防止操纵门锁按钮时电动机工作。

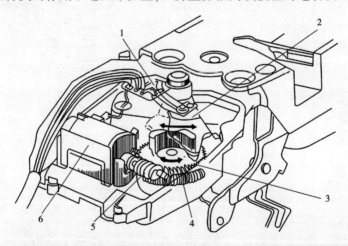

图5-19　门锁传动机构
1-位置开关;2-锁杆;3-蜗轮;4-复位弹簧;5-蜗杆;6-门锁电动机

4)门锁位置开关

门锁位置开关位于门锁总成内,用于检测车门的锁死情况。它由一个触点片和一个开关底座组成。当车门锁死时,门锁位置开关断开;车门没有锁死时,门锁位置开关接通。通过门锁位置开关的通断向门锁控制器发送车门锁死情况的信号。

5)门控开关

门控开关用来检测车门的开闭情况。车门打开时,门控开关接通;车门关闭时,门控开关断开。门控开关的作用是:

(1) 门控开关连接至仪表,用于控制仪表板上车门没有关闭警告灯的亮暗信号。

(2) 门控开关还可向门锁控制器和门锁遥控接收器发送车门开/关的信号。

(3) 门控开关控制车门上迎宾灯的亮暗。有的高档轿车在用遥控器锁门时,如果有一扇车门没有关或没有关紧,门锁遥控接收器会发出警告信号。有的高档轿车还具有车门没有关紧时,轿车无法高速行驶的功能。

6) 执行元件

执行元件一般为电动机或电磁铁。电磁铁工作噪声大且频繁地开关振动,易使其在车门内部支架上变松甚至脱落。为降低噪声、提高可靠性,现代轿车一般采用电动机作为执行器。电动机基本为直流永磁双向电动机。

5.3.2 门锁控制器及中控门锁的工作原理

门锁控制器的形式较多,常见的有继电器式、集成电路(IC)—继电器式、ECU 控制式。采用门锁继电器和电磁铁的中控门锁控制电路,如图 5-20 所示。

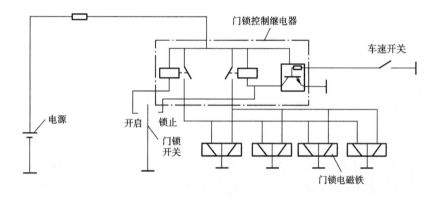

图 5-20 门锁继电器和电磁铁的中控门锁控制电路

当用钥匙转动锁芯时,若门锁开关中的开启触点闭合,则电流经过蓄电池的正极、熔断器、开锁继电器线圈、门锁开关、搭铁,开锁继电器开关闭合,门锁解锁电磁阀通电,四个车门同时解锁。若门锁开关中的锁止触点闭合,则锁止继电器通电使其开关闭合,四个车门同时锁住。车速开关可以在高速时,通过控制三极管导通实现自动闭锁。

5.4 电动座椅

为向驾驶人和乘员提供便于操作、舒适和安全的驾驶位置,现在所有轿车都安装有座椅调节装置。座椅调节装置按调节方式的不同,分为手动调节式和动力调节式;按动力源的不同,分为真空式、液压式和电动式;按座椅电机的数目和调节方向数目的不同,分为两向、四向、六向、八向和多向可调等。电动座椅功能如图 5-21 所示。

5.4.1 普通电动座椅的基本组成

电动座椅一般由双向电动机、传动装置和控制电路等组成,如图 5-22 所示。双向电动机产生动力,传动装置可以将动力传至座椅,通过控制开关实现座椅不同位置的调节。

电动机一般为直流永磁式双向电动机,通过控制开关来改变流经电动机内部的电流方向,从而实现转动方向的改变。

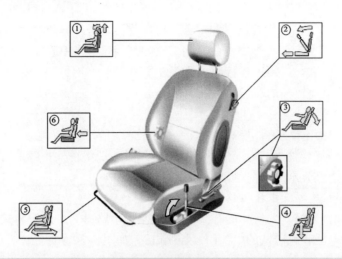

图 5-21　电动座椅功能
①-头枕上下和角度调节；②-靠背角度调节；③-靠背躺下开关；④-座椅上下位置调节；⑤-座椅前后位置调节；⑥-腰部调节

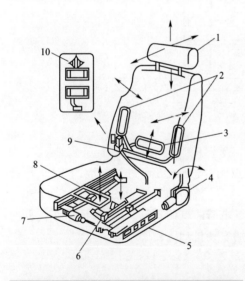

图 5-22　电动座椅结构示意图
1-头枕；2-侧面支撑气垫；3-腰部支撑气垫；4-后仰装置；5-座椅调节开关；6-升降电动机总成；7-滑移电动机和杆件总成；8-大腿支撑；9-气泵；10-座椅开关

传动装置主要包括变速器、联轴器、软轴以及齿轮传动机构等。变速器的作用是减速增矩。电动机分别与不同的软轴相连，软轴再与变速器的输入轴相连，动力经过变速器减速增矩后，从变速器的输出轴输出，变速器的输出轴与蜗杆轴或齿轮轴相连，最终蜗轮蜗杆或齿轮、齿条带动座椅支架产生位移。

5.4.2　普通电动座椅的控制电路

普通电动座椅的控制电路，如图 5-23 所示，该电动座椅包括滑动电机、前垂直电机、倾斜电机和后垂直电机，可以实现座椅的前后移动、前部高度调节、靠背倾斜程度调节以及后部高度调节。下面以座椅靠背的倾斜调节为例，介绍电路的控制过程。

当电动座椅的开关处于倾斜位置时，如果要调整靠背向前倾斜，则闭合倾斜电动机的前进方向开关，即端子 4 置于左位，此时的电流通路为：蓄电池正极→FLALT→FLAM1→DOOR CB→端子 14→(倾斜开关"向前")→端子 4→端子 1(2)→倾斜电动机→端子 2(1)→端子 3→端子 13→搭铁，倾斜电动机转动，使座椅靠背前移。

当端子 3 置于右位时，倾斜电动机反转，座椅靠背后移。此时的电流通路为：蓄电池正极→PLALT→FLAM1→DOOR CB→端子 14→(倾斜开关"向后")→端子 3→端子 2(1)→倾斜电动机→端子 1(2)→端子 4→端子 13→搭铁。

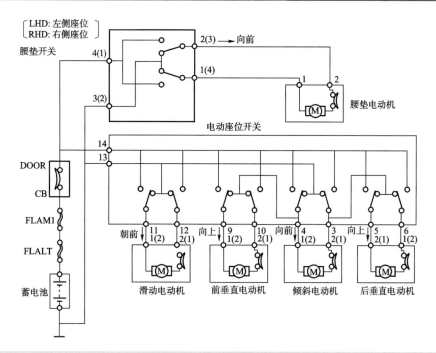

图 5-23 电动座椅控制电路
FLALT-熔断器,100A;FLAM1-熔断器,40A;DOOK CB-断路器

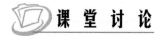

1. 说明电动车窗电路的组成和电路特点。
2. 描述电动车窗电路的自动功能、防卡功能的原理。
3. 说明各种类型电动车窗的结构和电路的优缺点。
4. 分析说明电动座椅控制电路的工作原理。

5.5　汽车电动装置的检修

5.5.1　电动车窗的维护和故障诊断

电动车窗的维护主要是机械装置维护,润滑是维护的主要工作。但是由于机械装置位于车门内部,需要把内饰板取下。固定内饰板的螺钉隐蔽在车门把手的凹部内侧,使用齿轮、钢索的升降装置,以摇臂支点和滑块部分为加油中心。内盖下面盖有防水用塑料膜,维护后应将其恢复原状,以防止雨水进入,损坏电动机等。

风窗玻璃的污损不仅影响外观,还会影响视野,过分脏污更影响到电动开关车窗的动作。为防止雨水流入车内,窗框上端附有橡胶带,这也是与玻璃经常接触的地方。玻璃污损后与橡胶带的摩擦增大,升降也会受到影响,因此玻璃须经常保持干净。

电动车窗常见故障主要有：某个车窗只能向一个方向运动、某个车窗两个方向都不能运动、所有车窗均不能升降或偶尔不升降以及两个后车窗分开关不起作用。其故障原因和诊断思路，见表 5-2、表 5-3。

电动车窗常见故障故障原因和诊断　　　　　　　　　　　　　　　　　　表 5-2

常见故障	故障原因	诊断思路
某个车窗只能向一个方向运动	分开关故障或分开关至主开关断路	检查分开关导通情况与分开关至主开关控制导线导通情况
某个车窗两个方向都不能运动	传动机构卡住 车窗电动机损坏 分开关至电动机断路	检查传动机构是否卡住 测试电动机工作情况 检查分开关至电机电路导通情况
所有车窗均不能升降或偶尔不升降	熔断丝被烧断 搭铁不牢	检查熔断丝 检查、清洁、紧固搭铁点
两个后车窗分开关不起作用	总开关故障	检查总开关导通情况

迈腾电动车窗常见故障原因和诊断　　　　　　　　　　　　　　　　　　表 5-3

常见故障		故障原因	诊断思路
驾驶人侧车窗不升降		驾驶人侧车窗升降器电机 V14 故障； 驾驶人侧车窗升降器按钮 E710 及线路故障	测试电动机 V14 工作情况； 检查驾驶人侧车窗升降器按钮 E710 及线路导通情况
左后车窗不升降	驾驶人侧控制正常，左后车窗升降器按钮控制无效	左后车门上的左后车窗升降器按钮 E52 及线路故障	检查左后车门上的左后车窗升降器按钮 E52 及线路导通情况
	驾驶人侧控制无效，左后车窗升降器按钮控制正常	驾驶人侧车门控制单元 J386 到车门控制单元 J388 的 Lin 线故障； 驾驶人侧车门上的左后车窗升降器按钮 E711 及线路故障	测试驾驶人侧车门控制单元 J386 到左后车门控制单元 J388 的 Lin 线波形是否正常； 检查驾驶人侧车门上的左后车窗升降器按钮 E711 及线路导通情况
	驾驶人侧控制无效，左后车窗升降器按钮控制也无效	左后车门控制单元 J388 搭铁故障； 左后车门控制单元 J388 本身故障； 左后车窗升降器电机 V26 故障	检查左后车门控制单元 J388 搭铁情况； 测试左后车门控制单元 J388 工作情况； 测试电动机 V26 工作情况
左侧两车窗均不升降		驾驶人侧车门控制单元 J386 和左后车门控制单元 J388 的公共供电电路故障	检查驾驶人侧车门控制单元 J386 和左后车门控制单元 J388 的公共供电电路导通情况
副驾驶人侧车窗不升降	驾驶人侧控制正常，副驾驶人侧控制无效	副驾驶人侧车门上的副驾驶人侧车窗升降器按钮 E107 及线路故障	检查副驾驶人侧车门上的副驾驶人侧车窗升降器按钮 E107 及线路导通情况

续上表

常见故障		故障原因	诊断思路
副驾驶人侧车窗不升降	驾驶人侧控制无效,副驾驶人侧控制正常	驾驶人侧车门控制单元 J386 到副驾驶人侧车门控制单元 J387 的 CAN 线故障; J519 舒适/便利功能系统故障; 驾驶人侧车门上的副驾驶人侧车窗升降器按钮 E716 及线路故障	测试驾驶人侧车门控制单元 J386 到副驾驶人侧车门控制单元 J387 的 CAN 线波形; 检查 J519 舒适/便利功能系统; 检查驾驶人侧车门上的副驾驶人侧车窗升降器按钮 E716 及线路导通情况
	驾驶人侧控制无效,副驾驶人侧控制也无效	副驾驶人侧车门控制单元 J387 故障; 副驾驶人侧车窗升降器电机 V15 故障	检查副驾驶人侧车门控制单元 J387 工作情况; 测试电动机 V15 工作情况
右后车窗不升降	驾驶人侧控制正常,右后车窗升降器按钮控制无效	右后车窗升降器按钮 E54 及线路故障	检查右后车窗升降器按钮 E54 及线路导通情况
	驾驶人侧控制无效,右后车窗升降器按钮控制正常	驾驶人侧车门控制单元 J386 到副驾驶人侧车门控制单元 J387 的 CAN 线故障; 副驾驶人侧车门控制单元 J387 到右后车门控制单元 J389 的 Lin 线故障; J519 舒适/便利功能系统故障; 驾驶人侧车门上的右后车窗升降器按钮 E713 及线路故障	测试驾驶人侧车门控制单元 J386 到副驾驶人侧车门控制单元 J387 的 CAN 线波形; 测试副驾驶人侧车门控制单元 J387 到右后车门控制单元 J389 的 Lin 线波形; 检查 J519 舒适/便利功能系统; 检查驾驶人侧车门上的右后车窗升降器按钮 E713 及线路导通情况
	驾驶人侧控制无效,右后车窗升降器按钮控制也无效	右后车门控制单元 J389 的搭铁电路故障; 右后车门控制单元 J389 本身故障; 右后车窗升降器电机 V27 故障	检查右后车门控制单元 J389 的搭铁电路; 检查右后车门控制单元 J389 工作情况; 测试右后车窗升降器电机 V27 工作情况
右侧车窗均不升降	驾驶人侧控制无效,右侧车窗按钮控制正常	驾驶人侧车门控制单元 J386 到副驾驶人侧车门控制单元 J387 的 CAN 线故障; J519 舒适/便利功能系统故障	测试驾驶人侧车门控制单元 J386 到副驾驶人侧车门控制单元 J387 的 CAN 线波形; 检查 J519 舒适/便利功能系统
	副驾驶人侧车窗升降器按钮控制无效,右后车窗升降器按钮控制无效,其他正常	副驾驶人侧车门控制单元 J387 和右后车门控制单元 J389 的公共供电电路故障	检查副驾驶人侧车门控制单元 J387 和右后车门控制单元 J389 的公共供电电路

5.5.2 电动后视镜的检修

电动后视镜常见的故障有:两侧电动后视镜均不能工作、一侧电动后视镜上下左右不能动、一侧电动后视镜上下方向不能动、一侧电动后视镜左右方向不能动。检查时,应首先检查熔断丝、电路连接和搭铁情况是否良好,再检查开关和电动机是否良好。其故障原因和排除方法,见表5-4。

电动后视镜故障诊断表 表5-4

故障现象	故障原因	故障排除方法
两侧电动后视镜均不能工作	熔断丝熔断 搭铁不良 后视镜开关损坏 后视镜电动机损坏	检查确认熔断丝后更换 修理 更换 更换
一侧电动后视镜上下左右不能动	后视镜开关损坏 电动机损坏 搭铁不良	更换 更换 修理
一侧电动后视镜上下方向不能动	上下调整电动机损坏 搭铁不良	更换 修理
一侧电动后视镜左右方向不能动	左右调整电动机损坏 搭铁不良	更换 修理

5.5.3 中控门锁的检修

各个车型的中控门锁电路区别较大,因此在检修时要结合具体的维修手册进行,但检修的方法和检修的部位基本相似。现以图5-24所示的丰田新威驰轿车中控门锁系统电路图为例,说明检修过程。

(1)门锁控制开关的检查。拆下主开关,结合表5-5检查门锁控制开关各端子的导通性,如不符合标准,应更换门锁控制开关。

门锁控制开关的测量标准 表5-5

端子号	开关位置	标准状态
1-2	LOCK(锁门)	导通
—	OFF	不导通
1-9	UNLOCK(解锁)	导通

(2)左前门门锁总成的检查。用蓄电池的正负极直接连接端子4和端子1,检查门锁电动机的工作情况,如果与标准不符,说明电动机或其电路有故障,见表5-6。

左前门锁总成的测量标准 表5-6

测量条件	标准状态
蓄电池"+"接端子4 蓄电池"-"接端子1	上锁
蓄电池"+"接端子1 蓄电池"-"接端子4	开锁

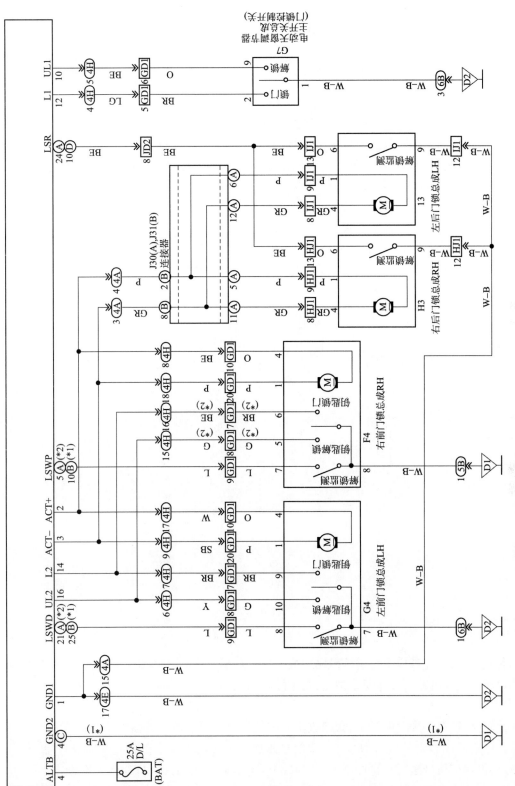

图 5-24 丰田新威驰轿车中控门锁电路

拓展知识与技能

5.6 遥控门锁系统

遥控门锁控制系统也叫无钥匙进入系统(Remote Keyless Entry)。它为驾驶人提供了一个打开门锁的方便手段,如进行远距离遥控操作,夜间或黑暗中开、锁门。同时,此系统还可以提供除中央控制门锁功能以外的其他相关功能,如控制行李舱、灯光和喇叭等。遥控门锁系统能将正常开启和非法侵入的操作予以区分,合法使用者可通过射频遥控进行操作,享受其便捷和舒适,而非法侵入者却束手无策。

5.6.1 遥控门锁的基本原理

遥控门锁的基本原理,如图 5-25 所示,遥控器发出微弱电波,由汽车无线电调频机的 FM 天线进行接收,通过分配器进入接收机 ECU,接收机 ECU 识别代码,使上锁、解锁的执行元件工作,完成上锁或解锁的操作。

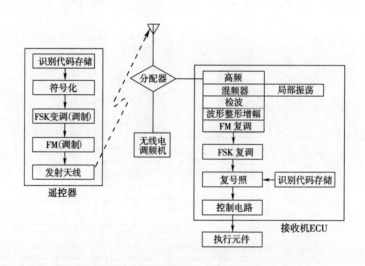

图 5-25 遥控门锁基本工作原理简图

5.6.2 遥控器

遥控门锁的遥控器有一体式和分体式两种。一体式遥控器如图 5-26 所示,遥控器与车钥匙制成一体,并在键板上与送信电路组成一体。从识别代码存储回路到 FSK 调制回路,采用了单芯片集成电路而使体积小型化,与电路板相反的一侧装有市场上出售的钮形 3V 锂电池(其使用寿命一般为 2 年)。

使用时,每按 1 次发射开关,在接收机一侧就接收一次上锁或解锁指令。

分体式遥控器如图 5-27 所示,它将信号发送至位于仪表板上的遥控门锁接收器,经其判断后,再将该信号送至车身控制模块(BCM)。它具有闭锁、开锁、打开行李舱的功能,有些还有使喇叭鸣响、车内灯启亮、车辆前照灯启亮的功能。

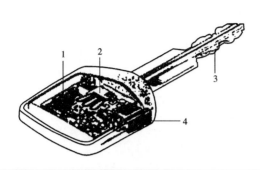
图 5-26 一体式遥控器
1-集成电路;2-水晶振子;3-键板(天线);4-发射开关

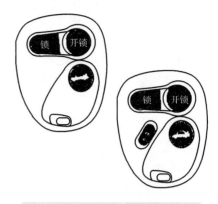
图 5-27 分体式遥控器

5.7 防盗报警系统

5.7.1 防盗报警系统概述

汽车防盗报警系统是为防止汽车本身或车上的物品被盗而设的系统。按照其结构和工作原理可以分成机械式、芯片式、电子式和网络式。机械式主要有转向盘锁、变速器换挡手柄锁、车轮锁等。芯片式是指带有芯片的钥匙或遥控器,没有钥匙或遥控器就无法起动车辆。电子防盗就是直接利用微波/红外线发射密码的一种汽车防盗方式,电子式防盗系统有以下四大功能:

(1)防盗报警功能。在车主遥控锁门后,报警器即进入警戒状态,此时如有人撬门或用钥匙开门,会立即引发防盗器鸣叫报警,吓阻窃贼行窃,这也是电子防盗器最大的优点和争议之处,因为它发出的报警声在震慑盗贼的同时,也存在着扰民的弊端。

(2)车门未关安全提示功能。行车前车门未关妥,警示灯会连续闪烁数秒。汽车熄火遥控锁门后,若车门未关妥,车灯会不停闪烁,喇叭鸣叫,直至车门关好为止。

(3)寻车功能。车主用遥控器寻车时,喇叭断续鸣叫,同时伴有车灯闪烁。

(4)遥控中央门锁。当遥控器发射正确信号时,中央门锁自动开锁或上锁。电子遥控防盗装置的遥控器、电子钥匙都有相对应的密码。遥控器发射部分采用微波/红外线系统。利用手持遥控器将密码信号发向停车位置,门锁系统接收后开锁,驾驶人进车后再将电子钥匙插入点火开关钥匙孔内,电子钥匙将内置密码发至控制电路中的接收线圈,产生电感耦合使电路和油路起动,使汽车得以运行。电子防盗装置的两大卖点是密码解锁和报警声,其中密码解锁根据密码发射方式的不同分为定码式和跳码式两种。定码式防盗装置的特点是密码量少,其工作原理主要是利用密码扫描器或解截码器,通过它们接收到的空间无线电信号截取主机密码,从而通过比较辨别解除防盗系统。

网络式防盗系统主要有 GPS(全球定位系统)和车载网络。车载网络主要是在城市出租车上使用。GPS 可以保证车辆在地球上的任何地点、任何时刻都能收到卫星发出的信号。GPS 防盗系统主要是靠锁定点火或起动来达到防盗的目的,同时还可通过 GPS 将报警车辆所在位置无声地传送到报警中心。因此,只要每辆移动车辆上安装的 GPS 车载机能正常的工作,再配上相应的信号传输链路(如 GSM 移动通信网络和电子地图),以及一个专门接收和处理各个移动目标发出的报警和位置信号的监控室,就可形成一个卫星定位的移动目标监控系统。GPS 汽车防盗系统有以下五大功能:

(1)定位功能。监控中心在全国范围内可随时监控某辆车的运营状况,可以 24h 不间断地检测目标车辆当前的运行位置、行驶速度和前行方向等数据。

(2)通信功能。GPS 适应信息时代的需求,在行车中可以为车主提供 GSM(全球移动通信系统)网络上的全国漫游服务。车主可以随时随地与外界和服务中心保持联络。在实际使用过程中,对劫车者也具有震慑作用。另外,它还有话费优惠和免提功能。

(3)监控功能。如果不幸遇上劫匪,可以通过 GPS 配备的脚踏/手动报警、防盗报警等报警设施与监控中心联系。

(4)停驶功能。假如爱车不幸丢失,可通过监控中心对它实行"远程控制"。监控中心在对失主所提供的信息和警情核实无误后,可以遥控该车辆,对其实行断油断电,再配合附近警方将困在车里的窃贼绳之以法。

(5)调度功能。在车辆日渐增多的大城市遇上交通堵塞时,监控服务中心可以将当前的道路堵塞和交通信息进行广播,发布中文调度指令,提高客货运效率。

由于 GPS 汽车防盗系统具有上述优点,现已被运输企业广泛使用,并逐渐成为小轿车的标准配置。

不同厂家、不同车型和不同的生产年份的汽车,其防盗报警系统有所不同,下面主要叙述近十年广泛使用的两种汽车防盗报警系统。

5.7.2 翼虎 C520 被动防盗系统(PATS)

1)非免钥匙系统

图 5-28 所示为翼虎非免钥匙被动防盗系统工作原理图,翼虎的 PATS 系统由车身电子控制模块(BCM)控制,为提高安全性,在发动机动力控制模块 PCM 和 ABS 内也集成有 PATS 功能。在点火开关打开后,BCM 模块会通过点火锁芯附近的收发器获取钥匙上存储的 PATS 信息,以验证该钥匙是否合法,如果钥匙合法,再通过网络与 PCM、ABS 进行 PATS 匹配,匹配成功则可以起动发动机,如果不合法,则无法起动车辆。

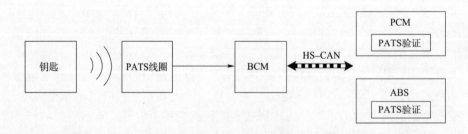

图 5-28 翼虎非免钥匙防盗系统工作原理

2)免钥匙系统

图 5-29 为翼虎免钥匙被动防盗系统工作原理图。翼虎免钥匙起动的具体工作过程如下:

(1)驾驶人按动仪表台上的起动开关,起动开关利用与其相连的线路向免钥匙模块提供一个信息输入;

（2）KVM 接收到来自起动开关的信号后，同时激活三个内部天线；

（3）内部天线对外发射低频信号，用于搜索钥匙；

（4）低频信号被钥匙获取，钥匙在处理了这个信号后，会对外发出一个高频编码信号作为应答；

（5）无线接收器用于接收高频信号，然后把编码信息通过 LIN 网络传递给 KVM；

（6）KVM 确认此信息无误，车内有合法钥匙后，通过 MS-CAN 把钥匙的编码信息传递给 BCM 并打开点火开关激活车上模块；

（7）车上模块激活后，ABS、BCM 和 PCM 会比较这个编码信息是否与其内部存储的 PATS 编码信息一致；

（8）如果三个模块均确定当前的 PATS 编码是正确的，此时踩下制动踏板，挂上 P 挡或者 N 挡的同时再次按动起动开关，发动机就可以起动了。

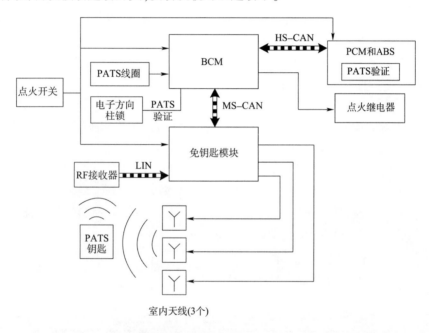

图 5-29　翼虎免钥匙系统防盗系统工作原理

如果遇到以下硬件故障，则车辆无法免钥匙起动：

（1）三个内部天线故障；

（2）KVM 模块故障；

（3）PATS 钥匙电池电量不足，此时需将 PATS 钥匙插入紧急起动锁孔（位于转向柱右侧）来起动车辆。

5.7.3　大众迈腾 B8 防盗系统

迈腾的无钥匙进入系统采用第四代无线频率识别技术，在每次车辆起动的过程中，防盗控制系统将询访经过数字编码加密的点火钥匙，如果钥匙的识别码经解密后，与系统内部的存储信息相吻合，则防盗控制器与发动机控制器通过保密通信允许发动机起动；若识别过程失败（如使用了非法钥匙或钥匙密码错误），则发动机将不能起动，确保非法用户无法使用车辆。因此，只要没有钥匙，整车的电子系统是无法起动的。因此，迈腾的无钥匙进入系统是其在车辆安全方面的一大优势。

图5-30为迈腾B8防盗系统的工作原理图，其具体工作过程如下：

（1）迈腾B8起动机运行的首要条件是需经过内部防盗系统确认当前钥匙已授权，如果验证钥匙为已授权，则将接通电源并解除防盗，同时发动机控制单元J623将点火和燃油限制解除。

（2）按下起动装置按键E378，进入及起动许可控制单元J965将处理信号、唤醒舒适系统CAN数据总线，同时查询防盗锁止系统控制单元(J519内部)是否允许接通电源。为确定车内是否有授权钥匙，进入及起动许可控制单元J965针对已匹配的钥匙通过车内天线发送一个查询码(125 kHz低频信号)。授权钥匙识别到其信号后进行编码并向J519发送一个应答器数据(433MHz高频信号)，J519将应答器数据转发给防盗锁止系统控制单元(J519内部)。防盗锁止系统控制单元(J519内部)通过比对，确认是否为已授权钥匙。如果为授权钥匙，则防盗锁止系统控制单元(J519内部)通过舒适系统CAN数据总线，向电子转向柱锁控制单元J764发送一个电子转向柱解锁命令，以打开电子转向柱(转向盘可以转动)。同时进入及起动许可控制单元(J965)向J519发送CAN消息，同时通过一条独立的导线接通电源。其他的CAN数据总线将通过数据总线诊断接口J533唤醒。

（3）在唤醒所有数据总线后，就可进行跨总线的防盗锁止系统通信。在成功完成发动机控制单元的数据比较后，防盗锁止系统控制单元将发送起动许可。如果安装有双离合变速器机械电子单元J743，那么J743还会发送查询并提出释放防盗锁止系统控制单元J362的请求。

（4）如果有一个控制单元信息对比出现错误，发动机防盗系统将被激活，激活后的现象为起动机可以运转，车辆可以起动，但起动后立即熄火。

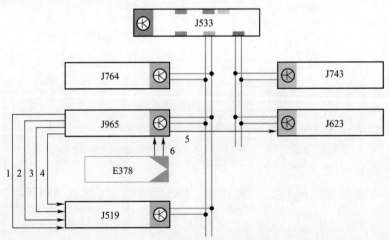

图5-30 迈腾B8防盗系统原理图

E378-起动装置按键；J519-车载电网控制单元；J533-数据总线诊断接口；J623-发动机控制单元；J743-双离合变速器机械电子单元；J764-电子转向柱锁控制单元；J965-进入及起动许可接口；1-接线端15电源信号1；2-接线端15电源信号2；3-S触点；4-唤醒信号；5-接线端50-供电请求信号；6-点火起动按键信号

5.8 汽车自动座椅

自动座椅是带存储功能的电动座椅,它是人体工程与电子技术相结合的产物,能自动适应不同体型的乘员对乘坐舒适性的要求。自动座椅的调整装置除能改变座椅的前后、高低、靠背倾斜以及头枕等的位置外,还能存储座椅位置的若干数据(或信息)。

自动座椅的基本结构及驱动方式与普通电动座椅相似,不同之处是附加了一套电子控制系统。电子控制系统有两套控制装置,一套是手动的,包括电动座椅开关、腰垫开关、腰垫电机以及一组座椅位置调整电动机等,乘员根据自身需要,通过相应的座椅开关和腰垫开关进行调整,此套控制方式与普通电动座椅完全相同。另一套是自动的,它包括一组位置传感器、储存和复位开关、ECU以及与手动系统共用的一组座椅位置调整电动机,各零部件结构位置如图5-31所示,各零部件功能如表5-7所示。

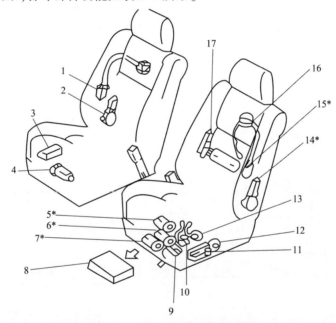

图5-31 自动座椅基本组成和安装位置示意图

1-头枕电动机;2-倾斜电动机;3-自动座椅开关;4-滑动电动机;5*-后垂直电动机;6*-前垂直电动机;7*-滑动电动机;8-自动座椅ECU;9-位置传感器(滑动);10-位置传感器(前垂直);11-自动座椅开关;12-腰垫开关;13-位置传感器(后垂直);14*-倾斜电动机和位置传感器;15*-头枕电动机;16-位置传感器(头枕);17-腰垫电动机

注:*根据存储和复位功能动作。

自动座椅各零部件功能表　　　　　　　　　　　　　　　表5-7

装置名称	功能
ECU	座椅ECU控制自动座椅的电流通断、存储执行和复位动作。当收到来自动座椅开关的输入信号后,在ECU内部的断电器动作,控制自动座椅运动。座椅的存储和复位由电驱动的倾斜和伸缩ECU和座椅ECU之间的相互联系进行控制
自动座椅开关	该开关接通时向ECU输入滑动、前垂直、后垂直、倾斜或头枕位置信号
位置储存和复位开关	通过倾斜和伸缩ECU将记忆和复位输送给座椅ECU

续上表

装置名称	功能
腰垫开关	该开关接受来自 DOOR CB 的电源，直接控制腰垫电动机的转向和电流的接通与关断。该开关不接至 ECU，而且调整位置不能储存在复位用的存储器中
位置传感器	该传感器将每个电动机(滑动、前垂直、后垂直、倾斜和头枕)位置信号送至ECU，用作存储和复位
电动机	这些电动机由来自自动座椅 ECU 或腰垫开关的电流驱动，用来直接驱动座椅的各部分。每个电动机具有内设电路断路器

此套装置可以根据位置传感器的信号将座椅位置储存起来，以备下次恢复座椅位置时使用。驾驶人可以根据不同需要，通过操纵储存与复位开关选择两套装置中的一套来使用。

自动座椅的控制电路如图5-32所示，其动作方式有座椅前后滑动调节、座椅前部的上下调节、座椅后部的上下调节、靠背的倾斜调节、头枕的上下调节以及腰垫的前后调节等。其中腰垫的前后调节是通过腰垫开关和腰垫电动机直接控制的，并无存储功能。驾驶人通过操纵电动座椅开关可以控制其余五种调节。当座椅位置调好后，按下储存和复位开关，电控装置就把各位置传感器的信号储存起来，以备下次恢复座椅位置时再用。当下次使用时，只要一按位置储存和复位开关，ECU 便驱动座椅电动机，将座椅调整到原来位置。

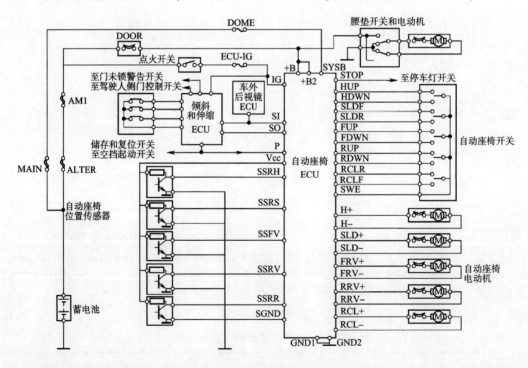

图5-32 自动座椅控制电路

5.9 风窗刮水器与洗涤装置

风窗刮水器的作用是用来清除风窗玻璃上的雨水、雪或尘土，以保证驾驶人良好的能见度。

5.9.1 风窗刮水器的组成和工作原理

风窗刮水器有前风窗刮水器和后风窗刮水器之分。按驱动装置不同,刮水器有真空式、气动式和电动式三种。目前,车辆上广泛使用的是电动刮水器。

电动刮水器主要由直流电动机、蜗轮蜗杆减速器、曲柄摇杆机构(曲柄、连杆、摆杆和机架)、刮水器臂、刮水片架和刮水片等组成,如图 5-33 所示。

通常,电动机和蜗轮箱结合成一体组成刮水器电动机总成,曲柄、曲柄摇杆机构将蜗轮的旋转运动转变为摆臂的往复摆动,使摆臂上的刮水片实现刮水动作。

5.9.2 刮水电动机的结构

刮水电动机有绕线式和永磁式两种。永磁式刮水电动机体积小、重量轻、结构简单、使用广泛。

永磁式刮水电动机主要由外壳、永久磁铁、电枢、电刷安装板、复位开关(铜环和触点)、蜗杆以及蜗轮等组成,如图 5-34 所示。

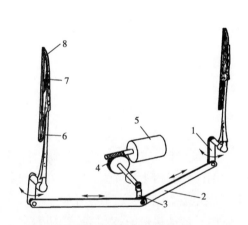

图 5-33 刮水器的组成
1-摇杆;2-连杆;3-曲柄;4-蜗轮蜗杆减速器;
5-电动机;6-刮水器臂;7-刮水片架;8-刮水片

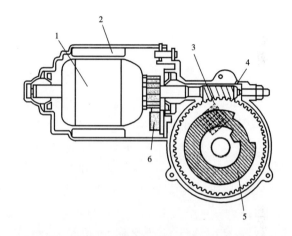

图 5-34 永磁式刮水电动机的结构
1-电枢;2-永久磁铁;3-触点;4-蜗轮;5-铜环;6-电刷

电动机电枢通电即开始转动,蜗杆驱动蜗轮,蜗轮带动曲柄旋转,曲柄通过连杆带动刮水片左右摆动。

5.9.3 刮水电动机的变速原理

为满足实际使用的要求,刮水电动机有低速、高速和间歇三个挡位且在任意时刻关闭刮水器时,刮水片均能回到风窗玻璃最下端,即自动复位。

永磁式刮水电动机是利用 3 个电刷来改变正负电刷之间串联线圈的个数实现变速的,其工作原理如图 5-35 所示。

当开关 K 与低速挡 L 接通时,刮水电动机工作,此时在电枢内所有 8 个小线圈中同时产生反电动势,每个小线圈都产生相等的反电动势,电动势的方向与电枢电流的方向相反。电枢绕组产生的反电动势的方向,如图 5-35a)所示。蓄电池电压加在电刷 B1 和 B3 之间,在电刷 B1 和 B3 之间的两条并联支路中,每条支路各有四个线圈串联。若要使电枢转动,外加电压必须克服 4 个线圈反电动势的作用。设每一个线圈反电动势为 E_f,其与转速 n 和磁通量 ϕ 成正比,蓄电池电压为 E,则 $E = 4E_f = 4C_e\phi n$。

当将刮水器开关拨向 H 高速时,则蓄电池电压加在电刷 B2 和 B3 之间,如图 5-35b)所示。线圈 1、2、3、4、8 同在一条支路中,其中线圈 8 与线圈 1、2、3、4 的反电动势方向相反,相互抵消后,使每条支路变为 3 个线圈。蓄电池电压为 E,则 $E = 3E_f$。由于电动机内部的磁场方向和电枢的旋转方向没有变化,所以各线圈内反电动势的方向与低速时相同。但是,外加电压只需平衡 3 个线圈所产生的反电动势,因此电动机的转速升高。

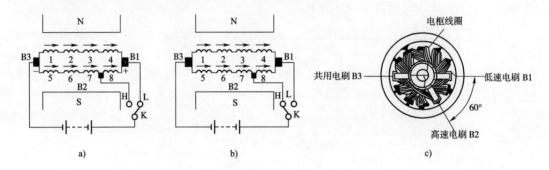

图 5-35 永磁式电动机变速原理

5.9.4 风窗刮水器与洗涤装置电路和工作原理

一汽丰田新威驰轿车刮水及喷洗器电路主要由电源、点火开关、熔断丝、刮水器电动机、清洗器电机、刮水器开关总成等组成,如图 5-36 所示。其中刮水器开关总成 D5(A)、D6(B)包括前刮水器开关、喷洗器开关和刮水器继电器。前刮水器开关有五个挡位,分别为除雾挡(MIST)、停止复位挡(OFF)、低速挡(LO)、高速挡(HI)、间歇刮水挡位(INT)。喷洗器开关有两个挡位,向上抬为 ON,否则为 OFF。刮水器继电器用于实现间歇刮水。刮水器电动机包括电动机、减速机构、复位开关、断路器。刮水器电动机共有 5 根线,分别为高速线 3(+2)、低速线 5(+1)、电源线 2(+B)、复位线 1(S)以及搭铁线 4(E)。自动复位开关是一个单掷二位自动开关,当刮水片回到风窗玻璃最低位置时,复位线 1 与搭铁线 4 导通,即触点 A 闭合;当刮水片不在风窗玻璃的最低位置时,复位线 1 与电源线 2 导通,即触点 B 闭合。当流过电动机的电流过大时(如传动机构卡死而刮水器开关接通),断路器受热断开,保护刮水器电动机。

其工作原理如下:

点火开关打到 IG 挡,点火继电器线圈电路接通,点火继电器线圈电流通路为:蓄电池正极→120A 熔断丝→25A 熔断丝→点火开关 D8→点火继电器线圈→搭铁,点火继电器常开触点闭合。

1)HI 挡电路

当前刮水器开关在 HI 位置时,电流通路为:蓄电池正极→120A 熔断丝→点火继电器触点→20A 熔断丝→刮水器开关总成端子+B→前刮水器开关"HI"触点→刮水器开关总成端子+2→刮水器电动机端子 3(+2)→高速电刷→公共电刷→断路器→刮水器电动机端子 4(E)→搭铁→蓄电池负极。

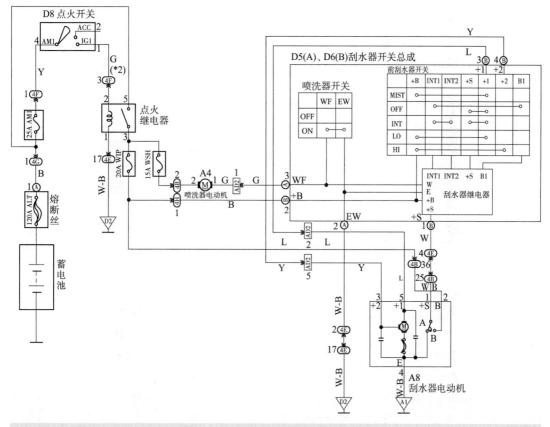

图 5-36 新威驰轿车前刮水器及喷洗器电路

2) LO/MIST 挡电路

当前刮水器开关在 LO 位置时,电流通路为:蓄电池正极→120A 熔断丝→点火继电器触点→20A 熔断丝→刮水器开关总成端子 +B→前刮水器开关"LO/MIST"触点→刮水器开关总成端子 +1→刮水器电动机端子 5(+1)→低速电刷→公共电刷→断路器→刮水器电动机端子 4(E)→搭铁→蓄电池负极。

MIST 挡与 LO 挡的区别在于:MIST 挡为点动挡,一旦松手,刮水器开关会自动回到 OFF 挡。

3) OFF 挡

(1)若刮水片没有停在风窗玻璃的最低位置,刮水器电动机将继续低速运转(复位)。低速复位电流通路为:蓄电池正极→120A 熔断丝→点火继电器触点→20A 熔断丝→刮水器电动机端子 2(+B)→复位开关触点 B→刮水器电动机端子 1(+S)→刮水器开关总成端子 +S→刮水器继电器端子 +S→前刮水器开关 INT 触点(+S→+1)→刮水器开关总成端子 +1→刮水器电动机端子 5(+1)→低速电刷→公共电刷→断路器→刮水器电动机端子 4(E)→搭铁→蓄电池负极。

(2)若刮水片回到风窗玻璃最低位置,刮水器电动机停转。由于电枢运动的惯性,电机不能立即停止转动,此时电动机以发电机方式运行,电枢产生强大的制动力矩,使电机迅速停止运转,刮水片复位到风窗玻璃最低位置。

形成制动电流的通路为:电枢绕组→低速电刷→刮水器电动机端子 5(+1)→刮水器开关总成端子 +1→OFF 触点(+1→+S)→刮水器继电器端子 +S→刮水器开关总成端子 +S→刮水器电动机端子 1(+S)→自动复位开关触点 A→断路器→电枢绕组。

4)INT 挡电路

当前刮水器开关在 INT 位置时,刮水器继电器工作,刮水器继电器端子 +B 和端子 +S 不断接通和断开。当端子 +B 和端子 +S 接通时,蓄电池向刮水器电动机供电回路为:蓄电池正极→120A 熔断丝→点火继电器触点→20A 熔断丝→刮水器开关总成端子 +B→刮水器继电器端子 +B→刮水器继电器端子 +S→前刮水器开关 INT 触点(+S→ +1)→刮水器开关总成端子 +1→刮水器电动机端子 5(+1)→低速电刷→公共电刷→断路器→刮水器电动机端子 4(E)→搭铁→蓄电池负极。此时,电动机低速旋转。

然后,刮水器继电器端子 +B 和端子 +S 断开,电动机转动时,复位开关的触点 A 断开,触点 B 闭合,电流继续流至电动机的低速电刷,电动机低速运转,此时电流通路同低速复位电流通路。当刮水器刮至停止位置时,复位开关触点 B 断开,触点 A 闭合,电动机停止转动。

5)喷洗器挡

喷洗器开关位于 ON(向上推)时,喷洗器电机运转,喷出玻璃清洗液。其电路为:蓄电池正极→120A 熔断丝→点火继电器触点→15A 熔断丝→喷洗器电机 2 号端子→喷洗器电动机 1 号端子→刮水器开关总成端子 WF→喷洗器开关 ON 触点(WF→EW)→刮水器开关总成端子 EW→搭铁→蓄电池负极。

与此同时,由于刮水器继电器端子 W 通过喷洗器开关搭铁,使刮水器继电器端子 +B 和 +S 接通,其电路为:蓄电池正极→120A 熔断丝→点火继电器触点→20A 熔断丝→刮水器开关总成端子 +B→刮水器继电器端子 +B→刮水器继电器端子 +S→刮水器开关 INT 触点(+S→ +1)→刮水器开关总成端子 +1→刮水器电动机端子 5(+1)→低速电刷→公共电刷→断路器→前刮水器电动机端子 4(E)→搭铁→蓄电池负极。这样就实现了一边喷水一边刮水。

图 5-37 为迈腾 B8L 刮水器工作原理图,迈腾刮水器电路图主要由间歇式刮水器运行开关、转向柱电子装置控制单元、刮水器电动机控制单元、车窗玻璃清洗泵、雨水与光线识别传感器等组成。迈腾刮水器开关 E22 有五个挡位,即高速挡、低速挡、间歇挡、关闭挡及点动挡。当驾驶人操纵刮水器开关 E22 至不同挡位时,间歇式刮水器运行开关 E22 通过电压差值情况把信号传给转向柱电子装置控制单元 J527,J527 和车载电网控制单元 J519 通过 CAN 线通信,然后由 J519 通过 LIN 线控制刮水器电动机模块 J400,实现高速、低速、间歇刮水、停止复位、玻璃清洗等功能。雨水与光线识别传感器 G397 安装在风窗玻璃上方,它可以感知雨量大小及光线强弱,并通过 LIN 线将信号传给 J519,J519 再综合其他信息(如车速等)控制刮水器电动机以不同的速度刮水。

5.9.5 风窗玻璃刮水器/洗涤装置的故障检修

在对风窗玻璃刮水器系统的故障进行检修之前,首先要确定是电路故障还是机械故障。其检查方法是从电动机上拆下连接刮水片的机械臂,接通刮水器系统,观察电动机的运行。

如果电动机运行正常,则是机械问题。

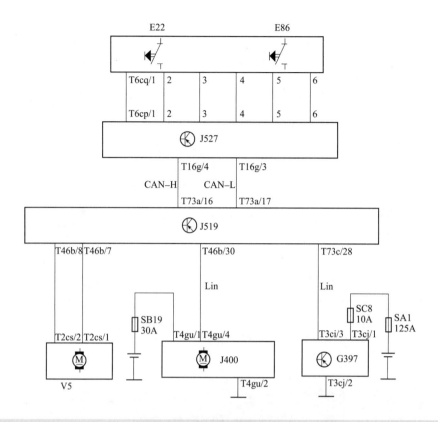

图 5-37　迈腾 B8L 刮水器工作原理
E22-间歇式刮水器运行开关;E86-多功能显示器调用按钮;J527-转向柱电子装置控制单元;J519-车载电网控制单元;
J400-刮水器电动机控制单元;V5-车窗玻璃清洗泵;G397-雨水与光线识别传感器

风窗玻璃刮水器系统常见故障有:刮水器不工作、间歇性工作、持续操作以及刮水片不能复位等。下面以丰田新威驰轿车风窗玻璃刮水器系统为例,介绍其常见故障的诊断方法。

1)刮水器不工作

(1)故障现象:刮水器在所有挡位均不能工作。

(2)故障原因:电路方面的原因可能是刮水电动机绕组断路,熔断丝断路,线路连接松动、断路或搭铁不良,刮水器控制开关接触不良或继电器触点接触不良。

机械方面的原因可能是蜗轮蜗杆脱离啮合或损坏,杆件连接松脱或损坏,刮水片、传动机构等卡住。刮水器不工作的故障诊断步骤如图 5-38 所示。

2)刮水器速度比正常慢或转动无力

若刮水器各挡位的速度均比正常慢,应首先检查刮水电动机电源线路上的电压是否正常,若电压偏低或过低,则应检查刮水器电路中的中间继电器、熔断丝、控制开关等部件上的接线端子插接是否牢固,部件工作是否正常。若电压正常,则应检查刮水电动机上的电刷与换向器间接触是否良好,电动机轴承以及蜗轮润滑是否良好。

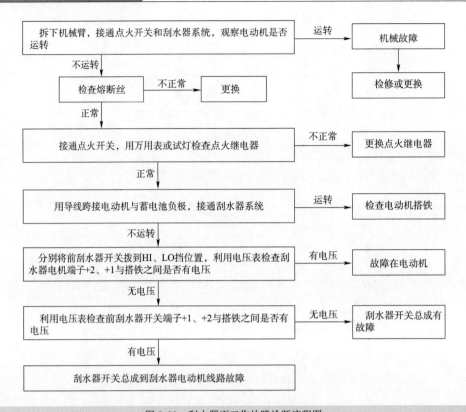

图5-38 刮水器不工作故障诊断流程图

实训项目9 刮水器电路识别和故障判断

（1）每3~5名学生组成1个工作小组，确定1名小组长，接受工作任务，做好工作准备。

（2）阅读工作单，查阅维修手册或实训指导书和丰田新威驰整车的电路图，按照工单要求画出刮水器电路。

（3）根据工作单的引导，完成刮水器系统零部件认识、工作原理描述等学习任务。

（4）按照工作单要求完成刮水器主要零部件及其控制电路的检测，将检测结果记录在工作单的相应栏目，并对检测结果作出分析。

（5）设置刮水器电路的故障。

（6）按照工作单的引导，根据待修刮水器的故障现象，讨论故障原因、检测方法和步骤。

（7）确定小组人员工作分工，向实训指导教师汇报讨论结果，经指导教师同意后，开始下一步的工作。

（8）按照工作单的引导，完成刮水器不工作故障的诊断和检修工作。

（9）回答指导教师的现场提问，接受指导教师的技能考核。

（10）完成工作任务后，对工作过程进行自我评价和小组互评，听取指导教师的点评。

(11)清洁工作场所,清点维护工具设备,完成任务交接。

5.10 喇叭

1)喇叭的作用与类型

汽车上都装有喇叭,用喇叭声音来提示行人和其他车辆,引起注意,以保证行车安全。

喇叭按发音动力有气喇叭和电喇叭之分;按外形有螺旋形、筒形、盆形之分;按声频有高音和低音之分;按接线方式有单线制和双线制之分。

气喇叭利用气流使金属膜片振动产生音响,外形一般为筒形。由于声音太强已被禁止使用。

电喇叭利用电磁力使金属膜片振动产生音响,其声音悦耳,广泛使用于各种类型的汽车上。

电喇叭按有无触点可分为普通电喇叭和电子电喇叭。普通电喇叭主要是靠触点的闭合和断开,控制电磁线圈激励膜片振动而产生音响的;电子电喇叭中无触点,它是利用晶体管电路激励膜片振动产生音响的。

在中小型汽车上,由于安装位置限制,多采用螺旋形和盆形电喇叭。盆形电喇叭具有体积小、质量轻、噪声小等优点。

2)喇叭的控制电路和工作原理

为了得到更加悦耳的声音,在汽车上常装有两个不同音调(高、低音)的喇叭,其中高音喇叭膜片厚,扬声筒短,低音喇叭则相反。有时甚至用3个(高、中、低)不同音调的喇叭,以使喇叭声更加悦耳。

喇叭电路主要有喇叭、喇叭继电器和喇叭按钮等组成,如图5-39所示。其喇叭继电器安装在发动机舱盖下的接线盒内,通过一个15A的熔断器与电源30端子连接,另外两端分别连接喇叭按钮和喇叭。喇叭继电器的作用是减小通过喇叭按钮的电流,防止喇叭按钮烧蚀。

当按下喇叭按钮时,蓄电池电流通路为:30端子→熔断器→喇叭继电器线圈→转向灯开关(仅起通路作用)→转向盘上滑环→转向盘上喇叭按钮→蓄电池负极。在喇叭继电器线圈磁力作用下,喇叭继电器触点闭合,接通高低音喇叭。当松开喇叭按钮时,喇叭继电器线圈内电流被切断,磁力消失,触点在弹簧力作用下打开,即可切断喇叭电路,使喇叭停止发音。

喇叭继电器线圈还与防盗ECU连接,在非法使用和移动汽车时防盗ECU接通继电器线圈,使喇叭响起。

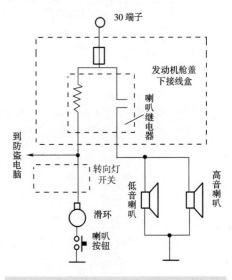

图5-39 别克汽车喇叭电路

3)普通电喇叭的构造与工作原理

(1)筒形、螺旋形电喇叭。筒形、螺旋形电喇叭的构造如图5-40所示,其主要机件由山形铁芯 5、线圈 11、衔铁 10、膜片 3、共鸣板 2、喇叭筒 1、触点 16 以及电容器 17 等组成。膜片 3 和共鸣板 2 通过中心杆 15 与衔铁 10、调整螺母 13、锁紧螺母 14 联成一体。

当按下喇叭按钮时,电流由蓄电池正极→正极接线柱→线圈 11→触点 16→负极接线柱→蓄电池负极。当电流通过线圈 11 时,产生电磁吸力,吸下衔铁 10,中心杆 15 上的调整螺母 13 压下活动触点臂,使触点 16 分开而切断电路。此时,线圈 11 电流中断,电磁吸力消失,在弹簧片 9 和膜片 3 的弹力作用下,衔铁又返回原位,触点闭合,电路又重新接通。此后,上述过程反复进行,膜片不断振动,从而发出一定音调的音波,由喇叭筒 1 加强后传出。

共鸣板与膜片刚性连接,在振动时发出谐音,使声音更加悦耳。

为了减小触点火花,保护触点,在触点 16 之间并联了一个电容器(或消弧电阻)。

(2)盆形电喇叭。盆形电喇叭工作原理与上述相同,其结构如图 5-41 所示。电磁铁采用螺管式结构,铁芯 9 上绕有线圈 2,上、下铁芯间的气隙在线圈 2 中间,所以能产生较大的吸力。盆形电喇叭无喇叭筒,而是将上铁芯 3、膜片 4 和共鸣板 5 固装在中心轴上。当电路接通时,线圈 2 产生吸力,上铁芯 3 被吸下与铁芯 1 碰撞,产生较低的基本频率,并激励与膜片一体的共鸣板 5 产生共鸣,从而发出比基本频率强得多且分布又比较集中的谐音。为了保护触点,在触点 7 之间同样也并联了一个电容器(或消弧电阻)。

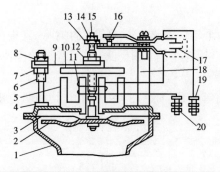 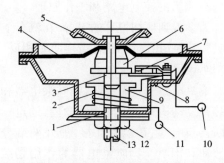

图 5-40 筒形、螺旋形电喇叭
1-喇叭筒;2-共鸣板;3-膜片;4-底板;5-山形铁芯;6-接线螺柱;7、13-调整螺钉;8、12、14-锁紧螺母;9-弹簧片;10-衔铁;11-线圈;15-中心杆;16-触点;17-电容器;18-导线;19-负极接线柱;20-正极接线柱

图 5-41 盆形电喇叭
1-下铁芯;2-线圈;3-上铁芯;4-膜片;5-共鸣板;6-衔铁;7-触点;8-调整螺钉;9-铁芯;10-负极端子;11-正极端子;12-锁紧螺母;13-调整螺钉

4)电喇叭的调整

不同形式的电喇叭,其构造不完全相同,所以调整方法也不一样,但其原理是基本相同的。电喇叭的调整包括音调和音量的调整。

(1)音调的调整。减小衔铁与铁芯间的间隙,可以提高音调。为此,可先拧松锁紧螺母 8 和 12(图 5-40),再拧松调整螺钉 7,并转动衔铁 10,减小衔铁与铁芯间的间隙;反之,增大间隙,则音调降低。衔铁与铁芯的间隙一般为 0.5~1.5mm。间隙太小会发生碰撞,间隙太大则吸不动衔铁。

调整时铁芯要平整,铁芯与衔铁四周的间隙要均匀,否则会产生杂音。

(2)喇叭音量的调整。电喇叭音量的大小与通过喇叭线圈中的电流大小有关。需增大音量时，可先松开锁紧螺母14（图5-39），再拧松调整螺钉13，使触点的压力增大。由于触点闭合的时间增长，通过线圈的电流增大，所以音量也相应增大；反之，喇叭音量就减小。

额定电压为12V时，通过触点的电流一般为7.5A（双音喇叭为15A）。

盆形喇叭的音调和音量的调整，如图5-42所示。通过旋转调整螺钉来改变触点的接触压力，即可改变音量的大小。

此外，喇叭触点应保持清洁，其接触面积不应低于80%。如果有严重烧蚀，应及时进行检修。

5）电喇叭常见故障及排除

（1）喇叭不响。喇叭不响的原因和检查方法如下：

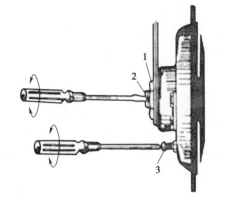

图5-42 盆型喇叭调整
1-锁紧螺母；2-音调调整螺钉；3-音量调整螺钉

①喇叭按钮、滑环或转向灯开关接触不良：可用跨接线将继电器"按钮"接线柱搭铁，如声音正常，则为喇叭按钮、滑环或转向灯开关接触不良。

②喇叭搭铁不良：可用跨接线将喇叭壳体或喇叭负极线搭铁，按下按钮，如声音正常，则为喇叭搭铁不良。

③喇叭故障：可用跨接线将喇叭正负极直接与蓄电池连接，如声音不正常，则为喇叭故障。

④喇叭继电器故障：拔出继电器检查继电器电源，若电源正常，则检查继电器。

⑤喇叭"嗒"一声后不响：原因为喇叭触点烧蚀，不能打开，灭弧电阻或触点间短路。

（2）喇叭声响不正常。当按下喇叭按钮时，喇叭音响沙哑、发闷或刺耳，应从引起故障的外部原因着手。首先检查蓄电池存电是否充足，如蓄电池电量充足，则为喇叭及其电路故障，如喇叭搭铁不良、喇叭膜片损坏、喇叭触点烧蚀或接触不良、衔铁与铁芯的间隙和触点间隙不正常。

6）电喇叭的维护

经常保持喇叭外表清洁，各接线要牢固。

经常检查、紧固喇叭和支架的固定螺钉，保证其搭铁可靠。

喇叭的固定方法对其发音影响较大。为了使喇叭的声音正常，喇叭不能刚性安装在车架上，而应固定在缓冲支架上，即在喇叭与固定支架之间要装有片状弹簧或橡皮垫。

经常检查发电机输出电压。电压过高会烧坏喇叭触点，电压过低（低于喇叭的额定电压），会使喇叭发出异常声音。

洗车时，不能用水直接冲洗喇叭筒，以免水进入喇叭筒而使喇叭不响。

在检修喇叭时，应注意各金属垫和绝缘垫的位置，不可装错。

喇叭连接发音不得超过10s，以免损坏喇叭。

5.11 安全气囊

1）汽车安全气囊的作用

当汽车遭受碰撞导致车速急剧变化时，气囊迅速膨胀，在驾驶人、乘员与车内构件之间迅速铺垫一个气垫,使驾驶人、乘员头部与胸部压在充满气体的气囊上,利用气囊的阻尼作用和气囊排气节流的阻尼作用来吸收人体惯性力产生的动能,从而减轻人体遭受伤害的程度。据统计,使用安全气囊的汽车在相撞时,可使头部受伤率减少25%,面部受伤率减少80%左右。这里特别强调:汽车安全气囊要通过绑定安全带才能起作用。即上面所说的汽车安全气囊作用是在驾驶人或乘客绑定安全带情况下的统计。如果没有绑定安全带,仅靠汽车安全气囊基本起不到保护作用。

2)汽车安全气囊系统的组成

汽车安全气囊系统主要由碰撞传感器、安全气囊控制组件(安全气囊ECU)、安全气囊组件、安全气囊系统指示灯(SRS)和故障诊断座主要部件组成,如图5-43所示。

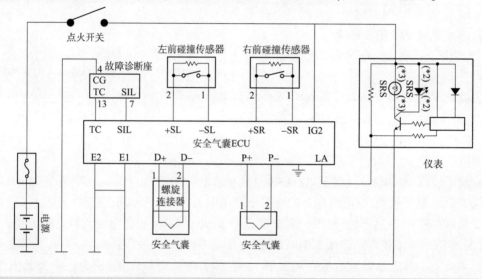

图5-43 丰田新威驰安全气囊系统电路图

(1)碰撞传感器:碰撞传感器的作用是检测出车辆发生碰撞时的冲击或减速度值,当减速度达到一定值时,其内部触点闭合。该触点闭合信号即为安全气囊的起爆信号。将触点闭合信号传递给安全气囊ECU,用于判断是否需要引爆安全气囊。

(2)安全气囊ECU:安全气囊ECU内部包括电源电路、信号识别判断电路、点火电路和安全传感器、中央传感器。其功用是接收碰撞传感器及其他各传感器输入的信号,判断是否需要引爆气囊,然后通过点火电路,为安全气囊点火器供电引爆安全气囊,并对系统故障进行自诊断。安全传感器的作用是防止误引爆,只有当信号识别判断电路同时接收到安全传感器和碰撞传感器的信号时,才能通过点火电路引爆安全气囊。中央传感器的作用是,碰撞时万一碰撞传感器损坏和碰撞传感器线路故障,安全气囊ECU无法接收到碰撞传感器传来的引爆信号,此时安全气囊ECU还可根据安全传感器和中央传感器信号引爆安全气囊,提高安全气囊系统的可靠性。

(3)安全气囊组件:主要由气囊、螺旋连接器、点火器、气体发生器组成。驾驶人位置的安全气囊下方螺旋连接器的作用是连接安全气囊和安全气囊ECU并保证转动转向盘时电路可靠连接。点火器的作用是接收安全气囊ECU传来的点火信号,点燃气体发生器。气体发生器依靠点火器的热量,点燃固态燃料并产生气体向气囊充气,使气囊迅速膨胀。气囊表面还具有2~4个排气孔。当驾驶人在惯性力作用下压到气囊上时,气囊受压便从排气孔排气,持续时间不到1s,从而吸收驾驶人与气囊碰撞的动能,使人体不致受到伤害,并防止驾驶人和乘员憋气导致暂时昏迷。

(4)SRS指示灯:用于指示安全气囊的工作状态,当系统发生异常时,SRS指示灯自动点亮报警。

(5)故障诊断座:SRS指示灯点亮,汽车安全气囊系统有故障时,可以通过解码器读取故障码,还可通过短接故障诊断座4号端子CG和13号端子TC人工读取故障码。

3)汽车安全气囊系统工作过程

起动前接通点火开关IG挡,蓄电池通过点火开关给安全气囊ECU和组合仪表供电,同时给安全气囊ECU内部的一个大电容器充电。安全气囊ECU通电后开始自检,通过LA端子控制组合仪表内部的SRS指示灯点亮。大约6s后,如果安全气囊系统所有的传感器、执行元件和相关电路没有故障,SRS指示灯熄灭,如有故障,SRS指示灯将一直点亮。

汽车发生碰撞时,安全气囊ECU内部的安全传感器首先产生引爆信号,紧接着前碰撞传感器也产生引爆信号,当信号识别判断电路同时接收到安全传感器和碰撞传感器的信号后,通过点火电路给安全气囊内部的点火器供电引爆安全气囊。

汽车发生碰撞时,即便是蓄电池脱落、电源电路短路等情况出现,安全气囊ECU内部的电容器还可以保证给安全气囊ECU供电3s以上,保证引爆安全气囊。有的安全气囊ECU内部还安装有12V的23A充电电池,以提高汽车安全气囊系统工作的可靠性。

汽车发生碰撞时,即使碰撞的第一时间将前碰撞传感器的电路全部碰断,安全气囊ECU内部的中央传感器还可以产生引爆信号,通过点火电路给安全气囊内部的点火器供电引爆安全气囊,进一步提高可靠性。只不过中央传感器产生引爆信号需要的减速度比较大,安全气囊引爆的时间会有所延迟。

思考与练习

一、名词解释

1. 一键升降。
2. 门控开关。
3. 门锁位置开关。
4. 曲柄摇杆机构。

二、填空题

1. 刮水器的作用是刮除风窗玻璃上的_____、_____或_____,确保驾驶人有良好的视野。
2. 电动刮水器由_____、_____、_____三大部分组成。
3. 刮水电动机基本上都是_____式直流电动机。
4. 刮水器一般具有_____挡、_____挡、_____挡、_____挡、_____挡功能。有的刮水器还有_____挡。

5. 刮水器电动机是采用改变两刷间_____的方法进行调速的。

6. 汽车刮水器的间歇工作挡,是在_____或_____天气行驶时使用的。

7. 刮水器分_____和_____两部分。

8. 刮水器的传动机构一般由_____机构和_____机构组成。

9. 电动车窗由_____、_____、_____、_____等装置组成。

10. 电动车窗电动机为_____电动机。

11. 各电动车窗电路中,一般设有_____或_____,以免电动机因超载_____而烧坏。

12. 电动玻璃升降器传动机构常见有_____和_____两种。

13. 有些高级轿车的电动座椅由_____驱动。

14. 改变电喇叭铁芯气隙可以改变电喇叭的_____,改变电喇叭触点预压力可改变电喇叭的_____。

三、选择题

1. 电动车窗中的电动机一般为(　　)。
   A. 单向直流电动机
   B. 双向交流电动机
   C. 永磁双向直流电动机

2. 检查电动车窗左后电动机时,用蓄电池的正负极分别接电动机连接器端子后,电动机转动,互换正负极和端子的连接后,电动机反转,说明(　　)。
   A. 电动机状况良好
   B. 不能判断电动机的好坏
   C. 电动机损坏

3. 在电动座椅中,一般一个电动机可完成座椅的(　　)。
   A. 1个方向的调整　　　　B. 2个方向的调整　　　　C. 3个方向的调整

4. 每个电动后视镜的后面都有(　　)电动机驱动。
   A. 1个　　　　　　　　B. 2个　　　　　　　　C. 4个

5. 中控门锁系统中的门锁控制开关用于控制所有门锁的上锁和解锁状态,其安装在(　　)。
   A. 驾驶人侧车门的内侧扶手上
   B. 每个门上
   C. 门锁总成中

6. 中控门锁系统中的门锁按钮用于一个门锁的上锁和解锁状态,其安装在(　　)。
   A. 驾驶人侧车门的内侧扶手上
   B. 每个门上
   C. 门锁总成中
   D. 每个门的内侧扶手上

7. 门锁位置开关位于(　　)。
   A. 驾驶人侧车门的内侧扶手上

B. 每个门上

C. 门锁总成中

8. 门控开关位于（　　）。
   A. 每个门的门框上面　　　B. 每个门上　　　C. 门锁总成中
9. 门锁控制开关的作用是（　　）。
   A. 在任意车门内侧实现一个门开锁和锁门动作
   B. 在任意车门内侧实现所有门开锁和锁门动作
   C. 在驾驶人侧车门内侧实现开锁和锁门动作
10. 安全气囊系统具有的传感器有（　　）。
    A. 前碰撞传感器　　　　　　B. 中央传感器
    C. 安全传感器　　　　　　　D. 前碰撞传感器、中央传感器和安全传感器
11. 汽车发生交通事故导致安全气囊起爆。正常情况下是（　　）的信号引起。
    A. 前碰撞传感器　　　　　　B. 中央传感器
    C. 前碰撞传感器和安全传感器　　D. 中央传感器和安全传感器

四、判断题（对的画"√"，错的画"×"）

1. 电动车窗一般装有两套开关，分别为总开关和分开关，这两个开关之间是互相独立的。（　　）
2. 每个电动后视镜的镜片后面都有4个电动机来实现后视镜的调整。（　　）
3. 永磁式刮水电动机是通过改变正负电刷之间串联线圈的个数实现变速的。（　　）
4. 电动车窗的电动机在初始状态下两端接蓄电池负极。（　　）
5. 电动后视镜的电动机在初始状态下两端接蓄电池负极。（　　）
6. 使刮水器摆动的传动机构是曲柄摇杆机构。（　　）
7. 双速永磁式风窗刮水电动机用了两只电刷。（　　）
8. 喇叭的音调调整是调整膜片的振动频率。（　　）
9. 喇叭的音量调整是调整经过喇叭触点的平均电流。（　　）
10. 安全气囊系统的中央传感器作用是防止误触发引爆安全气囊。（　　）

五、简答题

1. 电动车窗主要由哪些部件组成？其中升降机构有哪几种？
2. 何谓电动车窗手动升降？何谓自动升降？
3. 根据迈腾轿车的电动车窗电路图，分析驾驶人侧如何控制右后玻璃升降？
4. 分析门锁的工作过程。
5. 防盗系统报警的触发开关有哪些？如何触发？
6. 简述两速永磁式刮水电动机的工作原理。
7. 结合电动车窗、电动座椅、电动后视镜和中控门锁的相关知识，分析双向电动机的检查思路。

单元 6

照明和灯光信号系统故障检修

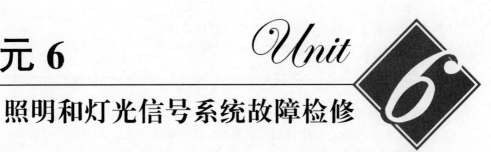

学习情境

某 4S 店接到施救电话,一辆奥迪 A6L 汽车在夜间行驶时,前照灯突然不亮了,只能把汽车停在路边。因为如果还继续强行驾车行驶,很容易造成交通事故。经过施救维修人员更换熔断器后,前照灯还是不亮。接着用蓄电池高率放电计对蓄电池进行检测,确认蓄电池正常,因此怀疑是器件本身的故障或线路存在故障,故将汽车拖回,交由汽车电气维修组进一步检查维修。

生产任务一　前照灯不亮故障检修

1)工作对象

需进行汽车照明和灯光信号系统维修的汽车一辆。

2)工作内容

(1)确认故障现象,对故障现象进行描述;

(2)进行资料收集,学习相应的理论知识;

(3)分析故障原因;

(4)讨论确定故障诊断流程(故障树),填写决策表;

(5)分析确定任务实施步骤,进行人员分工,填写计划表;

(6)进行故障检修:

①准备工作,借工具设备等;

②按实施步骤进行操作;

③记录相应数据;

④分析查找故障原因;

⑤进行故障修复;

⑥确认故障已修复。

(7)进行自检、互检,讨论诊断流程优化,填写检查表;
(8)配合教师进行教学评价。
3)工作目标与要求
(1)认识前照灯的功用、类型、结构;
(2)认识前照灯电路;
(3)熟悉前照灯的使用;
(4)能进行前照灯的检测与调整;
(5)能进行前照灯的拆装与更换;
(6)能进行前照灯的故障分析与诊断;
(7)能进行团队成员的有效沟通与协作。

相关知识一

6.1 汽车照明和灯光信号系统的组成

为保证汽车行驶的安全性、提高车辆的利用率、减少交通事故和机械事故的发生,汽车上都装有多种照明设备和灯光信号系统,俗称灯系。

汽车照明系统主要用于汽车在夜间行车时,照明道路、标示车宽度、车内照明、查看仪表和夜间检修等。照明系统由电源、照明装置和控制部分组成。控制部分包括各种灯光开关和继电器等。照明装置包括外部灯、内部灯和工作照明灯。汽车照明系统的组成与作用如表6-1所示。

汽车照明系统的组成与作用　　　　　　表6-1

名称	安装位置	作用	功率
前照灯(又称大灯、头灯)	安装在汽车前部	用来照亮车前的道路,分为两灯制和四灯制。两灯制是指在汽车前端左右各装一个前照灯,四灯制是指在汽车前端左右各装两个前照灯	远光灯:40~60W;近光灯:35~55W
示廓灯(又称小灯、示宽灯、驻车灯,车辆后方的也可称尾灯)	安装在汽车前部和后部	汽车在夜间或光线昏暗路面上行驶或停车时,标示车辆的轮廓或位置。前灯为白色,后小灯为红色	5~10W
牌照灯	安装在汽车尾部的牌照上方	夜间照亮汽车牌照,灯光为白色	5~15W
仪表灯	安装在汽车仪表板上	用于夜间照亮仪表,灯光为白色	2~8W
顶灯	安装在驾驶室的顶部	用于驾驶室内部照明,灯光为白色	5~8W
雾灯	安装在汽车前部和后部	在能见度较低的雨雾天气时进行照明,以提高行车安全。灯光一般采用波长较长的黄色、橙色或红色,因其穿透性较强,安装在后部的后雾灯一般只有一个	35~55W

续上表

名　称	安装位置	作　用	功率
转向灯	安装在汽车前部、后部、左右侧面（或后视镜上）	表示汽车的运行方向。左右转向灯同时闪亮时，表示有紧急情况。灯光为黄色	20W 以上
制动灯（又称刹车灯）	安装在汽车后部	在汽车制动停车或减速行驶时，向后车发出灯光信号，以警告尾随的车辆，防止追尾。灯光为红色	20W 以上
倒车灯	安装在后部	向其他的车辆和行人发出倒车信号；夜间倒车照明。灯光为白色	20W 以上
系统工作指示灯	安装在仪表板上	指示某一系统是否处于工作状态。灯光为红色（如远近光指示灯、转向指示灯、雾灯工作指示灯、空调工作指示灯、驻车制动指示灯、收放机工作指示灯、自动变速器挡位指示灯等）	2W
报警灯	安装在仪表板上	监测汽车某一工作系统的技术状况，当出现异常情况时发出报警灯光信号。灯光为红色、绿色或黄色（如发动机故障报警灯、机油报警灯、冷却液温度报警灯等）	2W

注：此外，汽车的照明系统还有工作灯、门灯、踏步灯、行李舱灯、阅读灯等。

6.1.1 外部灯

外部灯包括车辆前面的前照灯、前示廓灯、前转向灯、前雾灯等。现在汽车基本都是使用组合灯，如图 6-1 所示。车辆后面有倒车灯、牌照灯、后示廓灯、制动信号灯、前转向灯和后雾灯等，如图 6-2 所示。

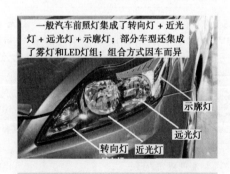

图 6-1　轿车组合灯

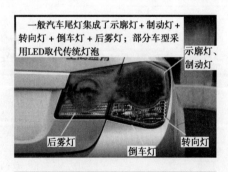

图 6-2　轿车后面灯位置图

6.1.2 内部灯

1) 仪表灯

仪表灯用于夜间照亮仪表板，使驾驶人能迅速看清仪表。示廓灯亮时，仪表灯同时亮。有些车辆还加装了灯光控制变阻器，使驾驶人能调整仪表灯的亮度。

2) 顶灯

顶灯用于车内乘客照明，但必须不致使驾驶人炫目。通常，客车内部灯均位于驾驶室中部,使车内灯光分布均匀。

6.1.3 工作照明灯

工作照明灯包括:行李舱灯、发动机舱盖灯等,还有仪表板上的各种指示灯和报警灯。具体在仪表部分叙述。

常用照明与信号装置灯的一般规格,见表6-2。

常用照明与信号装置灯的规格　　　　表6-2

名称	规格	名称	规格
前照灯	12V 60/50W	牌照灯	12V 4W
前雾灯	12V 55W	内照灯	12V 10W
后雾灯	12V 21W	行李舱灯	灯管
倒车灯	12V 21W	转向信号灯	12V 21W
停车灯	12V 21W	仪表照明灯	12V 1.2W
制动灯	12V 21W	各开关、空调板、点烟器照明灯	12V 1.2W

现代汽车上的灯光系统电路,若以一盏灯的电路来说是非常简单的,但是由于灯光很多,因此造成灯光系统电路非常复杂。虽然主灯光系统大致相同,但是具体到各车型,区别还是很大的,所以,维修某车型的灯光系统时,要参考该车型的维修手册。

6.2 前照灯

6.2.1 前照灯的基本要求

按照《机动车运行安全技术条件》(GB 7258—2017)对前照灯主要有照明距离和位置、防炫目装置和发光强度的要求。

1)前照灯照明距离的要求

为保证行车安全,要使驾驶人能辨明车前100m以内路面上的任何障碍物。要求汽车远光灯的照明距离大于100m。这个数据是依据汽车的行驶速度而定的。随着现代汽车行驶速度的提高,照明距离的要求会有所增大。现在有些汽车的前照灯照明距离已达到200～250m。汽车近光灯的照明距离在50m左右。位置的要求主要是照亮照明距离内的整段路面和不得偏离路面两点。

2)前照灯防炫目要求

前照灯应具有防炫目装置,以免夜间两车交会时使对面汽车的驾驶人炫目而导致交通事故。夜间两车交会时使用,光束向下倾斜,照亮车前50m内路面,从而避免迎面来车的驾驶人炫目。

3)前照灯发光强度的要求

在用车远光发光强度为:二灯制不小于15000cd(坎德拉),四灯制不小于12000cd(坎德拉);新注册车远光发光强度为:二灯制不小于18000cd(坎德拉),四灯制不小于15000cd(坎德拉)。

随着车辆高速化的发展,有些国家开始试行三光束系统。三光束系统是高速远光、高速近光、近光。在高速公路上行驶时,用高速远光;在无迎面来车的道路上行驶或在高速公路会车时用高速近光,在有迎面来车和市区运行时,使用近光。

6.2.2 前照灯的结构

汽车前照灯一般由灯泡、反射镜、配光镜(散光镜)三部分组成,如图6-3所示。

1) 灯泡

汽车前照灯使用的灯泡有白炽灯泡、卤钨灯泡、新型高亮度弧光灯等。

(1) 白炽灯泡:其灯丝用钨丝制成(钨的熔点高、发光强)。制造时,为了增加灯泡的使用寿命,灯泡内充入惰性气体(氮及其混合惰性气体)。这样可减少钨丝蒸发,提高灯丝的温度,增强发光效率。白炽灯泡的结构如图6-4a)所示。白炽灯泡发出淡黄色的光线。

(2) 卤钨灯泡:卤钨灯泡是在充入的惰性气体中渗入某种卤族元素(如碘、氯、氟、溴等),利用卤钨再生循环反应的原理,即从灯丝上蒸发出来的气态钨与卤素反应生成了一种挥发性的卤化钨,它扩散到灯丝附近的高温区,又受热分解,使钨重新回到灯丝上,被释放出来的卤素继续扩散参与下一次循环反应,如此周而复始地循环下去,从而防止了钨的蒸发和灯泡的发黑现象,其结构如图6-4b)所示。卤钨灯泡尺寸小,灯泡壳用耐高温、机械强度较高的石英玻璃制成,在相同功率下,卤钨灯的亮度为白炽灯的1.5倍,寿命比白炽灯长2~3倍。由于卤钨灯泡的灯丝温度高,故卤钨灯泡发出白色的光线。

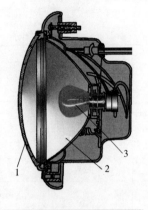

图6-3 前照灯的组成图
1-配光镜;2-反射镜;3-灯泡

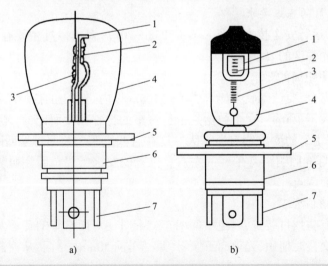

图6-4 前照灯的灯泡
a)白炽灯泡;b)卤钨灯泡
1-配光屏;2-近光灯丝;3-远光灯丝;4-灯壳;5-定焦盘;6-灯头;7-插片

目前,汽车前照灯用灯泡的额定电压有12V和24V两种。灯泡的灯丝由功率大的远光灯丝和功率较小的近光灯丝组成,将钨丝制作成螺旋状,以缩小灯丝的尺寸,有利于光束的聚合。

为了保证安装时,远光灯丝位于反射镜的焦点上、近光灯丝位于焦点的上方,故将灯泡的插头制成插片式。插头的凸缘上有半圆形开口,与灯头上的半圆形凸起配合定位。三个插片插入灯头距离不等的三个插孔中,保证其可靠连接,如图6-5所示。

(3)新型高亮度弧光灯:这种灯的灯泡里没有传统的灯丝,取而代之的是装在石英管内的两个电极。管内充有氙及微量金属(或金属卤化物),当在电极上有足够的引弧电压(5000～12000V)时,气体开始电离而导电,气体原子处于激发状态,由于电子发生能级跃迁而开始发光。0.1s后,电极间蒸发了少量水银蒸气,电源立即转入水银蒸气弧光放电,待温度上升后再转入卤化物弧光灯工作。达到灯泡正常工作温度后,维持电弧放电的功率很低(约35W),故可节约40%的电能。

新型高压放电氙灯的组件系统由弧光灯组件、电子控制器和升压器三大部件组成,外形及原理如图6-6所示。灯泡发出的光色和日光灯非常相似,亮度是目前卤素灯泡的3倍左右,寿命可达卤素灯泡的5倍,克服了传统钨灯的缺陷,几万伏的高压使其光亮强度增加,完全满足汽车夜间高速行驶的需要。

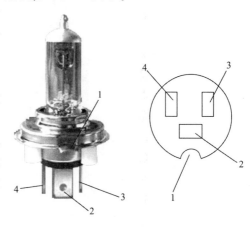

图6-5　前照灯双丝灯泡插脚和定位凹槽
1-半圆形定位缺口;2-近光灯插脚;3-搭铁插脚;
4-远光灯插脚

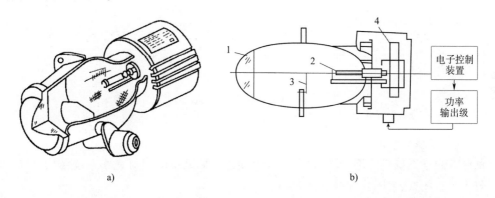

图6-6　高亮度弧光灯
1-透镜;2-弧光灯;3-遮光板;4-引燃及稳弧部件

2)反射镜

反射镜的作用是最大限度地将灯泡发出的光线聚合成强光束,以增加照射距离。

反射镜的表面形状呈旋转抛物面,如图6-7所示,一般由0.6～0.8mm的薄钢板冲压而成或由玻璃、塑料制成。其内表面镀银、铝或镀铬,然后抛光处理;目前,反射镜内面采用真空镀铝的较多。灯丝位于反射镜的焦点处,其大部分光线经反射后,成为平行光束射向远方。无反射镜的灯泡,其光度只能照清周围6m左右的距离,而经反射镜反射后的平行光束可照清远方100m以上的距离。经反射镜后,尚有少量的散射光线,其中向上的完全无用,向侧方和下方的光线则有助于照明5～10m的路面和路缘,如图6-7所示。

3)配光镜

配光镜又称散光玻璃,由透光玻璃压制而成,是多块特殊棱镜和透镜的组合,外形一般为圆形和矩形,如图6-8所示。

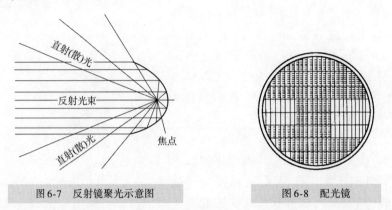

图6-7 反射镜聚光示意图　　图6-8 配光镜

配光镜的作用是将反射镜反射出的平行光束进行折射,使车前的路面有良好而均匀的照明,如图6-9所示。

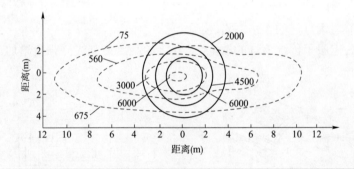

图6-9 配光镜的光线分布

实线-无配光镜的光线分布;虚线-有配光镜的光线分布;图中数字代表光照强度,单位为坎德拉(cd)

6.2.3 前照灯分类

前照灯光学系统是灯泡、反射镜和配光镜的组合体。按前照灯光学系统结构不同,前照灯可分为半封闭式、封闭式和投射式三种。

1)半封闭式前照灯

半封闭式前照灯的配光镜与反射镜粘在一起不可拆开,灯泡可以从反射镜后端装入,结构如图6-10所示。半封闭式前照灯的优点是灯丝烧断后只需更换灯泡,缺点是密封性不好。现代的汽车广泛使用半封闭式组合前照灯装置,如图6-11所示。组合式前照灯将前转向灯、前示廓灯、远光灯和近光灯组合成一个整体,同时将反射镜和配光镜使用有机材料制作成一个整体,灯泡可以方便地从后面装入。使用组合式前照灯,汽车制造厂才能按需要生产任何式样的前照灯配光镜,以便改进汽车空气动力特性、燃料经济性和汽车造型。

许多制造厂给半封闭式前照灯灯壳开通风口,因为使用卤钨灯泡后发热量增加,开通风口利于散热。由于灯壳通风,配光镜内表面有时会凝结水珠。凝结的水珠对灯泡无害,亦不影响前照灯的照明,因为当前照灯点亮时卤钨灯泡产生的热量很快便驱散凝结的水珠。有些汽车采用整体式无通风的半封闭式前照灯,对于装用此种前照灯的汽车,出现冷凝水珠是不正常的,应当更换总成。

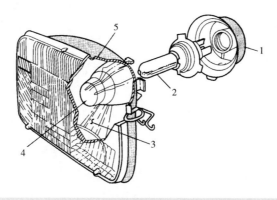

图 6-10 可换卤钨灯泡的半封闭式前照灯
1-灯泡卡盘;2-可换的双丝卤钨灯泡;3-反射镜;4-玻璃球面;5-反射镜与配光镜

由于前照灯的灯泡工作温度很高,如果玻璃外壳受热不均会造成玻璃外壳破裂。因此更换前照灯灯泡的时候,切勿用手指触及灯泡玻璃壳部分,受皮肤脂肪沾污过的玻璃壳,其寿命会大大缩短,即拿灯泡时应只拿基座,如图 6-12 所示。

图 6-11 半封闭组合式前照灯

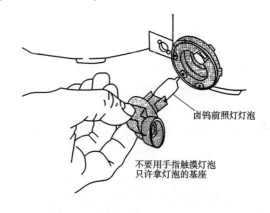
图 6-12 更换半封闭式前照灯灯泡时的正确操作方法

2)封闭式前照灯

封闭式前照灯还分为标准封闭式前照灯和卤钨封闭式前照灯。

标准封闭式前照灯的光学系统,是将反射镜和配光镜熔焊为一个整体,形成灯泡外壳,灯丝焊在反射镜底座上,结构如图 6-13 所示。反射镜的反射面经真空镀铝,灯内充以惰性气体与卤素。这种结构的优点是密封性能好,反射镜不会受到大气的污染,反射效率高,使用寿命长。但灯丝烧坏后,需更换整个灯光组,成本较高。

卤钨封闭式前照灯的光学系统,是将反射镜和配光镜熔焊为一个整体,形成灯泡外壳,一个内装式卤钨灯泡焊在反射镜底座上,结构如图 6-14 所示。这种由充碘蒸气小灯泡构成的卤钨灯芯在汽车上应用最为广泛。

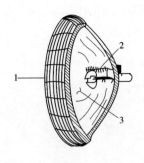
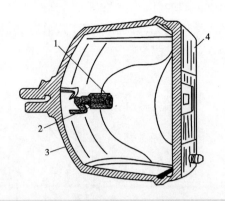

图 6-13　标准封闭式前照灯
1-配光镜；2-反射镜；3-插头

图 6-14　用充碘蒸气灯泡的封闭式卤钨前照灯
1-充碘蒸气的内装灯泡；2-灯丝；3-封闭的灯芯壳；4-配光镜

灯芯里的卤钨灯泡由耐高温的玻璃壳和钨丝制成,灯泡装入封闭的反射镜和配光镜组成的壳内。由于灯泡内充了卤素气体,钨丝比一般封闭式前照灯内的钨丝能耐更高温度,因此卤钨灯泡更亮。

在一般封闭式前照灯内,灯丝发热便从表面释放出钨原子,这些释放出的钨原子沉积在灯泡内表面,形成影响透光的黑色污斑。而在卤钨灯泡内,碘蒸气能使释放出的钨原子再沉积回到灯丝,这便从实质上消除了黑斑,因而它的发光亮度比一般灯泡增加25%,同时延长了灯丝的寿命。

3) 投射式前照灯

投射式前照灯的光学系统主要由灯泡、反射镜、遮光镜、凸型配光镜组成。使用很厚的无刻纹的凸型配光镜,反射镜为椭圆形,所以其外径很小。投射式前照灯具有两个焦点,第一个焦点为灯泡,第二个焦点在灯光中形成。经过凸型配光镜聚集光线投向远方,结构如图 6-15 所示。其优点是焦点性能好,其光线投射途径是:

(1) 灯泡射向上部的光线经过反射镜投向第二焦点后,经过凸型配光镜聚焦投向远方。

(2) 灯泡射向下部的光线经过遮光镜反射,反射回反射镜再投向第二焦点,经过凸型配光镜聚焦投向远方。

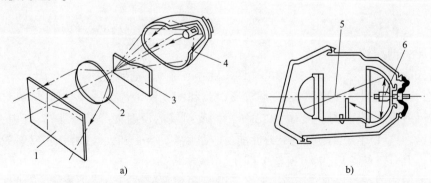

图 6-15　投射式前照灯的结构
1-屏幕；2-凸型配光镜；3-遮光镜；4-椭圆反射镜；5-第二焦点；6-第一焦点

6.3 灯光开关

现今汽车广泛使用安装在转向柱上,位于转向盘左边的拨杆式灯光组合开关,如图6-16所示。拨杆式灯光组合开关将灯光总开关、雾灯开关、变光开关、超车灯开关和转向灯开关进行组合,有的还有停车灯开关。灯光总开关有4个挡位,分别是灯光关闭、自动挡、示廓灯挡和远光灯挡,通过转动手柄A实现挡位变化。雾灯开关有3个挡位,分别是关闭挡、前雾灯挡和后雾灯挡,通过转动手柄B实现挡位变化。转至前雾灯挡时前雾灯亮,转至后雾灯挡时前/后雾灯同时亮。变光开关和超车灯开关通过上拉和下压(以转向盘为基准)实现远光/近光/超车灯的变化。转向灯开关操作是前推为打开右转向灯,后拉为打开左转向灯,许多汽车的转向灯开关还具有转向后自动复位切断转向灯电路的功能。

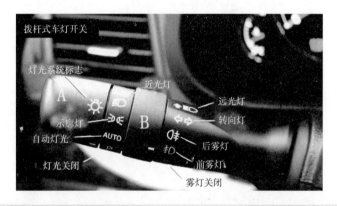

图6-16 拨杆式灯光组合开关

6.4 灯光的控制和检测系统

6.4.1 灯光控制系统的分类

灯光控制系统按供电方式可分为控制电源与控制搭铁两种。按控制元件可分为灯光开关直接控制、继电器控制、带灯光故障传感器控制等。

按灯光功能可分为以下几类:灯光照射角度调整、灯光自动开启、灯光关闭延时、前灯清洗等。

6.4.2 前照灯控制系统

1)灯光开关直接控制(控制搭铁)

灯光开关直接控制(控制搭铁)的典型电路,如图6-17所示。

汽车行驶中,先将灯光控制开关拨到前照灯(HEAD)挡,同时将变光开关拨到近光灯(LOW)挡。这时近光灯电路是:蓄电池正极→RH/LH熔断丝→RH右近光灯/LH左近光灯→D4组合开关8端子→变光开关HL端子→变光开关(H)端子→灯光控制开关H端子→灯光控制开关ED端子→D4组合开关11端子→搭铁。

如将变光开关拨到远光灯(HIGH)挡,这时远光灯电路是:蓄电池正极→RH/LH熔断丝→RH右远光灯/LH左远光灯→D4组合开关9端子→变光开关HU端子→变光开关(H)端子→灯光控制开关H端子→灯光控制开关ED端子→D4组合开关11端子→搭铁。

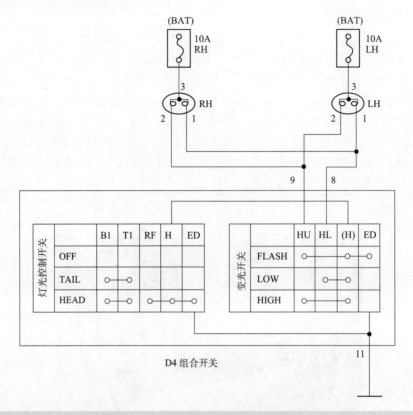

图 6-17　丰田新威驰汽车灯光电路简图

如将变光开关拨到超车(FLASH)挡,这时超车灯电路是:蓄电池正极→RH/LH 熔断丝→RH 右远光灯/LH 左远光灯→D4 组合开关 9 端子→变光开关 HU 端子→变光开关 ED 端子→D4 组合开关 11 端子→搭铁。

2)继电器控制

有些车型的灯光控制系统增加了前照灯控制继电器、前照灯变光继电器和综合继电器,灯光控制开关及变光开关控制的均为信号线,降低了开关触点及控制回路的电流,如图 6-18 所示。

当灯光控制开关置于 HEAD 挡时,综合继电器接收到搭铁信号,综合继电器控制前照灯控制继电器 3 号、4 号端子闭合,电流经前照灯变光继电器内部常闭触点,再经两个熔断丝分别进入左右近光灯形成回路,近光灯点亮。当变光开关置于远光位置(HI)时,前照灯变光继电器常开触点闭合,经前照灯变光继电器 3 号端子,再经两个熔断丝,分两路进入 4 个远光灯及远光指示灯形成回路,远光灯及远光指示灯同时点亮。

当变光开关置于超车(FLASH)挡时,通过 B11 使前照灯控制继电器触点闭合,同时通过 B10 使前照灯变光继电器常开触点闭合。通过 HEAD LH-UPR 熔断丝和 HEAD RH-UPR 熔断丝给车前远光灯供电,远光灯亮。这时只要手一松开,变光开关立即复位,远光灯灭。

3)带灯光故障传感器的控制

有一些车型的灯光控制系统增加了灯光故障传感器,如图 6-19 所示。它可监测尾灯的工作状态。当任何一个尾灯出现短路或断路以及所用灯泡不符合标准时,灯光故障传感器通过端子3和端子5监测尾灯的异常工作电压并将故障指示灯点亮,来提示驾驶人需要维修。有些车型的灯光故障传感器还可监测示廓灯、远近光灯、制动车灯、雾灯等。故障信息有的通过故障指示灯提示,有的通过仪表信息中心提示。

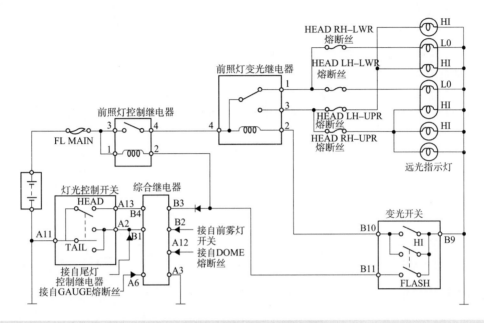

图6-18 继电器控制系统电路图

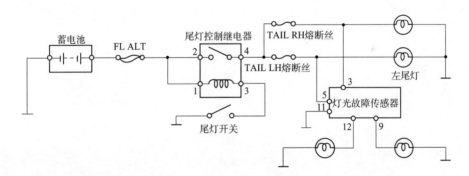

图6-19 带灯光故障传感器的控制系统

6.4.3 前照灯控制装置

1)前照灯昏暗自动发光器

前照灯昏暗自动发光器的作用是在汽车行驶过程中(并非夜间行驶),当汽车前方自然光的强度降低到一定程度时(如汽车通过高架桥、林荫小道、树林竹林、突然乌云密布等),发光器便自动将前照灯电路接通,以确保行车安全。

图6-20为前照灯昏暗自动发光器的电路图。该装置一般都装在汽车仪表板上,主要由光电传感器和晶体管放大器两大部分组成。光电传感器由光敏元件、延时电路、控制开关等组成。在安装光电传感器时,应注意将其感光面朝上,用以接收从汽车风窗玻璃射进来的自然光。其光通量的大小可由传感器前面的光阀进行调整,以适应各种情况(包括季节)的变

化。晶体管放大器主要由晶体三极管 T_1 和 T_2、二极管 D_1 和 D_2、电阻 $R_1 \sim R_9$、电容 C_1 和 C_2 以及灵敏继电器 J_1 和功率继电器 J_2 等组成。这种自动发光器的工作原理如下：

(1) 汽车行驶时，当自然光的强度降低至某一程度而被光电传感器接收时，传感器中光敏电阻 R_2 的阻值减小到一定数值，它便将需要发光的电压（信号）输出，送往晶体管放大器。

(2) 当晶体管放大器接收到光电传感器的输出信号后，晶体三极管 T_1 的基极电位迅速下降，灵敏继电器 J_1 线圈电路被接通。

(3) 继电器 J_1 电路接通后，便产生电磁吸力使其触点 K_1 闭合；K_1 闭合后，功率继电器 J_2 的电路也被接通，故开关 K_2 也被吸合，将接至前照灯的电路接通，前照灯即被点亮。

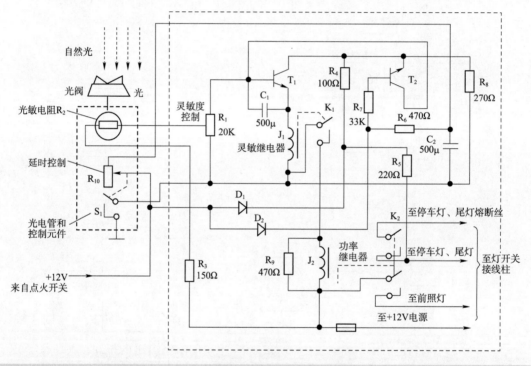

图 6-20 前照灯昏暗自动发光器电路

电路中晶体三极管 T_2 的主要作用是延时，即当点火开关切断时，T_2 使 T_1 保持导通，直到电容器 C_2 上的电压减小到不足以导通 T_2 时为止。T_2 截止后，T_1 亦截止，由于继电器 J_1 和 J_2 的作用，使触点 K_1 和开关 K_2 均打开，前照灯自动熄灭。其延时时间的长短可由电位器 R_{10} 进行调节。

2）前照灯自动变光器

汽车前照灯自动变光器是一种根据对方车辆灯光亮度自动变光为远光或近光的自动控制装置。在夜间，两车相对行驶到相距 150～200m 时，对方的灯光照到自动变光器上，就立即自动变远光为近光，从而避免远光给对方驾驶人带来炫目，两车相会后，变光器又自动变近光为远光。

图 6-21 为具有光敏电阻的自动变光器电路，主要由电子电路、光敏电阻和继电器组成。

为防止电子电路出故障后影响夜间行驶,还保留了脚踏变光开关,在一些新型的汽车上,变光开关多安装在转向柱上。

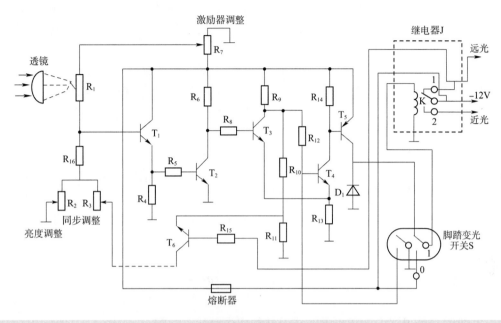

图 6-21 具有光敏电阻的自动变光器电路

自动变光器的工作过程:

在对面没有车辆驶来时,继电器 J 的线圈内没有电流通过,触点 K 和远光灯的接线柱接触,远光灯亮。当对面驶来的车辆相距 150~200m 时,灯光照射在光敏电阻 R_1 上,使光敏电阻的阻值突然减小,于是晶体三极管 T_1 获得较大的正偏压而导通,使 T_2 获得正向偏压也导通,T_3 的基极电流被短路,T_3 截止,使 T_4 的基极电位升高,T_4 导通。T_4 的导通接通了 T_5 的基极电流,T_5 导通使继电器 J 的线圈内有电流通过,产生电磁力使触点与远光灯接线柱 1 断开,而和近光灯接线柱 2 接通,灯光由远光变为近光。

两车相会之后,作用到光敏电阻上的强光消失,电阻的阻值迅速增大,使三极管 T_1 的正向偏压迅速降低,T_1 截止,T_2 的基极电流被断路,T_2 也被截止。结果切断了 T_5 的基极电流,T_5 截止,继电器 J 线圈中的电流被切断,触点 K 和近光接线柱 2 断开,又和远光接线柱 1 接触,恢复远光灯的工作。

在近光状态时,T_6 的基极电位为零,所以 T_6 截止,并联电阻 R_3 被断路,因而使支路的电阻增大,灵敏度改变,使电路转换出现滞后现象,这样可以有效防止杂散光的干扰。

如果电子控制部分出现故障或损坏,可以使用脚踏变光开关变光。当踩下脚踏变光开关 S 时,S 就由"1"位置变到"0"位置,使继电器 J 的线圈获得电流,产生电磁力,使触点 K 和接线柱 1 断开,与接线柱 2 接通,使前照灯由远光变为近光。松开脚踏变光时,S 由"0"位返回到"1"位。切断继电器线圈中的电流,触点 K 又和接线柱"1"接触,变近光为远光。

6.4.4 前照灯自动调整系统

当汽车的负荷发生变化时,车身高度会改变,前照灯的光束角度和照明范围也会随着变

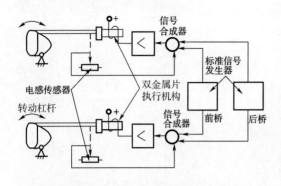

图 6-22 前照灯自动调整系统工作原理

化。当汽车负荷较大时,前照灯距离地面变近,使照明范围变小。反之,虽然照明范围变大,但是会使来车产生炫目,这样都容易造成安全事故。为了克服负荷对照明的影响,一些先进的汽车设置了前照灯自动调整系统。该系统根据汽车负荷的不同自动调整前照灯光束前倾的角度,使照明范围不变。图 6-22 为博世公司生产的前照灯自动调整系统的工作原理图。

电感传感器接收前后桥与车身的相对位移,并把该位移转变成表征车身实际高度的电信号,然后输送到信号合成器,与标准信号合成器传送的标准信号进行比较,得到差值信号,经放大器放大后,输送给双金属片执行机构,双金属片随差值信号的变化,得到不同的热量,产生相应的变形,作用于转动杠杆,使前照灯围绕支点转动到适当位置。

课堂讨论一

1. 前照灯由哪几部分组成?各组成部件的作用是什么?
2. 前照灯为什么要分近光和远光?各有什么作用?
3. 前照灯的防炫目措施有哪些?
4. 前照灯的电路由哪几部分组成?
5. 根据前照灯电路图,分析灯光不亮的原因和排除方法。

相关技能一

6.5　前照灯的使用

汽车使用中,对前照灯的要求是:既要有良好的照明,又要避免使迎面来车驾驶人产生炫目,因此使用前照灯时应注意以下几点:

(1) 保持前照灯配光镜清洁,尤其在雨雪天气行驶时,泥尘等污垢会使前照灯的照明性能降低 50%。有的车型装有前照灯刮水器和喷水器。

(2) 夜间会车时,两车在相距 150m 之外要关闭前照灯远光,换用近光,以保证行车安全。

(3) 为保证前照灯的各项性能,在更换前照灯后或汽车每行驶 10000km 后,应对前照灯光束进行检查调整。

(4) 定期检查灯泡和线路插座以及搭铁有无氧化和松动现象,保证插接件接触性能良好,搭铁可靠。如果接点松动,在接通前照灯时,会因电路的通断产生电流冲击,从而烧坏灯丝;如果接点氧化,则会因接点压降增大而使灯泡亮度降低。

6.6 照明系统电路连接和故障判断实训步骤

(1)学习与实训有关的知识,查询相关技术标准。
(2)领取实训有关的工具、设备、器材。
(3)根据平时对轿车的认识,对照整车电路图,描述灯光电路组成、位置和各零部件作用。
(4)观察整车电路示教板和灯光仪表电路示教板,对照整车电路图,描述灯光电路组成、原理和各零部件作用。
(5)在奥迪 A6L 或大众迈腾轿车上进行灯光电路零部件认识和灯光电路故障检修。
(6)完成实训任务后,接受指导老师的技能考核。
(7)整理清洁工作场所,清点收拾借出的工具、设备、资料,交回实训室。

小组工作一

实训项目 10 照明系统电路连接和故障判断

(1)每 3~5 名学生组成 1 个工作小组,确定 1 名小组长,接受工作任务,做好工作准备。
(2)阅读工作单,查阅维修手册或实训指导书以及奥迪 A6L 或大众迈腾全车电路图,观察待修车辆的灯系电路。小组成员共同画出灯系电路(前照灯、示廓灯、超车灯、停车灯和雾灯)原理图。
(3)按照工作单的引导,完成上述灯光电路的主要零部件认识和检测。
(4)将小组成员共同画出灯系原理图交指导教师,经指导教师同意后,开始连接灯光电路。
(5)设置前照灯不亮的故障。
(6)小组成员共同讨论前照灯不亮的原因、检修的方法和步骤。向实训指导教师汇报讨论结果,经指导教师同意后,开始排除故障。
(7)回答指导教师的现场提问,接受指导教师的技能考核。
(8)完成工作任务后,对工作过程进行自我评价和小组互评,听取指导教师的点评。
(9)清洁工作场所,清点维护工具设备,完成任务交接。

生产任务二 转向灯不亮故障检修

1)工作对象
转向灯不亮故障轿车一辆。
2)工作内容
(1)领取所需的工具,做好工作准备;
(2)认识所修汽车照明系统电路:找到转向灯电路所有零部件(组合开关、闪光器、点火开关和熔断器等)位置;

(3) 打开转向灯开关，查明故障现象和故障特征；
(4) 检查蓄电池技术状态和连接状态；
(5) 检查转向灯电路各熔断器、闪光器和点火开关；
(6) 在每一检查过程中，及时分析故障现象、发现故障点并修复；
(7) 检查、评价工作质量；
(8) 整理工具，清洁工作场地。

3) 工作目标与要求

(1) 学生应以小组工作的方式，完成本项工作任务；
(2) 学生应当能在小组成员的配合下，利用汽车维修手册或实训指导书，制订工作计划，实施工作计划；
(3) 能通过阅读资料和现场观察，口述所修汽车照明系统电路和工作原理；说明照明系统主要零部件在汽车上位置、作用和结构；
(4) 能分析所修汽车转向灯不亮故障的可能原因，针对可能原因制订检查和判断方法；
(5) 能根据具体所修汽车转向灯不亮故障情况，制订故障诊断步骤、诊断和判断方法；
(6) 能向客户解释所修汽车转向灯电路情况和修复方案；
(7) 能按规范的步骤，完成转向灯不亮的排除，恢复汽车的转向灯的使用功能；
(8) 在工作过程中注意工作安全，做好废料的处理，保持工作环境整洁。

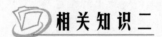

相关知识二

6.7 转向信号灯及闪光器

汽车转向灯主要是用来指示车辆的转弯方向，以引起交通警察、行人和其他驾驶人的注意，提高车辆行驶的安全性。另外，汽车转向灯的闪烁还可用作危险警报的指示。汽车转向灯的闪烁是通过闪光器来实现的，闪光器通常按结构和工作原理的不同分为电热丝式、电容式、晶体管式、集成电路式等。

过去汽车转向灯闪光器多采用电热式结构，由于它们工作稳定性差、寿命短、信号灯的亮暗不够明显，因而目前多采用结构简单、体积小、工作稳定、使用寿命长的电子式闪光器，即晶体管式和集成电路式两大类。

6.7.1 晶体管式闪光器

晶体管闪光器分为有触点式和无触点式两种。图 6-23 为有触点晶体管式闪光器，其工作原理如下：

当汽车向左转弯时，转向开关 S 接通左转向灯，由蓄电池正极、熔断器、电阻 R_0、触点 P、转向开关 S、左转向灯、搭铁、蓄电池负极构成回路，左转向信号灯和指示灯点亮。同时，R_0 上的电压降使三极管 V 导通产生集电极电流。集电极电流经继电器 K 搭铁，继电器 K 的线圈产生电磁吸力使触点 P 打开。于是，蓄电池向电容器 C 充电，使左转向灯的灯光变暗。随着充电时间的延长，充电电流减小，三极管 V 的基极电位提高，偏流减小。当基极电位接近发射极电位时，三极管 V 截止，集电极电流消失，触点 P 又闭合，转向灯又被点亮，同时，电容 C 经 R_2、触点 P、R_1 放电。电容器 C 放完电后，三极管 V 的基极上又恢复低电位，三极管 V 重新导通，集电极电流又经继电器 K 的线圈产生电磁吸力使触点 P 打开，重复上述动作，使转向灯闪烁。

图 6-24 所示为无触点闪光器，其工作原理如下：

接通转向灯开关，V_1 因有正向偏压而导通，V_2、V_3 则截止。由于 V_1 的集电极电流很小，故转向灯是暗的。此时，电源通过 R_1 对电容 C 充电，使得 V_1 的基极电位下降，当低于其导通电压时，V_1 截止，V_2 通过 R_3 得到正向偏压而导通，V_3 也随之导通，转向灯变亮。此时，电容 C 经 R_1、R_2 放电，使 V_1 的截止保持一段时间，转向灯也保持亮的状态。随着电容 C 放电电流的逐渐减小，V_1 基极电位开始升高，当达到其正向导通电压时，V_1 又导通，V_2、V_3 又截止，转向灯又变暗。如此循环，使转向灯闪烁。

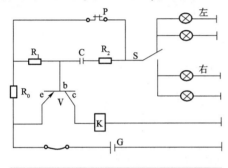

图 6-23 有触点晶体管式闪光器的电路

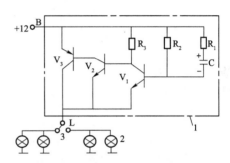

图 6-24 国产 SG131 型无触点闪光器
1-闪光器；2-转向灯；3-转向灯开关

6.7.2 集成电路闪光器

集成电路闪光器与晶体管闪光器的不同之处就是用集成电路 IC 取代了晶体管振荡器，这类闪光器也分有触点式和无触点式两种。

6.8 转向灯和危险警报灯电路实例

汽车的危险警报灯电路使用了转向灯电路的灯泡和闪光器，使转向灯电路和危险警报灯电路相结合。

丰田新威驰汽车转向灯和危险警报灯电路，如图 6-25 所示。

电路主要由蓄电池、10AHAZ 熔断丝（BAT）、10A 仪表熔断丝（IG）、转向信号闪光器、转向灯开关、危险警报灯开关、主车身 ECU 和左、右转向灯等组成。转向信号闪光器包括 1 号端子 IG、2 号端子 LR、3 号端子 LL、4 号端子 +B、5 号端子 EL、6 号端子 ER、7 号端子 GND 和 8 号端子 EHW。打开点火开关时，蓄电池正极通过 10AHAZ 熔断丝（BAT）和转向信号闪光器 1 号端子 IG 给转向信号闪光器的内部电子元件供电、通过 7 号端子 GND 搭铁回到蓄电池负极。这时如果转向灯开关拨到左转向位置，给转向信号闪光器 5 号端子 EL 一个搭铁的低电压信号。转向信号闪光器接到信号后通过内部的电子元件将 1 号端子 IG 和 3 号端子 LL 接通。左转向灯和左转向信号指示灯的电流为：蓄电池正极→10A 仪表熔断丝（IG）→转向信号闪光器的 1 号端子 IG→转向信号闪光器的 3 号端子 LL→左前、左后和左前侧三个转向灯和仪表盘上左转向灯信号灯 LH→搭铁。右转向灯工作过程基本相同。

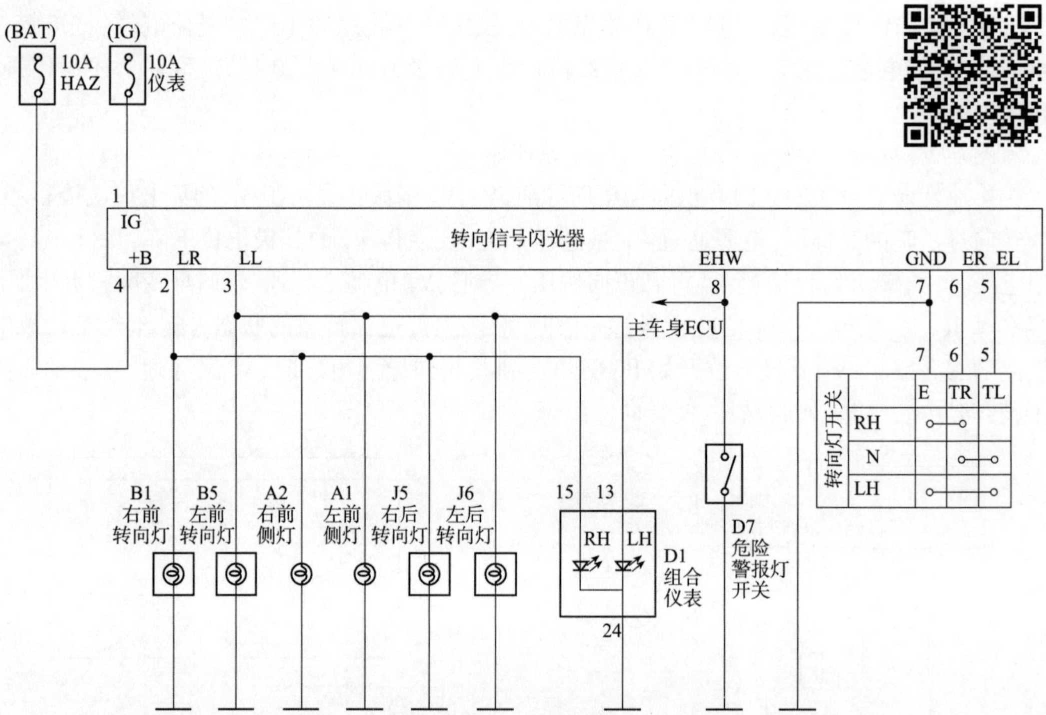

图 6-25　丰田新威驰转向灯和危险警报灯电路简图

危险警报灯工作原理如下：不管点火开关是否接通，只要闭合危险警报灯开关 D7，给转向信号闪光器 8 号端子 EHW 一个搭铁的低电压信号，转向信号闪光器接到信号后通过内部的电子元件将 4 号端子 +B 分别与 2 号端子 LR 和 3 号端子 LL 接通。这时危险警报灯的电流为：蓄电池正极→转向信号闪光器的 4 号端子 +B→转向信号闪光器的 3 号端子 LL 和转向信号闪光器的 2 号端子 LR→前、后、左、右、侧面转向灯和仪表盘上左、右转向灯信号灯→搭铁。利用全部转向灯闪烁起到危险警报灯的作用，同时仪表盘上面的左/右转向灯信号灯也同步闪烁，给驾驶人提供危险警报灯打开的信息。

防盗报警电路工作原理如下：当有人试图不用钥匙进入车内或强行移动车辆等行为时，车内防盗系统由监控状态转为报警状态，这时主车身 ECU 给转向信号闪光器 8 号端子 EHW 一个搭铁的低电压信号。前、后、左、右和侧面转向灯闪烁，车内的喇叭响起，起到防盗报警和阻吓的作用。具体工作过程与危险警报灯相同。

6.9　制动信号装置

制动信号装置由制动信号灯、制动灯开关以及连接线路组成。

制动灯开关有液压式、气压式和机械式等。图 6-26 为气压式制动灯开关，适用于气压制动系统。液压式制动灯开关（安装在液压管路中）由液压闭合开关。机械式制动灯开关（安装在制动踏板的杠杆附近）在踩下制动踏板时闭合开关。

有的车型利用简单的干簧管和线圈组成的电流继电器监测制动灯电路，如图 6-27 所示。当踩下制动踏板时，制动灯开关闭合，蓄电池通过熔断器、制动灯开关、干簧管上的线圈给制动灯供电,制动灯点亮提醒后车。同时,干簧管里的触点闭合,接通仪表板上面的制动信号灯,制动信号灯点亮告知驾驶人制动灯工作正常。如熔断器烧断、制动灯开关接触不良、线路断路/短路和制动灯丝烧断,则干簧管上的线圈电流被切断,仪表板上的制动信号灯熄灭,告知驾驶人制动灯电路有故障。

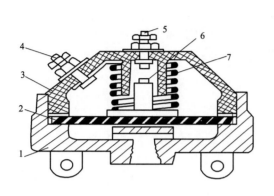
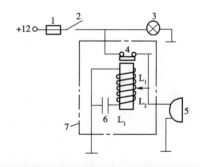

图 6-26 气压式制动灯开关
1-壳体;2-膜片;3-胶木盖;4、5-接线柱;6-触点;7-弹簧

图 6-27 制动灯工作状态监测电路

6.10 倒车灯

倒车时,变速器操纵杆将倒车灯开关闭合,一方面倒车灯亮,另一方面倒车报警器也通电,倒车警告信号电路如图 6-28 所示。由于继电器线圈 L_1 和 L_2 中的电流大小相等方向相反,线圈电磁力抵消,继电器触点 4 保持闭合,所以倒车报警器喇叭 5 有声响。随着电容器 6 被 L_2 中的电流充电,两端电压逐渐升高,L_2 中的电流逐渐减小,当电流减小到一定程度时,两线圈电磁力差值就能克服触点的弹簧力吸开触点 4,使电路断开,喇叭便停止发声。触点打开后电容器向两线圈放电,使触点继续断开,随着电容器的放电,其电压下降,两线圈电磁力差值变小,触点又闭合。

图 6-28 倒车警告信号电路
1-熔断丝;2-倒车灯开关;3-倒车灯;4-继电器触点;5-倒车报警器喇叭;6-电容器;7-倒车信号间歇发声控制器

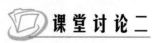

1. 简述电子式闪光器的作用与工作原理。
2. 两侧转向灯闪烁频率不同,通常是由什么故障引起?
3. 普通电喇叭和电子电喇叭各有什么特点?
4. 我国的交通法规中对制动信号装置有什么规定?
5. 汽车上有哪些报警装置? 各有什么作用?

相关技能二

6.11 转向灯电路和危险警报灯电路连接和故障判断

(1)描述转向灯电路组成、主要零部件作用和工作原理。
(2)描述危险警报灯电路组成、主要零部件作用和工作原理。
(3)在奥迪 A6L 或大众迈腾汽车上,进行灯光电路主要零部件认识和电路检查。
①危险警报灯开关认识。
②转向灯/停车灯开关认识。
③闪光继电器认识。
(4)按图连接转向灯和危险警报灯电路(先使用直尺和铅笔连接,指导教师检查正确后,再用彩笔连接)。
(5)在奥迪 A6L 或大众迈腾汽车上使用故障线设置转向灯和危险警报灯电路故障,并进行故障判断与排除。
(6)完成实训任务后,接受指导老师的技能考核。
(7)整理清洁工作场所,清点收拾借出的工具、设备、资料,交回实训室。

实训项目 11 转向灯和危险警报灯电路连接和故障判断

(1)每3~5名学生组成1个工作小组,确定1名小组长,接受工作任务,做好工作准备。
(2)阅读工作单,查阅维修手册或实训指导书以及奥迪 A6L 或大众迈腾汽车全车电路图,观察待修车辆的灯系电路。小组成员共同画出灯系电路(转向灯、危险警报灯)原理图。
(3)按照工作单的引导,完成(转向灯、危险警报灯)灯光电路的主要零部件认识和检测。
(4)将小组成员共同画出的灯系原理图交指导教师,经指导教师同意后,开始连接电路。
(5)设置转向灯或危险警报灯不亮的故障。
(6)小组成员共同讨论转向灯、危险警报灯不亮的原因、检修的方法和步骤。向实训指导教师汇报讨论结果,经指导教师同意后,开始排除故障。
(7)回答指导教师的现场提问,接受指导教师的技能考核。
(8)完成工作任务后,对工作过程进行自我评价和小组互评,听取指导教师的点评。
(9)清洁工作场所,清点维护工具设备,完成任务交接。

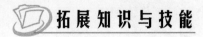

6.12 外部灯光控制电路

以奥迪 A6L(C7)为例,其灯开关内的开关、按键和调节器的所有信号,都由供电控制单元通过 LIN 总线来读取,如图 6-29 所示。另外,开关照明和各个功能的指示灯的指令是由供电控制单元传给灯开关的。冗余线通过开关内部的电路被引至搭铁,用于校验开关位置的正确性。

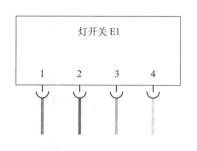 

图 6-29　奥迪 A6L(C7)外部车灯控制线路简图

如果 LIN 总线或者冗余线短路或者断路,那么供电控制单元的应急照明功能就被激活(近光灯接通),供电控制单元的故障存储器内会相应地记录故障。

在带有双氙气前照灯的车上,有全天候灯这个功能。在这种车上,前保险杠上有足够的空间可以配备自适应巡航控制装置。驻车灯和近光灯一起工作,来实现回家/离家这个功能,如图 6-30 所示。

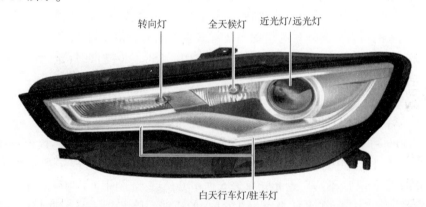

图 6-30　奥迪双氙气前照灯

在带有自适应灯的双氙气前照灯上,气体放电灯和聚光镜之间装有一个可转动的辊子,该辊子的圆周上有各种轮廓形状。伺服电机带动辊子转动,可以实现各种灯光模式。整个光束投射模块(包括白炽灯、辊子和聚光镜),通过另外两个伺服电机来在垂直和水平方向移动。垂直方向的移动就可实现灯的照程调节,水平方向的摆动用于实现动态弯道灯功能。

白天行车灯/驻车灯控制单元、气体放电灯控制单元、H7 白炽灯和 24W 白炽灯的触发由供电控制单元 J519 分别完成。弯道灯和前照灯照程调节控制单元通过专用 CAN 总线来触发前照灯功率模块,前照灯功率模块通过单独导线来触发辊子伺服电机、照程调节伺服电机和弯道灯伺服电机。奥迪 A6L(C7)带有自适应灯的双氙气前照灯的控制电路如图 6-31 所示。

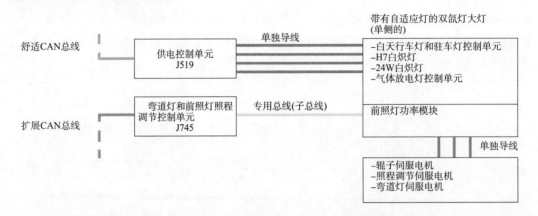

图 6-31 奥迪 A6L(C7)带有自适应灯的双氙气前照灯的控制

6.13 前照灯检测

6.13.1 前照灯检测要求

前照灯是汽车在夜间或在能见度较低的条件下,为驾驶人提供行车道路照明的重要设备,而且也是驾驶人发出警示,进行联络的灯光信号装置。所以前照灯必须有足够的发光强度和正确的照射方向。发光强度、照射方向发生变化,都会使驾驶人对前方道路情况辨认不清,或在与对面来车交会时造成对方驾驶人炫目等,从而导致事故的发生。因此,前照灯的发光强度和光束的照射方向被列为机动车运行安全检测的必检项目。

根据国家标准《机动车运行安全技术条件》(GB 7258—2017)的规定,前照灯光束照射位置和发光强度有以下要求。

(1)在空载车状态下,汽车、摩托车前照灯近光光束照射在距离 10m 的屏幕上,近光光束明暗截止线转角或中点的垂直方向位置,对近光光束透光面中心(基准中心,下同)高度小于或等于 1000mm 的机动车,应不高于近光光束透光面中心所在水平面以下 50mm 的直线且不低于近光光束透光面中心所在水平面以下 300mm 的直线;对近光光束透光面中心高度大于 1000mm 的机动车,应不高于近光光束透光面中心所在水平面以下 100mm 的直线且不低于近光光束透光面中心所在水平面以下 350mm 的直线。除装用一只前照灯的三轮汽车和摩托车外,前照灯近光光束明暗截止线转角或中点的水平方向位置,与近光光束透光面中心所在处置面相比,向左偏移应小于或等于 170mm,向右偏移应小于或等于 350mm。

(2)在空载车状态下,轮式拖拉机运输机组前照灯近光光束照射在距离 10m 的屏幕上,近光光束中点的垂直位置应小于或等于 $0.7H$(H 为前照灯近光光束透光面中心的高度),水平位置向右偏移应小于或等于 350mm 且不应向左偏移。

(3)在空载车状态下,对于能单独调整远光光束的汽车、摩托车前照灯,前照灯远光光束照射在距离 10m 的屏幕上,其发光强度最大点的垂直方向位置,应不高于远光光束透光面中心所在水平面(高度值为 H)以上 100mm 的直线且不低于远光光束透光面中心所在水平面以下 $0.2H$ 的直线。除装用一只前照灯的三轮汽车和摩托车外,前照灯远光发光强度最大点的水平位置,与远光光束透光面中心所在垂直面相比,左灯向左偏移应小于或等于 170mm 且向右偏移应小于或等于 350mm,右灯向左和向右偏移均应小于或等于 350mm。

单元6 照明和灯光信号系统故障检修

(4)远光光束发光强度要求。机动车每只前照灯的远光光束发光强度应达到表6-3的要求。并且同时打开所有前照灯(远光)时,其总的远光光束发光强度应符合《汽车及挂车外部照明和光信号装置的安装规定》(GB 4785)的规定。测试时,电源系统应处于充电状态。

前照灯远光光束发光强度最小值要求(坎德拉)　　　　　表6-3

机动车类型		检查项目					
		新注册车			在用车		
		一灯制	二灯制	四灯制①	一灯制	二灯制	四灯制①
三轮汽车		8000	6000	—	6000	5000	—
最大设计速度小于70km/h的汽车		—	10000	8000	—	8000	6000
其他汽车		—	18000	15000	—	15000	12000
普通摩托车		10000	8000	—	8000	6000	—
轻便摩托车		4000	3000	—	3000	2500	—
拖拉机运输机组	标定功率>18kW	—	8000	—	—	6000	—
	标定功率≤18kW	6000②	6000	—	5000	5000	—

注:①四灯制是指前照灯具有四个远光光束;采用四灯制的机动车其中两只对称的灯达到两灯制的要求时视为合格。
②允许手扶拖拉机运输机组只装用一只前照灯。

6.13.2　用前照灯检测仪检测发光强度和光轴偏移量

1)检测前的准备

(1)在前照灯检验仪(图6-32)不受光的状态下,检查光度计和光轴偏斜指示计的指针是否能对准机械零点。若指针失准,可用零点调整螺钉将其调整在零点上。

(2)检查聚光透镜和反射镜的镜面有无污物或模糊不清的地方。若有,可用柔软的布或镜头纸等擦拭干净。

(3)检查水准器的技术状况。若水准器无气泡,要进行修理;若气泡不在红线框内时,可用水准器调节器或垫片进行调整。

(4)检查导轨是否有泥土或小石子等杂物。有杂物时,要扫除干净。

(5)清除前照灯上的油污。

(6)轮胎气压应符合汽车制造厂的规定。

(7)汽车蓄电池应处于充足垫状态。

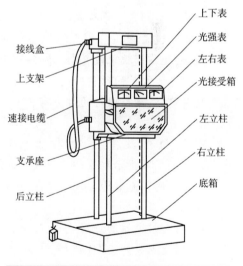

图6-32　前照灯检验仪

2)自动追踪光轴式前照灯检验仪的检验方法

(1)将汽车尽可能地与导轨保持垂直方向驶近检验仪,使前照灯与检验仪受光器相距 3m。

(2) 将车辆摆正,找准器使检验仪和汽车对正。

(3) 打开前照灯,接通检验仪电源,用上下、左右控制开关移动检验仪位置,使前照灯光束射到受光器上。

(4) 按下测量开关,受光器可追踪到前照灯光束,根据光轴偏斜指示计(标有刻度)和光度计的指示值,即可测得和发光强度。

思考与练习

一、名词解释

1. 双丝灯泡。
2. 灯光防炫目。
3. 转向信号闪光器。
4. 矩阵前照灯。

二、填空题

1. 汽车照明(信号)系统由_____灯、_____灯、_____装置、_____装置及其连线组成。
2. 汽车灯具按安装位置可分为_____和_____。
3. 制动灯装在汽车的_____,灯具数量为_____只,光色为_____。
4. 前照灯的光学系统包括_____、_____、_____。
5. 配光镜又称_____,它是由_____压制而成,是很多块特殊的棱镜和透镜的组合,几何形状比较复杂,外形一般分_____和_____。
6. 按光学组件的结构不同,可将前照灯分为_____和_____两种。
7. 目前,汽车前照灯的灯泡有_____灯泡、_____灯泡和_____灯泡三种。
8. 转向灯及危险报警灯电路由_____、_____、_____、_____及指示灯等部件组成。危险报警灯操纵装置不得受_____的控制。
9. 常见的闪光器为_____形式。
10. 倒车报警器由_____控制。
11. 灯光继电器的作用是减少通过控制开关的_____,保护_____。
12. 接通点火开关"ON"挡,充电指示灯、油压报警灯应_____;发动后,两者均应_____。
13. 接通点火开关,拉起驻车制动器手柄时,仪表板上的驻车制动灯应_____,放松驻车制动器手柄时,该灯应_____。

三、选择题

1. 能将反射光束扩展分配,使光形分布更适宜汽车照明的器件是(　　)。
   A. 反射镜　　　　B. 配光屏　　　　C. 配光镜
2. 控制转向灯闪光频率的是(　　)。
   A. 转向开关　　　B. 点火开关　　　C. 闪光器
3. 功率低、发光强度最高、寿命长而且无灯丝的汽车前照灯是(　　)。
   A. 投射式前照灯　B. 封闭式前照灯　C. 氙灯
4. 四灯制前照灯的内侧两灯一般使用(　　)。
   A. 双丝灯泡　　　B. 单丝灯泡　　　C. 两者都可
5. 更换卤素灯泡时,甲认为可以用手指接触灯泡的玻璃部位,乙认为不能。你认为(　　)。
   A. 甲对　　　　　B. 乙对　　　　　C. 甲乙都对
6. 前照灯灯泡中的近光灯丝应安装在(　　)。
   A. 反光镜的焦点处
   B. 反光镜的焦点上方
   C. 反光镜的焦点下方
7. 下列哪个关于报警灯和指示灯的陈述是正确的? (　　)
   A. 当前照灯的变光开关被增减一挡时,远光指示灯亮
   B. 氙气灯泡由钨丝和氙元素组成
   C. 氙气前照灯由于发光强度较高,所以比较费电
   D. 灯泡频繁烧坏大多是由于发电机的电压过高导致
8. 汽车电喇叭音量距车前2m,离地面高1.2m处,应为(　　)dB(A)。
   A. 90～105　　　B. 80～90　　　　C. >105
9. 转向灯及危险报警灯闪光频率应为(　　)Hz。
   A. 2±0.5　　　　B. 1±0.5　　　　C. 1.5±0.5
10. 在奥迪A6L(C7)带有双氙灯前照灯的车上,驻车灯和(　　)一起工作,来实现回家/离家这个功能。
    A. 远光灯　　　　B. 近光灯　　　　C. 行车灯

四、判断题(对的画"√",错的画"×")

1. 配光屏在接通远光灯丝时,仍然起作用。　　　　　　　　　　　　　(　　)
2. 汽车信号系统的主要信号设备有转向信号灯、后组合灯、制动灯和倒车灯等。(　　)
3. 前照灯由反射镜、配光屏和灯泡三部分组成。　　　　　　　　　　　(　　)
4. 前照灯检验的技术指标为光束照射位置、发光强度和配光特性。　　　(　　)
5. 在调整光束位置时,对具有双丝灯泡的前照灯,应该以调整近光光束为主。(　　)
6. 氙灯由石英灯泡、变压器和电子控制器组成,没有传统的钨丝。　　　(　　)
7. 电热式闪光器安装在转向开关和灯泡之间,用以控制灯泡的闪光频率。(　　)
8. 更换卤素灯泡时,可以用手触摸灯泡部位。　　　　　　　　　　　　(　　)

9. 前照灯亮时,示廓灯也应亮着。				( )
10. 前照灯远光灯亮时,灯泡两端电压与电池两端电压两者不得相差10%。	( )

五、简答题

1. 防止前照灯炫目的措施有哪些?
2. 前照灯由哪几部分组成?前照灯的电路由哪几部分组成?前照灯继电器的作用是什么?
3. 前照灯电子控制装置有哪些?各有什么样的作用?
4. 前照灯安全检验时,其发光强度及光轴方向有哪些要求?
5. 前照灯亮度不够的原因有哪些?

单元 7

汽车仪表故障检修

学习情境

一辆已行驶了 17000km 的奥迪 A6L(C7)汽车进厂维修,车主反映行车中车速表最高只能上升到 100km,经进厂检验,怀疑仪表电路或传感器有故障,交汽车电气维修组进一步检查维修。

生产任务　检修汽车仪表

1)工作对象
需进行仪表检修的汽车一辆。
2)工作内容
(1)确认故障现象,对故障现象进行描述;
(2)查找技术资料,分析故障原因;
(3)讨论确定故障诊断流程,分析确定任务实施步骤,进行人员分工,填写计划表;
(4)按计划进行故障检修,记录相关检测数据,分析查找故障原因,修复故障;
(5)确认故障已修复;
(6)进行自检、互检,讨论诊断流程优化,填写检查表;
(7)配合教师进行教学评价。
3)工作目标与要求
(1)认识车速表的构成及安装位置;
(2)认识车速表电路;
(3)能进行车速表电路检测;
(4)能进行车速表的故障分析与诊断;
(5)能进行车速表的拆装与修复;
(6)能进行团队成员的有效沟通与协作。

 相 关 知 识

7.1 汽车仪表作用和组成

汽车仪表是为驾驶人提供重要汽车运行信息的装置,使驾驶人能在行车中控制汽车处于良好的运行状态;及时发现汽车故障或潜在的故障,以便及时维修、减小维修费用、延长汽车使用寿命;同时,也是维修人员发现和排除故障的重要工具。

汽车仪表总成通常由仪表、指示灯和警报灯组成。仪表主要有车速里程表、发动机转速表、冷却液温度表和燃油油量表。有的汽车还有时钟、机油压力表和制动气压表。指示灯有转向指示灯、变速器挡位指示灯和远光指示灯等。报警灯有机油压力报警灯、冷却液温度报警灯和制动液液面报警灯等。奥迪组合仪表如图7-1 所示。

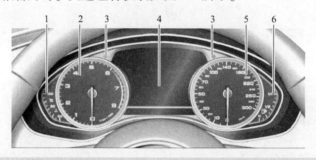

图7-1 奥迪组合仪表
1-冷却液温度表;2-带数字时钟和日期显示功能的转速表;3-指示灯;4-驾驶人信息系统;5-带里程表的车速表;6-燃油表

7.2 汽车仪表的类型

汽车仪表按工作原理可分为以下几类。

(1)机械式仪表:基于机械作用力而工作的仪表(如传统的里程表)。

(2)电气式仪表:基于电测原理,通过各类传感器将被测的非电量变换成电信号(模拟量)加以测量的仪表(如电热式冷却液温度表)。

(3)模拟电路电子式仪表:其工作原理与电气式仪表基本相同,只不过是用电子器件(分立元件和集成电路)取代了原来的电气器件,现在均采用各种专用集成电路(如电子车速表)。

(4)数字式仪表:由 ECU 采集和处理传感器的信号,将模拟量转换为数字量,经分析处理后控制显示装置的仪表。

(5)网络数字仪表:使用汽车局域网传递信号的数字式仪表。新出厂的轿车开始广泛使用网络数字仪表。

7.3 汽车仪表结构和工作原理

现今的汽车全部使用组合式仪表和集成仪表。分装式仪表由于性能不稳定、价格高和维修不方便,已经被淘汰。组合式仪表和集成仪表来源于分装式仪表,其内部结构、电路和工作原理与分装式仪表基本相同,因此下面叙述分装式仪表的内部的结构、电路和工作原理。

7.3.1 车速里程表

车速里程表用来指示汽车行驶速度和汽车累计行驶总里程,它由车速表和里程表两部分组成。可分为机械式车速里程表、电子式车速里程表和数字式车速里程表。

1) 机械式车速里程表

常见的机械式车速里程表是利用磁感应原理计算里程的,如图 7-2 所示。

机械式车速里程表没有电路连接,而是由汽车的变速器或分动器经软轴驱动仪表的主动轴。汽车行驶时,主动轴带动 U 形永久磁铁旋转,在感应罩上产生涡流,涡流受永久磁铁的作用产生转矩,驱动感应罩克服盘形弹簧的弹力做同向偏转,从而带动指针在刻度盘上指示相应的车速值。车速越快,永久磁铁旋转越快,感应罩上的涡流转矩越大,感应罩带着指针偏转的角度越大,指示的车速值也就越高。

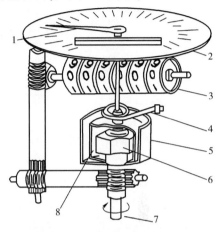

图 7-2 磁感应式车速里程表
1-指针;2-刻度盘;3-累计用计数器;4-游丝;5-轭环;6-磁铁;7-驱动轴;8-感应板

里程表主动轴的旋转还带动三套蜗轮蜗杆按一定传动比传动,从而逐级带动计数轮转动,进位计数制为十进制,其结构如图 7-3 所示。减速齿轮系从右向左依次为 1/10km、1km 10km 等,右边计数轮每转一圈,其相邻的左边计数轮就自动加 1,依次类推。汽车停车后,永久磁铁以及蜗轮蜗杆均停止转动,感应罩上的涡流转矩消失,在盘形弹簧作用下,车速表指针回零,同时里程表也停止计数。车速里程表的数值直接受主减速器传动比和车轮半径的影响,不同车辆的车速里程表一般不能相互换用。

2) 电子式车速里程表

电子式车速表里程表由永久磁铁、矩形塑料框内线圈、针轴、里程表电子模块、步进电动机、机械计数器组成。电子式车速里程表的外部如图 7-4 所示,内部结构如图 7-5 所示。

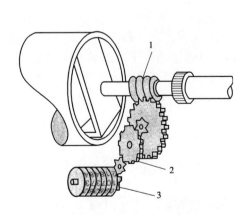

图 7-3 里程表的齿轮系和计数轮
1-车速表蜗杆;2-减速齿轮系;3-计数轮

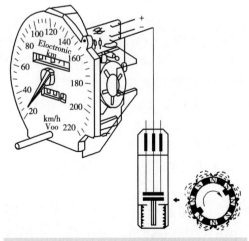

图 7-4 电子式车速里程表

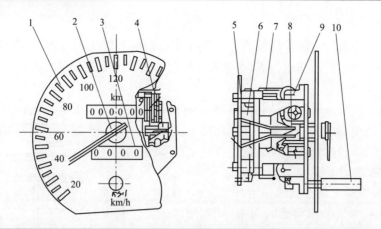

图 7-5　电子车速里程表测量指示机构
1-标度盘;2-指针组合;3-里程计数器;4-行星齿轮系;5-线路板;6-步进电动机;7-座架;8-动圈式测量机构;9-计数器组;10-日程复位机构

电子式车速里程表包括两部分:电子式车速表和电子里程表,如图 7-6 所示。

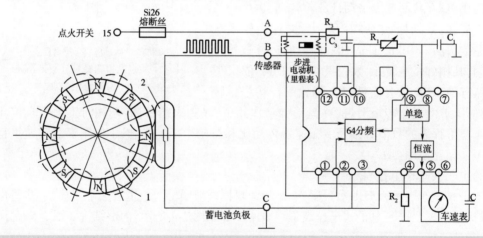

图 7-6　电子式车速里程表电路图
1-永久磁铁;2-干簧管继电器

(1)电子式车速表是一个带有通电线圈的指针机构,在恒定磁场下受磁场力的作用。当汽车以不同车速行驶时,在车速里程表传感器上产生一个不同频率的脉冲信号,由图 7-6 中的 B 端送到单稳态触发电路,用以控制恒流源的输出,从而改变了车速表指针机构中的线圈电流,于是它在恒定磁场中受到的作用力大小就发生了变化,因而车速表指针就指示出相对应的行驶车速。

(2)电子式里程表中带有里程小计的里程表是一个步进电动机,通过减速齿轮驱动两个鼓形机械十进位计数器,其中小计里程用作日行驶里程记录,只能记录到 999.9km,而里程表累计记录可达 999999km。汽车行驶速度不同时,B 端的脉冲信号频率不同,经 64 分频电路给步进电动机的电源信号也不同,使其旋转速度及里程积累速度也不同。里程小计可以随时清零。电子式车速里程表传感器如图 7-3、图 7-4 所示。它由一个干簧管继电器和一个带有四对磁极的塑料磁环组成。干簧管继电器的触点在磁场作用强时闭合,磁场作用弱时断开。带有磁极的塑料磁环安装在变速器输出轴的凸缘上,干簧管继电器安装在变速器壳体上并靠近塑料磁环。塑料磁环随着汽车的行驶不断转动,作用在干簧管继电器上的磁场强度不断变化,干簧管继电器触点闭合时 B 点为低电位,触点断开时 B 点为高电位,于是,输出端就获得了脉冲信号。车速里程表传感器中的干簧管继电器触点的开闭频率,应该和变速器输出轴的转速及电子式车速里程表的基本工作频率相互匹配。电子式车速里程表从变速器后部的霍尔传感器中取得脉冲信号,通过导线传送给指示器,避免了机械式车速里程表用软轴传输转矩所带来的很多弊端,并且其精度高、指针平稳、寿命长。

7.3.2 发动机转速表

发动机转速表用来测量发动机的曲轴转速。转速表按结构可以分为机械式和电子式。现今的汽车基本上都采用电子式转速表。比较常见的电子式转速表都是从点火系统获取转速信号,图 7-7 是其工作原理图。典型的电子式转速表有两种:

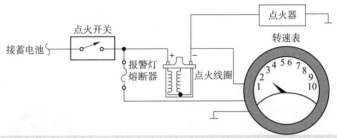

图 7-7 电子式转速表原理图

1)利用电容充放电的脉冲式电子转速表

利用电容充放电的脉冲式电子转速表的电路,如图 7-8 所示。这种转速表通常利用断电器触点产生的信号,当发动机工作时,分电器触点不断开闭,其开闭的次数与发动机的转数成正比。当触点闭合时,三极管 V_1 无偏压而处于截止状态。电容 C_2 被充电,电流流向为:蓄电池正极→电阻 R_3→电容 C_2→二极管 V_3→蓄电池负极。

当触点分开时,三极管 V_1 的基极电位接近蓄电池正极而导通,此时电容 C_2 便通过三极管 V_1,转速表测量机构 M 和二极管 V_4 构成放电电路,从而驱动转速表测量机构。

当触点不断开闭时,对电容 C_2 不断充放电,放电电流平均值与发动机转速成正比,通过转速表测量机构(毫安表)指示发动机的转速。

2)单稳态多谐振荡式转速表

单稳态多谐振荡式转速表的电路如图 7-9 所示,振荡器由断电器触点分开进行触发,当点火开关接通、发动机没有运转时,V_3 通过 R_5 处于正向偏置而导通,V_3 集电极的饱和电压不足以使 V_2、V_4 导通,此时转速表读数为 0。

当第一个断电器触点脉冲经过 R_1、C_1、C_2、R_3 组成的滤波网到达 V_2 的基极时,V_2 导通给 C_4 提供通路。V_3 的基极电位下降,V_3 瞬时截止(非稳态),V_3 的集电极电位迅速升高到电源电压,通过 R_9 使 V_2 进一步导通。在 C_4 上的电压到达 V_3 的导通电压以前,V_2 保持导通。在这一段时间内,一个已知的振幅脉冲出现在 V_3 的集电极上,并由 V_4 和 R_8 加在表头 M 上。由于断电器触点的脉冲宽度随转速变化,而单稳态多谐振荡器的输出不随转速变化,因此,V_3 集电极上的平均电压和转速成正比。

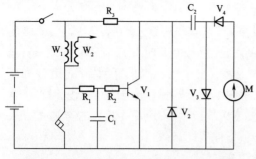

图 7-8 电容充放电的脉冲式电子转速表原理图

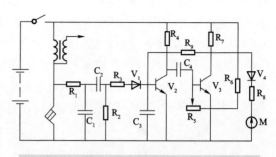

图 7-9 单稳态多谐振荡式转速表原理图

7.3.3 燃油表

燃油表用来指示油箱内储存油量的多少。装在仪表板上的燃油指示表和装在油箱内的传感器一起工作。燃油表分为电磁式和电热式。

1）电磁式燃油表

电磁式燃油表的基本结构如图 7-10 所示，电磁式燃油表电路如图 7-11 所示。

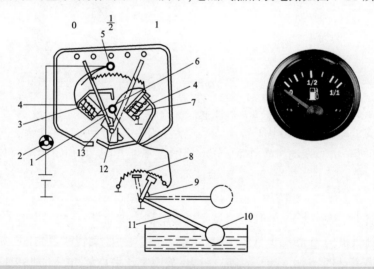

图 7-10 电磁式燃油表

1-指针；2-点火开关；3-左线圈；4-导磁片；5-接触柱；6-接线柱；7-右线圈；8-可变电阻；9-滑杆；10-浮子；11-浮子臂；12-轴；13-转子

燃油表中有两个绕在铁芯上的线圈，中间有磁性的转子，转子连有指针，传感器由可变电阻、滑杆和浮子组成，浮子浮在油面上，随油面的高低而改变位置。油面上升电阻增大，油面下降电阻减小。

当油箱内没有燃油时，浮子下降，电阻被短路，此时右线圈也被短路，通过其中的电流为零，不显示磁性，而左线圈在全部电源电压的作用下，通过其中的电流产生磁场，吸引转子，使指针在"0"位置。

随着油箱中油量的增加，浮子上升，电阻部分接入，这时一部分电阻与右线圈并联，同时又与左线圈串联，其电路为：蓄电池正极→点火开关→左线圈→右线圈和并联的电阻→搭铁→蓄电池负极。此时，左线圈由于串联了电阻，电流减小，磁场减弱，而右线圈中有电流通过产生磁场。转子处于两个磁场的共同作用下,向右偏移,指针指示出油箱中的油量。

当油箱中装满油时,浮子带着滑片移到电阻的最左端,电阻全部接入电路中。此时左线圈中的电流更小,磁场更弱,而右线圈中的电流增大,磁场加强,转子便带着指针向右偏移,停在满油位置。

2) 电热式燃油表

电热式燃油表(图7-12)由滑动电阻式油面

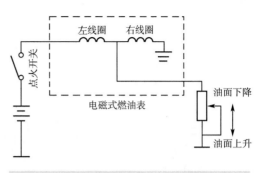

图7-11 电磁式燃油表电路图

高度传感器和带稳压器的油面指示表组成。仪表的工作电压为9.5~10.5V。电流自蓄电池经稳压器双金属片、燃油表电阻丝、油面高度传感器的可变电阻、滑动接触片,最后回到蓄电池。当油箱内没有燃油时,传感器中的浮子处于最低位置,滑动接触片触头位于可变电阻的右端,此时电阻最大,通过仪表电阻丝的平均有效电流最小,电阻丝散发的热量也最少,使得双金属片产生较小的变形,指针处于"0"位置。当油量增加时,传感器浮子随油面升高而升高,触头逐步向左移动,回路电阻减小,电流增大,双金属片热变形增大,指针随之右移。当油箱满油时,指针移到最右端。

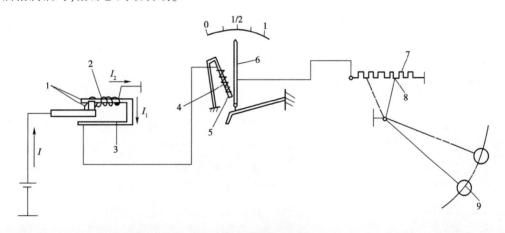

图7-12 电热式燃油表工作原理

1-触点;2-稳压器电阻丝;3-稳压器双金属片;4-燃油表电阻丝;5-双金属片;6-燃油表指针;7-可变电阻;8-滑动接触片;9-浮子

7.3.4 冷却液温度表和高温警报灯

冷却液温度表的电路与工作原理,如图7-13所示。将点火开关转到ON位置时,稳压电源就有了10V输出电压。这时,冷却液温度表电路电流流向为:稳压电源正极→冷却液温度表加热线圈→冷却液温度表传感器热敏电阻→稳压电源负极。当发动机冷却液温度升高时,冷却液温度表传感器中的热敏电阻值相应减小,因此流经冷却液温度表中的工作电流增大,使冷却液温度表中双金属片变形增大,推动冷却液温度表指针向温度高的方向转动。当冷却液温度下降时,冷却液温度表指针向温度低的方向转动。所以冷却液温度表指示的温度就是发动机冷却液的温度。当温度超过110℃时,感温包膨胀,使高温报警开关触点闭合,高温报警灯亮。

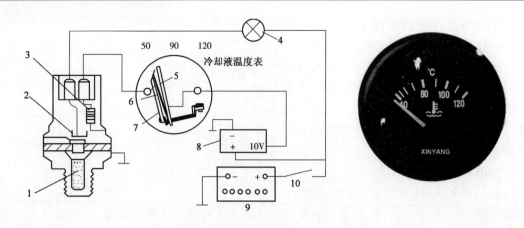

图7-13 冷却液温度表工作原理

1-开关感温包;2-高温报警灯开关;3-冷却液温度表热敏电阻;4-高温报警灯;5-指针;6-加热线圈;7-双金属片;8-电子式稳压器;9-蓄电池;10-点火开关

7.3.5 机油压力报警装置

如果润滑系统机油压力过低,会使需要润滑的各部件严重磨损,因此,机油压力报警灯点亮时就要及时检查机油压力降低的原因。如果是油量不足,就要补充机油,并检查润滑系统有无泄漏;如果机油量足够,报警灯仍点亮,那么可能是机油滤清器或油路堵塞,应送维修厂修理。

常见的机油压力报警装置有膜片式和弹簧管式两种。

1) 膜片式机油压力报警装置

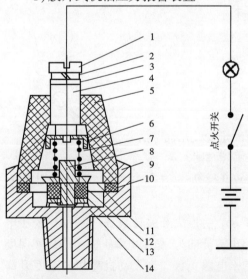

图7-14 膜片式机油压力报警装置

1-接线螺钉;2-弹簧垫圈;3-平垫片;4-导电柱;5-胶木绝缘体;6-弹簧座;7-弹簧;8-弹簧座;9-接触片;10-密封胶圈;11-橡胶膜片;12-密封胶圈;13-铜垫片;14-接触片

膜片式机油压力报警装置的基本结构如图7-14所示。它主要由膜片式油压开关和报警灯组成。报警灯安装在驾驶室的仪表板上。油压开关安装在发动机的主油道上。外部的报警灯通过接线螺钉和膜片弹簧传到膜片弹簧座。油压正常时,膜片处于中间位置不与外壳接触。

当机油压力太高时,膜片在油压的作用下克服弹簧张力向上拱曲,膜片与接触片一起向上运动,接触片与外壳接触,从而接通油压报警灯回路,报警灯点亮。

当油压太低时,在弹簧力的作用下,膜片向下拱曲,带动接触片向下运动与外壳接触,即接通了报警灯回路,报警灯点亮。

2) 弹簧管式机油压力报警装置

东风EQ1090E型载货汽车装备的就是弹簧管式机油压力报警装置,其结构如图7-15所示。

它由装在发动机主油道上的弹簧管式传感器和装在仪表板上的红色报警灯组成。当油压低于 0.05～0.09MPa 时,管形弹簧变形较小,触点闭合,电路接通,报警灯点亮。当油压超过 0.05～0.09MPa 时,管形弹簧变形较大而使触点分开,电路断开,报警灯熄灭,表示机油压力正常。

7.3.6 燃油箱油量报警灯

当油箱油量接近下限时,报警灯点亮,这时必须添加燃油,切忌把油箱内的燃油用尽。因为电动燃油泵就安置在油箱底部,并且靠燃油冷却。一旦燃油用尽,就会把空气吸入,在油路中形成气阻,以后即使注满了燃油,也会因气阻而不能把燃油输送到发动机,而且电动燃油泵没有燃油进行冷却,也容易因温度过高而损坏。

油箱油量报警装置的结构如图 7-16 所示。它由热敏电阻式传感器和报警灯组成。当油箱油量多时,负温度系数的热敏电阻元件浸入油中,温度低、阻值大、电流小,报警灯熄灭。当油量减少到规定值以下时,热敏电阻元件露出油面,散热变慢、阻值减小、电流增大,报警灯点亮,从而提醒驾驶人应及时加注燃油。

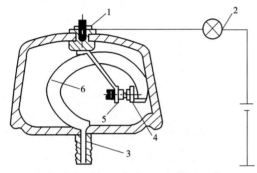
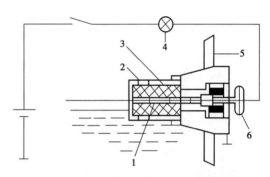

图 7-15 弹簧管式机油压力报警装置
1-接线柱;2-报警灯;3-管接头;4-动触点;5-静触点;6-管形弹簧

图 7-16 热敏电阻式油箱油量报警装置
1-热敏电阻元件;2-防爆用金属片;3-外壳;4-报警灯;5-油箱外壳;6-接线柱

7.3.7 其他常见的报警灯

1) 冷却液液面报警灯

冷却液液面过低时,冷却液液面灯点亮。液面过低会导致散热器过热,甚至"开锅",从而影响发动机工作,此时必须立即添加冷却液,但一定要使用同一牌号规格的冷却液。如果在行车途中"开锅",作为临时措施,也可以添加食用蒸馏水。

注意:千万要等散热器冷却以后再打开盖子,以免烫伤。

2) 充电报警灯

充电报警灯点亮时,说明充电系统出现故障,应及时检查电气线路,查明并消除故障。如果在发动机运行时突然闪亮,应立即停车并关闭发动机,检查发电机的传动带是否松脱或断裂。如果传动带已有破损就要小心驾驶,并立即开到修理厂更换传动带。

3) 制动片磨损限量报警灯

制动片磨损限量报警灯点亮时,说明车轮制动器中的制动片(摩擦片)已磨损到极限,应及时将车辆送修,更换制动片,否则就会造成制动失灵,并损坏制动盘。

4) ABS 报警灯

当 ABS 报警灯在发动机起动后不熄灭,或是在行驶中突然闪亮时,就表明 ABS 系统出现了故障。这时 ABS 不工作,但常用的制动系统仍能发挥作用,要按不带 ABS 的汽车制动方式进行操作,随后应及时去修理厂检修。

5)安全气囊报警灯

当点火开关接通时,安全气囊报警灯应点亮,数秒钟后应立即熄灭。如果不熄灭或行驶时报警灯开始闪亮,则表明安全气囊有故障。此时,并不影响汽车的行驶,但是安全气囊将有可能不工作,应及时去特约维修点检查。

6)正时传动带报警灯

正时传动带一旦断裂,会给发动机运行带来严重的后果,因此有的汽车上装有正时传动带报警灯。当汽车行驶到一定里程需要更换时,报警灯点亮,表明要及时更换。

7)尾灯报警灯

正常行驶时,尾灯报警灯点亮,则说明尾灯有故障,应立即检查尾灯线路和灯泡。

8)清洗器液面过低报警灯

清洗液量控制器如图 7-17 所示,用万用表(Ω 量程)检查清洗器液量控制器。如果浮子上升(液面高)时不导通,浮子下降(液面低)时导通,则表明控制器正常。

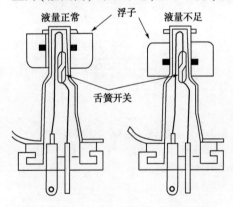

图 7-17 清洗器液量控制器的检查

9)制动器报警灯

制动器报警灯的接线如图 7-18 所示,点火开关接通时为制动器报警灯提供电源。当制动液液位降低时,内置的永磁磁环的浮子同时下降,液位传感器内的舌簧开关闭合,使制动器报警灯负极搭铁,制动器报警灯点亮提示制动系统有故障。另外在停车时,制动器报警灯在手制动开关闭合时也点亮。图中并联在舌簧开关上的电阻器(约 500Ω)是为了防止烧坏开关触点而设置的。

报警灯的设置视汽车上各种配置的不同而异,维修具体车辆时,一定要查看该车的维修手册。以红色或黄色符号显示时,表明有故障。有的显示器还以文字形式显示信息给驾驶人,提醒驾驶人应及时查明故障原因,排除故障。汽车主要仪表指示灯和报警灯符号,如图 7-19 所示。

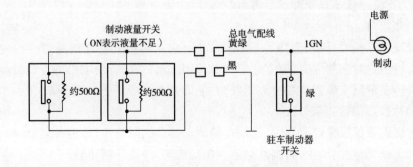

图 7-18 制动器报警灯接线图

远光	近光	转向灯
危险警报灯	风窗玻璃刮水器	风窗玻璃洗涤器
风窗玻璃刮水器及洗涤器	通风风扇	停车灯
发动机舱盖	行李舱盖	阻风阀(冷起动用)
音响警告(喇叭)	燃油	发动机冷却液温度
蓄电池充电状况	发动机机油压力	安全带
前照灯清洗器	点烟器	前雾灯
后雾灯	灯光总开关	风窗玻璃除雾除霜
后风窗玻璃除雾除霜	无铅汽油	前照灯水平位置操纵机构
后风窗玻璃刮水器	后风窗玻璃洗涤器	后风窗玻璃刮水器及洗涤器
发动机故障	驻车制动	制动系统故障制动液
安全带	安全气囊	车门未关

图 7-19 汽车主要仪表指示灯和报警灯符号

这里特别要指出或强调的是：发动机机油压力警报灯亮、冷却液温度警报灯和制动系统故障报警灯亮，车辆要马上熄火并靠路边停车。在高速公路行车时，应在紧急停车带停车，同时应当按照规定使用紧急灯光示警，并在来车方向的 150m 之外，设置故障车警告标志，提醒后来车辆注意安全。没有查明故障原因并排除故障，不得行驶。

7.4 数字电子仪表板

7.4.1 电子仪表板

随着汽车电气设备的不断增加，电气系统越来越复杂。所以，现今的汽车上都装有电子仪表板。电子仪表常用的电子显示器有发光二极管（LED）、液晶（LCD）、真空荧光管（VFD）、阴极射线管（CRT）、等离子显示器（PDP）和电子发光显示器（ELD）等。

7.4.2 数字仪表

奥迪采用比较先进的数字仪表，其显示更为准确，如图 7-20 所示。

组合仪表的整个信息显示区分为三部分：上部显示区中有游标框，根据车辆装备的不同，游标框内的游标最多可达 6 个；中部为中央显示区，通过游标框可以选择显示哪些信息；下面有状态栏，用于显示基本信息。可通过多功能转向盘上相应的操作元件，来操纵驾驶人信息系统。

图7-20　奥迪车辆仪表的信息显示区

通过数字仪表板,驾驶人可以选择显示的内容,大多数系统还能让有潜在危险情况的仪表自动显示。例如,如果驾驶人选择了机油压力表显示机油压力,而此时发动机温度已上升到危险值,则温度表便会自动显示以警告驾驶人。有头顶显示系统的,还可通过真空荧光显示器投影到前风窗玻璃上。

1)车速表和里程表

数字组合仪表接收从车速传感器发出的经过车速传感器缓冲器的车速信号,信号的频率和车速有关。组合仪表中的微处理器把车速信号转变为车速和里程供车速表和里程表显示。里程数据存放在存储器中,存储器无须供电就能保存信息。驾驶人可以通过车速表和里程表直接读出相关数据。

2)计程设置开关

计程设置开关位于数字组合仪表中,可以设置显示本次里程和总里程。当开关设定后,组合仪表内的显示板提供一个搭铁输入,使计程器复位。

3)显示照明

当前照灯开关处于"驻车"或"前照灯"时,数字组合仪表的真空荧光显示自动变弱光。当前照灯开关断开时,真空荧光显示处于最大亮度。当前照灯开关处于"驻车"或"前照灯"时,可以通过旋转前照灯开关旋钮来调节光亮度。前照灯开关旋钮控制照明变阻器,将可变的电压提供给数字组合仪表。显示的亮度和加在变阻器上的电压成正比。

4)燃油表

燃油表利用真空荧光显示来显示燃油油面。燃油箱单元是个可变电阻,通过导线将可变电压传送给燃油表。当燃油油面较高时,燃油箱单元中的电阻也较大。当燃油油面下降时,燃油箱单元中的电阻也变小(燃油箱空时为0Ω)。

5)冷却液温度指示器

冷却液温度指示器用来警告驾驶人冷却液温度过高。当点火开关处于"运转""灯泡测试"或"起动"位置时,电压通过熔断丝加到冷却液温度指示器。在"灯泡测试"和"起动"位置时,通过点火开关搭铁,进行灯泡测试。在"运转"位置时,当冷却液温度超过预定值时,冷却液温度开关接通,使指示灯点亮。

6)机油压力警告指示器

当点火开关处于"运转""灯泡测试"或"起动"位置时,蓄电池电压通过熔断丝加到组合仪表的机油"压力"警告指示器的一端。如果发动机机油压力低于规定值,燃油泵/机油压力开关闭合。此开关闭合时,机油压力警告指示器和灯泡由燃油泵和发动机机油压力指示器开关提供搭铁回路而点亮。

7)机油油面过低指示器

机油油面过低指示器搭铁由发动机机油油面低模块控制。为了检查机油油面低的情况,发动机机油油面低模块在点火开关已转到 OFF 或 LOCK 挡后,通过机油油面传感器开关提供搭铁回路而点亮。

8)冷却液少指示器

冷却液少指示器由冷却液少模块控制其搭铁。此模块在冷却液少探针中采用可变电阻来确定冷却液是否较少。如果冷却液较少,模块搭铁端子搭铁,使指示器点亮。

7.4.3　头顶显示

现在,有些车型装配了头顶显示(HUD)装置。该系统在驾驶人视野所及的前风窗玻璃上显示视觉映象。因此,驾驶人不必一会儿看路面一会儿看仪表板。映象是通过真空荧光显示器投影到前窗玻璃上的,可以投影车速里程表、转向信号、远光指示器和低燃油油位报警器等信息。

7.4.4　具有语音报警系统的仪表板

装备该系统的仪表板,可以用语音提醒驾驶人汽车的行驶状况。当汽车的某个系统出现危险时,语音报警模块便发出警告,提醒驾驶人,同时也会显示文字信息。如果此时收音机正在使用中,语音报警模块会发出请驾驶人中断收音机的语句,然后由靠近驾驶人的扬声器发出警告信息。

7.4.5　具有驾驶人信息系统的仪表板

驾驶人信息系统可能是单纯的计算燃油经济性、能行驶的距离和剩油量的系统,也可能是具有更多功能的系统。现在比较复杂的驾驶人信息系统,可以显示的内容几乎无所不包,如外界气温、罗盘、离目的地的距离和时间、日期、时间以及平均车速等。有的还装备了全球定位系统(GPS)。随着汽车技术的不断发展,仪表板的功能会越来越强大,逐渐发展成可以为驾驶人提供各种数据的信息中心。

课 堂 讨 论

1. 传统汽车仪表有哪些?各自有何功能?
2. 简述电子燃油表的工作原理。
3. 试述电热式冷却液温度表和电磁式冷却液温度表的工作原理,并比较它们的优缺点。
4. 发动机转速表是如何获取发动机转速信号的?
5. 试述车速里程表的工作原理。

相 关 技 能

7.5　汽车仪表常见故障检修

汽车组合仪表的常见故障包括:表工作失灵、表不显示、表显示不正常和指示灯/警报灯不亮等。故障判断时,要根据具体电路和工作原理进行分析和判断。一般主要有电源电路故障、搭铁回路故障、传感器故障、相应的指示灯/报警灯控制开关故障。

下面以油压表、燃油表和冷却液温度表为例分析仪表的故障,其他仪表故障的诊断思路和方法大致相同。

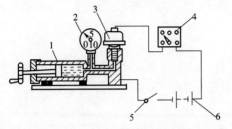

图7-21 油压表与传感器的校验
1-手摇油压机;2-标准油压表;3-被测(或标准)传感器;4-被测(或标准)油压表;5-开关;6-蓄电池

7.5.1 油压表的检测

1)检测指示表与传感器的电阻值

用万用表检测指示表内的线圈和传感器的电阻值,其值应该符合原制造厂的规范,否则应更换。

2)油压表与传感器的校验

检测方法如图7-21所示,接通开关5,摇转手柄改变油压,若被测油压表4指示的压力与标准油压表2的压力相同,证明被测油压表与传感器工作正常,否则应予以调整或更换。几种车型的油压表的技术规格,见表7-1。

几种车型的油压表的技术规格　　　　表7-1

车型	指示表电阻(Ω)	传感器	
		压力 kPa(kg/cm²)	电阻(Ω)
BJ 213	—	0	1
		294(3)	46
		530(5.4)	87
三菱	50	0	0
		392(4)	84
		585(8)	110

3)油压表与传感器的调整

电磁式、动圈式油压表可通过改变左右线圈的轴向位置或夹角来调整,双金属片式油压表可通过拨动表中的齿扇来调整。

调整双金属片式油压传感器,可在传感器之间串入电流表。若油压为"0"压力时,传感器输出电流过大或过小,应烫开被试传感器的调整孔,拨动调整齿扇5(图7-22)进行调整。若油压过高时,输出电流较规定值偏低,应更换传感器的校正电阻8(一般在30～360Ω范围内调整),如果在任何压力下输出电流均超过规定值,且调整齿扇无效时,应更换传感器。

4)油压指示表的检测

检测油压指示表时,将被测的油压指示表串联在图7-23所示的检测电路中。

接通开关,调整可变电阻,当毫安表分别指在规定值时,指示表应指在规定的位置上。误差不应超过20%。

几种车型的双金属片油压表的检验规范,见表7-2。

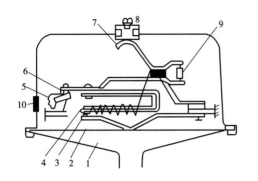

图7-22 油压传感器
1-油腔;2-膜片;3-弹簧片;4-双金属片;5-调整齿扇;6-接触片;7-接线柱;8-校正电阻;9-电阻;10-熔孔

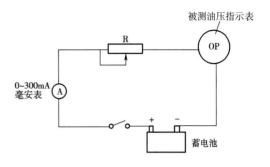

图7-23 被测试指示表串接在电路中

几种车型的双金属片油压表的检验规范　　　　表7-2

车　型	指示表的读数(MPa)	标准电流表的指示数(mA)	电流指示数的允许偏差(mA)
解放 CA10	0	65	±5
	0.2	175	±3
	0.5	240	±10
东风 140	0	30	±2.5
	0.3	62.5	±1.5
	0.7	90	±4

7.5.2 燃油表的检测

1) 燃油表与传感器的测量

用万用表分别测量燃油表线圈和传感器电阻值,均应符合制造厂的规定,不符合标准的应维修或更换。常见燃油表线圈和传感器的电阻值,见表7-3。

常见燃油表线圈和传感器的电阻　　　　表7-3

车　型	燃油表线圈电阻(Ω)	传感器电阻(Ω)/传感器浮子中心离底面或水平面的距离(mm)		
		0/E(空)	1/2	1/F(满)
夏利 TJ7100	55	1~5/40	28.5~36.5/91	103~117/129
BJ 213	55±5	1	44	88
Audi 100	—	253		40
三菱 L300	25	113.5~126.5		14.9~19.1
日产(蓝鸟)	—	80/205.5	37/121.1	10/30.6
丰田(皇冠)	102	110/136.3	32.5/40.5	3/47.7

2) 燃油表与传感器的检测与调整

先将被测指示表与标准传感器按图7-24所示接线。然后闭合开关K,将标准传感器的浮子杆与垂直轴线分别成31°和89°时,指示表必须对应指在"0(E)"和"1(F)"的位置上,其误差不得超过±10%,否则应予以调整。

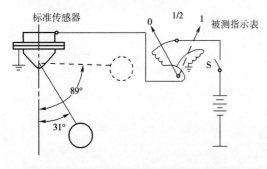

图 7-24 燃油表与传感器的检测

若电磁式、动磁式指示表不能指到"0(E)"时,可上下移动左铁芯的位置进行调整;若不能指到"1(F)"时,可上下移动右铁芯的位置进行调整,或更换新表。

若双金属片式指示仪表不能指到"0(E)"或"1(F)"时,可转动调整齿扇进行调整。

若标准指示仪表指到"0(E)"或"1(F)"时,如果传感器超过误差值,可改变滑动接触片的位置进行调整,或更换新传感器。

7.5.3 冷却液温度表的检测

1)冷却液温度表与传感器的测量

用万用表分别测量冷却液温度表线圈和传感器电阻值,均应符合制造厂的规定,不符合标准的应维修或更换。常见冷却液温度表线圈和传感器的电阻值,见表 7-4。

常见水温表线圈和传感器的电阻   表 7-4

车 型	冷却液温度表线圈电阻(Ω)	传感器	
		冷却液温度(℃)	传感器电阻(Ω)
夏利 TJ7100	25	50	226
		115	26.4
BJ 213	—	40	136.5
		105	93.5
		115	55.1
Audi 100		50	253
		120	40
三菱 L300	25	C	104
		H	24

2)冷却液温度表的检测与调整

对于双金属片式冷却液温度表可将被测指示表串接在如图 7-25 所示的电路中。接通开关,调节可变电阻 R,当毫安表指示 80mA、160mA、240mA 时,指示表应相应指在 100℃、80℃、40℃的位置上,其误差应符合表 7-5 的规定(不同型号的冷却液温度表有所差异)。若指示与规定电流不符,应予以调整。若指针在"100℃"时不准,可拨动左调整齿扇进行调整。若指针在"40℃"时不准,可拨动右齿扇进行调整,使其与标准值相符,各中间点可不必校验。

冷却液温度表的允许误差数据表   表 7-5

测量范围(℃)	检测温度值(℃)	允许误差(℃)
40~120	100	±4
	80	±5
	40	±10

3)冷却液温度表与传感器的校验

按图7-26装好被检测传感器(检测传感器时)或者标准传感器(检测指示表时),并接好线路,接通电路,使加热容器内的冷却液温度分别为规定值,并在保持3min不变的情况下观察冷却液温度表与水银温度计读数,相同则为良好,否则需要调整或者更换。

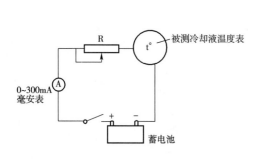

图7-25 冷却液温度表的检测

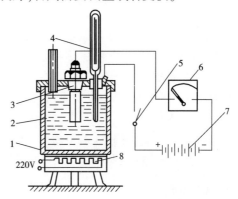

图7-26 冷却液温度表的校验
1-加热容器;2-水;3-被检测(或标准)传感器;4-水银温度计;5-开关;6-被检测(或标准)冷却液温度表;7-蓄电池;8-电炉

思考与练习

一、名词解释

1. 仪表稳压器。
2. 真空荧光管。
3. HUD。
4. LCD。

二、填空题

1. 汽车常见仪表有_____、_____、_____、_____、_____、_____等。

2. 机油压力表的作用是在发动机运转时,指示发动机_____。它由装在发动机_____上的机油压力传感器配合工作。

3. 冷却液温度表的作用是指示发动机的_____,其正常指示值一般为_____,它与装在发动机_____或_____上的冷却液温度传感器配合工作。

4. 燃油表用来指示汽车_____。它与装在_____内的燃油传感器配合工作。传感器一般为_____式。

5. 发动机转速表是用来测量_____。按其结构不同可分为_____式和_____式两种,其中_____式广泛应用。

6. 车速里程表是用来指示汽车行驶＿＿＿＿和累计汽车行驶＿＿＿＿，它由＿＿＿＿表和＿＿＿＿表两部分组成。按其工作原理可分为＿＿＿＿式和＿＿＿＿式两种。

7. 报警装置由＿＿＿＿和＿＿＿＿组成，报警发光元件分＿＿＿＿和＿＿＿＿两种。

8. 汽车常用电子显示器件大致分为两类：＿＿＿＿和＿＿＿＿。

9. 现代汽车仪表板内电路连接一般采用＿＿＿＿连接。

10. 汽油车发动机转速表的转速信号一般取自＿＿＿＿的脉冲信号。

11. 接通点火开关 ON 挡，充电指示灯、油压报警灯应＿＿＿＿；发动后，两者均应＿＿＿＿。

12. 接通点火开关，拉起驻车制动器手柄时，仪表板上的驻车制动灯应＿＿＿＿，放松驻车制动器手柄时，该灯应＿＿＿＿。

三、选择题

1. 对于电热式的机油压力表，传感器的平均电流大，其表指示的(　　)。
    A. 压力大　　　　B. 压力小　　　　C. 压力可能大也可能小

2. 若将负温度系数热敏电阻的冷却液温度传感器电源线直接搭铁，则冷却液温度表(　　)。
    A. 指示值最大　　B. 指示值最小　　C. 没有指示

3. 如果通向燃油传感器的线路短路，则燃油表的指示值为(　　)。
    A. 100%　　　　B. 50%　　　　　C. 0%

4. 汽油油面过低的报警灯所使用的电阻是(　　)。
    A. 正热敏电阻　　B. 普通电阻　　　C. 负热敏电阻

四、判断题(对的画"√"，错的画"×")

1. 为了使机油压力表指示准确，通常在其电路中安装稳压器。（　　）
2. 电热式冷却液温度表传感器在短路后，冷却液温度表将指向高温。（　　）
3. 机油压力传感器在机油压力越高，所通过的平均电流就越大。（　　）
4. 电子仪表中的车速信号一般来自点火脉冲信号。（　　）
5. 电子仪表中的燃油传感器的参考电压为 12V。（　　）
6. 当发动机的冷却液的温度高于 80℃ 时，冷却液温度报警灯亮。（　　）
7. 当放电报警灯亮时，说明蓄电池正在被充电。（　　）

五、简答题

1. 简述机油压力表与传感器的工作原理。
2. 简述数字显示组合仪表的优点。
3. 说出常见的几种警报指示灯。
4. 数字式仪表常用显示器件有哪些？

单元 8 空调系统故障检修

学习情境

维修部前台接到一辆要求检修汽车空调的汽车,车主反映该车去年夏天空调使用很正常,但今年入夏后发现,打开空调后冷气不够冷。经初步检查,在打开空调开关后,该车空调压缩机的工作时断时续,同时还伴有制冷剂不足的问题。

生产任务一 加注汽车空调制冷剂

1)工作对象

需加注空调制冷剂的汽车一辆。

2)工作内容

(1)领取所需的工具和仪器,做好工作准备;

(2)对汽车空调制冷系统进行基本检查,判断不制冷的原因是制冷剂不足还是电路故障;

(3)完成汽车空调制冷系统的检漏、残余制冷剂的回收、冷冻润滑油的加注、抽真空、加注制冷剂的作业;

(4)对修复后的空调制冷系统工作状况进行全面检查,评价工作质量;

(5)整理工具,清洁工作场地。

3)工作目标与要求

(1)学生应以小组工作的方式,完成本项工作任务;

(2)学生应当能在小组成员的配合下,利用汽车维修手册或实训指导书,制订工作计划,实施工作计划;

(3)能通过阅读资料和现场观察,辨别所送检车辆空调制冷系统的类型;

(4)能分辨所修车辆空调系统各部件的安装位置,说明各部件名称、作用,描述空调系统工作原理;

(5)能向客户解释所修车辆空调制冷系统的故障原因,向客户说明汽车空调的使用注意事项;

(6)能按规范的步骤,完成车辆空调制冷系统加注制冷剂及其相关作业;

(7)在工作过程中,注意工作安全,做好废料的处理,保持工作环境整洁。

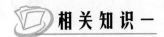

相关知识一

8.1 汽车空调概述

从 1927 年出现单一取暖空调装置开始,汽车空调至今已有 90 多年历史。

(1)单一取暖空调装置。1927 年,在美国纽约市场上出现了第一台汽车单一取暖空调装置。

(2)单一冷气汽车空调。1938 年,美国人帕尔德发明了单一冷气汽车空调。

(3)冷暖一体化整体式汽车空调。1954 年,第一台冷暖一体化整体式汽车空调设备,安装在美国 Nash 牌小客车上。

(4)自动控温的汽车空调。1964 年,第一台自动控温的汽车空调,装设在美国通用汽车公司的轿车上。

(5)自动汽车空调。1971 年之后,皇冠、劳斯莱斯、奔驰都分别安装了自动汽车空调装置。

(6)计算机控制的全自动汽车空调。1979 年,美国和日本共同推出了用计算机自动控制的汽车空调设备系统。

现今的汽车广泛使用计算机控制的全自动空调,并正在朝着节能化、环保化、自动化和个性化方向发展。

8.1.1 汽车空调的功能

汽车空调是用来改善汽车舒适性的设备,可以对车内空气的温度、湿度进行调节,并保持车内空气的清新和流通。

汽车空调的功能,如图 8-1 所示。

图 8-1 空调系统的功能

(1)调节车内温度:在冬季利用其采暖装置升高车内温度,夏季利用制冷装置对车内降温。

(2)调节车内湿度:利用制冷装置冷却降温去除空气中的水分,再由采暖装置升温,以降低空气的相对湿度。

(3)调节车内的空气流速:夏季空气流速稍大有利于人体散热降温,冬季空气流速过大则会影响人体保温,因此夏季舒适风速一般为 0.25m/s,冬季的舒适风速一般为 0.20m/s。

(4)过滤净化车内空气:由于车内空间小,乘员密度大,车内极易出现缺氧,而车外道路上的粉尘等又容易进入车内造成空气污浊,影响乘员的身体健康,因此要求空调必须具有补充车外新鲜空气、过滤和净化车内空气的功能。

8.1.2 汽车空调的组成

为完成空调的上述功能,汽车空调系统通常由以下系统或装置组成:

(1)制冷系统:用以降低车内的温度、湿度。

(2)暖气系统:用以提高车内的温度。

(3)通风系统:用以调节车内的气流和换气。

(4)空气净化装置:净化空气,除去车内存在的灰尘和气味。

(5)控制系统:对制冷和暖风装置等进行控制,使空调正常工作。

目前,根据车辆配置的不同,其所配备的汽车空调系统也有所不同,低档汽车一般具有冷暖一体化整体式汽车空调,中高档汽车一般具有自动汽车空调或计算机控制的全自动汽车空调。

空调系统控制有手动控制和自动控制之分。手动空调需要驾驶人通过旋钮或拨杆对控制对象进行调节,自动空调只需驾驶人输入目标温度,空调系统便可按照计算机程序的设定自动进行调节。

8.2 汽车空调制冷系统

8.2.1 制冷系统的组成和制冷原理

1)制冷系统的组成

世界上有多种要求的制冷系统,因此制冷系统有许多类型,主要有使用在小轿车上的膨胀阀式制冷系统和使用在大客车上的膨胀管式制冷循环系统。其中,最常用的是使用在小轿车上的膨胀阀式制冷系统,因此本章重点叙述的是膨胀阀式制冷系统。膨胀阀式制冷系统主要部件有压缩机、冷凝器、储液干燥器、膨胀阀和蒸发器五大部分,如图8-2所示。

2)制冷循环原理及五大部件作用

制冷循环由压缩、放热、节流和吸热四个过程组成,如图8-2所示。

(1)压缩过程。压缩机吸入蒸发器出口处的低温低压的制冷剂气体D(压力约0.15MPa、温度-5℃的气体),把它压缩成高温高压的气体A(压力约1.5MPa、温度为80~90℃),然后送入冷凝器。此过程的主要作用是压缩增压,以使气体易于液化。压缩过程中,制冷剂状态不发生变化,而温度、压力升高,形成过热气体。这一过程在压缩机内部完成。

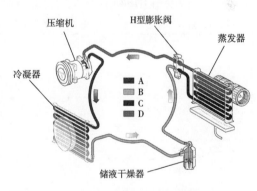

图8-2 制冷系统组成和制冷原理

(2)放热(液化)过程。高温高压的过热制冷剂气体A进入冷凝器(散热器),与大气进行热交换。由于温度的降低,制冷剂气体冷凝成液体,并放出大量的热。此过程作用是放热、冷凝。冷凝过程的特点是制冷剂的状态发生变化,即在压力不变的情况下,由气态逐渐向液态转变。冷凝后的高压中温制冷剂液体B(压力约1.5MPa、温度为40~50℃)进入储液干燥器。这一过程在冷凝器内部完成。

(3) 节流(膨胀)过程。高压中温制冷剂液体 B 经膨胀阀节流降压降温,由于压力突然降低,液态变为雾状,部分变为气态,使其温度降低。以低压低温雾状制冷剂液体 C(压力约 0.15MPa、温度 -18℃的雾态的液体)排出膨胀装置。该过程的作用是使制冷剂降压降温,由高压液体迅速变成低温低压雾态液体,以利于在蒸发器内部吸热,并控制制冷能力以及维持制冷系统正常运行。这一过程在膨胀阀出口就已经完成。

(4) 吸热(汽化)过程。经膨胀阀降温降压后的雾状制冷剂液体 C 进入蒸发器,因此时制冷剂沸点远低于蒸发器外表的温度,故制冷剂液体在蒸发器内蒸发、沸腾成气体。在蒸发过程中大量吸收周围的热量,降低车内温度。然后,低温低压的制冷剂气体 D 流出蒸发器,等待压缩机再次吸入。吸热过程的特点是制冷剂状态由液态变化到气态,此时压力不变,即在定压吸热过程中完成这一状态的变化。这一过程在蒸发器内部完成。

上述过程周而复始地进行,便可使汽车内温度达到并维持在给定的状态。

在制冷循环系统中,储液干燥器的主要作用是在车速变化时保持制冷剂的流量不变、稳定制冷效果;同时,还可吸收制冷剂中少量的水分,滤除杂质,保证制冷循环的正常进行。

3) 制冷剂和冷冻润滑油

(1) 制冷剂。制冷剂是制冷循环中的传热载体,通过状态变化吸收和放出热量,因此要求制冷剂在常温下很容易汽化,加压后很容易液化,同时在状态变化时要尽可能地多吸收或放出热量(较大的汽化或液化潜热)。同时,制冷剂还应具备以下的性质:不易燃、不易爆、无毒、无腐蚀性、对环境无害。

制冷剂的英文名称为 refrigerant,所以常用首字母 R 来代表制冷剂,如 R12、R22、R134a 等。过去常用的制冷剂是 R12(又称氟利昂)。这种制冷剂各方面的性能都很好,但是有一个致命的缺点,就是会破坏大气环境。它会破坏大气中的臭氧层,使太阳的紫外线直接照射到地球,对植物和动物造成伤害。目前,世界上大多数国家已经已停止使用 R12 作为空调系统制冷剂,而改用 R134a 代替。制冷器 R12 和 R134a 主要性能如表 8-1 所示。

制冷器 R12 和 R134a 主要性能　　　　　表 8-1

项　目	制冷剂代号	
	R12	R134a
化学式	CCl_2F_2	CH_2F-CF_3
分子量	120.9	102.3
标准大气压下沸点(℃)	-29.8	-26.2
临界温度(℃)	111.80	101.14
临界压力(MPa)	4.125	4.065
临界密度(kg/m^3)	558	511
饱和液体密度(25℃)(kg/m^3)	1311	1206
饱和蒸气比容(25℃)(m^3/kg)	0.0271	0.0310
汽化潜热(kJ/kg)	151.5	197.5
ODP 值(臭氧破坏潜能值)	1.0	0.1

R134a 虽然不破坏大气层,但有使全球变暖的可能,所以它被认为是一种过渡性替代物。目前,欧美正在积极进行采用 CO_2 制冷剂的空调系统研究工作。

①制冷剂 R134a 的特点主要有：

A. R134a 不含氯原子,对大气臭氧层破坏作用小。

B. R134a 具有良好的安全性能(不易燃,不爆炸,无毒,无刺激性,无腐蚀性)。

C. R134a 的传热性能比较接近 R12,所以制冷系统的改型比较容易。

D. R134a 的传热性能比 R12 好,因此制冷剂的用量可大大减少。

②R134a 与 R12 制冷系统有很大不同,其制冷剂也不能互换。其主要区别有：

A. 存放 R134a 的容器为浅蓝色,而存放 R12 的容器为白色。

B. R134a 制冷系统连接软管是用橡胶和尼龙特制的,并且在其外部有汽车工程学会的印记;而 R12 制冷系统连接软管常用一般的耐油橡胶管。

C. R134a 制冷系统连接管有颜色标记(低压管是蓝色带黑色条纹,高压管是红色带黑色条纹,普通管是黄色带黑色条纹),而 R12 制冷系统连接管则无此标记。

D. R134a 制冷剂入口处使用的是快速接头,而 R12 制冷系统使用的是螺纹接口。

E. R134a 制冷系统连接软管与仪表的接头采用 1/2in 螺纹,而且高压口的接头比低压口的大;而 R12 制冷系统连接软管与仪表的接头采用 7/16in 螺纹。

F. 与 R12 制冷系统相比,R134a 制冷系统具有较高的压力和温度,需要较大的冷却风扇。

(2)冷冻润滑油。在空调系统中,相对运动的部件需要润滑。由于制冷系统中的工作条件比较特殊,所以需要专门的冷冻润滑油。

冷冻润滑油的主要功能有：

①润滑。润滑摩擦面,使摩擦面完全被油膜分隔开来,从而降低摩擦功、摩擦热和磨损。

②冷却。冷冻润滑油的流动带走摩擦热,使摩擦零件的温度保持在允许范围内。

③密封。在密封部位充满油,保证密封性能,防止制冷剂的泄漏。

④清洗。冷冻润滑油的运动带走金属摩擦产生的磨屑,起到清洗摩擦面的作用。

除了上述作用外,冷冻润滑油还要与制冷剂相溶,并随着制冷剂一起循环。因此,冷冻润滑油是一种在高低温工况下均能正常工作的特殊润滑油。对其性能要求如下：

①凝点低,具有良好的低温流动性。

②黏度受温度的影响要小。

③与制冷剂的溶解性能要好。

④要有较高的热稳定性。

⑤化学性质要稳定。

冷冻润滑油有矿物油型、环烷基油型、聚烃基乙二醇合成油(PAG)和聚酯合成油(ESTER)型。

冷冻润滑油的选用主要根据制冷剂的类型进行选用,其次是根据压缩机类型(活塞式、螺杆式、离心式)进行选用。由于 R134a 制冷剂对一般橡胶、石油类物资溶解能力很强,因此使用 R134a 制冷剂的制冷系统只能使用聚烃基乙二醇合成油(PAG)和聚酯合成油型(ESTER)。一定要注意,冷冻润滑油的型号切不可乱用。特别是 R134a 和 R12 制冷剂使用的是完全不同的冷冻润滑油,因此不可换用,不可混用。否则,将造成严重后果。

8.2.2 空调制冷系统的主要部件

汽车空调制冷系统由压缩机、冷凝器、储液干燥器或集液器、膨胀阀、蒸发器以及制冷管道等组成。

1）压缩机

压缩机是汽车空调制冷系统的心脏，其作用是维持制冷剂在制冷系统中的循环，吸入来自蒸发器的低温低压制冷剂气体，压缩制冷剂气体，使其压力和温度升高，并将制冷剂气体送往冷凝器。其原理与普通空气压缩机相似，只是密封程度要求更高。目前，在汽车空调系统中所采用的压缩机有多种类型。

(1) 往复式压缩机（图 8-3）

往复式空调压缩机工作原理与发动机类似，通过曲轴带动活塞完成吸气、压缩、排气等。

(2) 螺旋式压缩机（图 8-4）

图 8-3　往复式压缩机

图 8-4　螺旋式压缩机

螺旋式压缩机主要分为动静式和双公转式两种。动静式应用最为普遍，它的工作部件主要由动涡轮与静涡轮组成。动、静涡轮的结构十分相似，都是由端板和由端板上伸出的渐开线型涡旋齿组成，两者偏心配置且相差180°，静涡轮静止不动，而动涡轮在专门的防转机构的约束下，由曲柄轴带动作偏心回转平动，即无自转、只有公转。

(3) 叶片式压缩机（图 8-5）

叶片式压缩机的气缸形状有圆形和椭圆形两种。在圆形气缸中，转子的主轴与气缸的圆心有一个偏心距，使转子紧贴在气缸内表面的吸、排气孔之间。在椭圆形气缸中，转子的主轴和椭圆中心重合。转子上的叶片将气缸分成几个空间，当主轴带动转子旋转一周时，这些空间的容积不断发生变化，制冷剂蒸气在这些空间内也发生体积和温度上的变化。叶片式压缩机没有吸气阀，因为叶片能完成吸入和压缩制冷剂的任务。如果有两个叶片，则主轴旋转一周有两次排气过程。叶片越多，压缩机的排气波动就越小。

(4) 斜盘式压缩机（图 8-6）

斜盘式压缩机分为固定排量和可变排量两种。斜盘式轴向柱塞空调压缩机通过斜盘带动柱塞的往复移动，完成制冷剂的抽吸和压缩过程。

(5) 内控式压缩机（图 8-7）

内控式压缩机腔内压力由作用在调节阀上的高压和低压以及校准用节流孔来确定。腔内压力的改变，可以改变斜盘的角度，而斜盘角度的变化，能够改变柱塞的行程，从而改变压缩机容积。改变斜盘的角度，可以实现上止点和下止点的变化范围。

单元 8　空调系统故障检修

图 8-5　叶片式压缩机

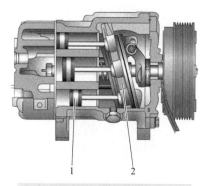

图 8-6　斜盘式压缩机
1-活塞;2-斜盘

调节阀的工作过程如图 8-8 所示。制冷能力强时,压缩机功率增大,腔压较低。制冷强度高时,高压和低压的压力都比较高。此时波纹管 2 被高压压靠在一起。波纹管 1 也被相对较高的低压压靠在一起。调节阀打开,腔压通过低压侧来卸压。活塞上面的低压与弹簧 1 的合力大于活塞下面的腔压和弹簧 2 的合力。此时斜盘的倾斜度变大,活塞行程增大,输出功率提高。

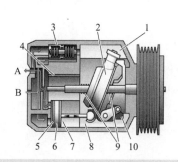

图 8-7　奥迪内控式压缩机
1-滑轨;2-斜盘;3-调节阀;4-校准用节流孔;5-活塞顶部;6-活塞;7-活塞底部;8-腔内压力;9-弹簧;10-驱动毂;A-高压;B-低压

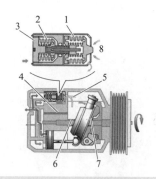

图 8-8　调节阀的工作过程
1-波纹管 1;2-波纹管 2;3-调节阀;4-校准的节流孔;5-压缩机腔内压力;6-弹簧 1;7-弹簧 2;8-压缩机腔内压力

制冷需求低时,压缩机功率较小,腔内压力较高。高压和低压相对来说都较低,此时波纹管 2 舒展开,相对较低的低压使得波纹管 1 也舒展开,调节阀关闭。低压侧因腔压而关闭,腔压经校准节流孔而增大。活塞上面的低压与弹簧 1 的合力小于活塞下面的腔压和弹簧 2 的合力。此时斜盘的倾斜度变小,活塞行程减小,输出功率降低。

2) 冷凝器

冷凝器的作用是将压缩机送来的高温、高压制冷剂蒸气液化或冷凝,从而得到高压制冷剂液体。冷凝器是一个热交换器,它将制冷剂在车内吸收的热量散发到大气当中。

如图 8-9 所示,来自压缩机的高温高压气态制冷剂进入冷凝器中,冷凝器的蛇形管和金属薄片会吸收热量。外部空气穿过冷凝器会吸收热量,于是制冷剂气体就冷却下来了。此时制冷剂的压力和温度都会降低,满足一定的压力和温度时,制冷剂变为液态,从底部流出,进入干燥器。

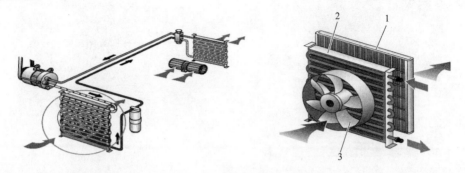

图 8-9 冷凝器

1-冷凝器;2-散热器;3-散热器风扇

3)储液干燥器和集液器

(1)储液干燥器简称储液器,用于膨胀阀式制冷系统中。主要作用:暂时存储制冷剂,使制冷剂的流量与制冷负荷相适应;滤除制冷剂中的杂质,吸收制冷剂中的水分,防止制冷系统管路脏堵和冰塞,保护设备部件不受侵蚀。另外,还有检视功能和安全保护功能。

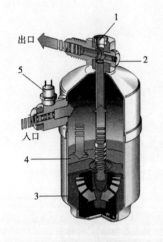

如图 8-10 所示,储液干燥器的结构主要由外壳、玻璃观察窗、安全阀、滤网、干燥剂、入口和出口等组成。制冷剂在储液器中的流动情况如图 8-10 中箭头所示。从入口经过滤网和干燥剂流出。在储液器上部出口端装有一个玻璃观察窗,用于观察制冷剂在工作时的流动状态,由此可判断制冷剂量状态。如玻璃观察窗清晰、透明,说明制冷剂已经漏光或压缩机不工作;如玻璃观察窗清晰、透明、有带有黄色的液体流动并且基本没有气泡,说明制冷剂太多;如玻璃观察窗清晰,透明、有带有黄色的液体流动并偶然出现 2~3 个气泡,表示制冷剂合适;如玻璃观察窗清晰、透明、有带有黄色的液体流动并出现连续不断的气泡,表示制冷剂不足;如玻璃观察窗出现很多油迹,说明冷冻润滑油太多;如玻璃观察窗出现异常颜色,说明制冷剂变质,如图 8-11 所示。

图 8-10 储液干燥器的结构

1-玻璃观察窗;2-安全阀;3-干燥剂;4-滤网;5-压力开关

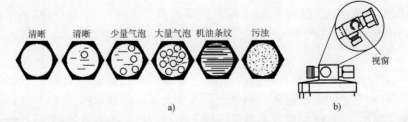

图 8-11 通过观察窗检查制冷剂量

储液器出口端旁边装有一只安全阀,其作用是当压力达到 3MPa 左右时打开,从而可避免系统的其他部件因压力过高而被胀坏。安全阀可以采用由易熔材料制作的安全熔塞(也称易熔螺塞),当压力达到 3MPa 左右、温度超过易熔材料的熔点时,安全熔塞中心孔内的易熔材料便会熔化,使制冷剂通过安全熔塞的中心孔完全逸出散发到大气中去。现在汽车空调使用限压阀式安全阀,可以防止制冷剂完全泄漏,同时维修方便,又减小了空气污染。

有的储液干燥器入口还有压力开关,压力开关的作用是当压力太高或太低时,给控制系统一个信号,控制系统切断压缩机电磁线圈使压缩机停止工作,保护制冷系统。

直立式储液器在安装时,一定要垂直,倾斜度不得超过 15°。在安装新的储液干燥器之前,不得过早将其进出管口的包装打开,以免湿空气侵入储液器和系统内部,使之失去除湿的作用。安装前一定要先搞清楚储液器的进、出口端,在储液器的进、出口端一般都打有记号,如进口端用英文字母 IN 表示,出口端用 OUT 表示,或直接打上箭头以表示进、出口端。

(2)集液器用于膨胀管式的制冷系统,其安装在蒸发器出口处的管路中。由于膨胀管无法调节制冷剂的流量,因此,蒸发器出来的制冷剂不一定全部是气体,可能有部分液体。为防止压缩机损坏,在蒸发器出口处安装一个集液器,将制冷剂进行气液分离,其结构如图 8-12 所示。制冷剂进入集液器后,液体部分沉在集液器底部,气体部分从上面的管路进入压缩机。

4)膨胀阀和膨胀管

膨胀阀安装在蒸发器的入口处,其作用是将储液干燥器高温、高压的液态制冷剂从膨胀阀的小孔喷出,使其降压,体积膨胀,转化为雾状制冷剂,在蒸发器中吸热变为气态制冷剂,同时还可根据制冷负荷的大小调节制冷剂的流量,确保蒸发器出口处的制冷剂全部转化为气体。即当蒸发器内部制冷剂压力过大时,使制冷剂的流量减小;当蒸发器内部制冷剂温度升高时,使制冷剂的流量增大。

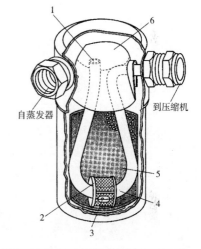

图 8-12 集液器
1-气态制冷剂进气口;2-滤清器;3-制冷剂孔;4-U 形管;5-干燥剂;6-塑料盖

目前,膨胀阀的结构形式有 3 种,分别是内平衡热力膨胀阀、外平衡热力膨胀阀、H 型膨胀阀。使用比较广泛的是 H 型膨胀阀。现在还有一些汽车开始使用空调 ECU 控制的电子膨胀阀。

H 型膨胀阀是一种外平衡式膨胀阀,如图 8-13 所示。其工作原理与上述的外平衡式相同,因其内部通道形同 H 型而得名。H 型膨胀阀取消了外平衡膨胀阀的外平衡管和感温包,而在膨胀阀上部有膜片。膜片下方直接与蒸发器出口管道接触。膜片上方的膜片室密封有制冷剂。H 型膨胀阀有四个接口通往空调系统,其中两个接口和普通膨胀阀一样,一个接干燥滤清器出口,一个接蒸发器入口。另外两个接口,一个接蒸发器出口,一个接压缩机进口。中间空心的推杆上端与膜片相连接。空心部分充满制冷剂,成为感温元件。当蒸发器出口处温度升高时,膜片室内的制冷剂膨胀,通过推杆使阀门开度增大。当蒸发器出口压力增大时,压力直接作用于膜片下方,推动膜片和推杆上移,使阀门开度减小。

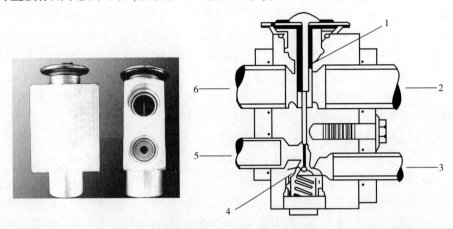

图 8-13 H 型膨胀阀结构
1-推杆(感温体);2-从蒸发器来;3-至蒸发器;4-钢球和弹簧;5-接冷凝器;6-至压缩机

H 型膨胀阀安装在蒸发器的进出管之间,感应温度不受环境影响,调节灵敏度较高。由于无感温包、毛细管和外平衡管,不会因毛细管、外平衡管破裂或感温包包扎松动而影响膨胀阀的正常工作。H 型膨胀阀还具有结构紧凑、使用可靠、维修简单等优点,符合汽车空调的要求,目前被广泛使用。

膨胀管是用于许多轿车制冷系统的一种固定孔口节流装置。它直接安装在冷凝器出口和蒸发器进口之间,用于将液态制冷剂节流降压。由于不能调节流量,液体制冷剂很可能流出蒸发器而进入压缩机,造成压缩机液击。所以装有膨胀管的系统,必须同时在蒸发器出口和压缩机进口之间安装一个集液器,使气液分离,避免压缩机发生液击。

膨胀管的结构,如图 8-14 所示。它是一根细铜管,装在一根塑料套管内。在塑料套管外环形槽内,装有密封圈。有的还有两个外环形槽,每槽各装一个密封圈。把塑料套管连同膨胀管都插入蒸发器进口管中,密封圈用于密封塑料套管外径和蒸发器进口管内径之间的间隙。膨胀管两端都装有滤网,以防系统堵塞。

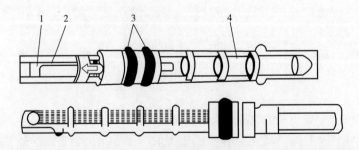

图 8-14 膨胀管的结构
1-出口;2-孔口;3-密封圈;4-进口滤网

膨胀管没有运动部件,结构简单、可靠性高,可以节省能耗,使用可变排量的压缩机还能克服其制冷剂流量不能根据工况变化进行调节的缺点,因此,很多高级轿车都采用了这种装置。

5)蒸发器

蒸发器和冷凝器一样,也是一种热交换器,是制冷循环中获得冷气的器件。膨胀阀喷出的雾状制冷剂在蒸发器中蒸发,吸收蒸发器周围空气中的热量,使其降温,达到制冷的目的。在降温的同时,空气中的水分也会由于温度降低凝结在蒸发器的表面上,蒸发器还要将凝结的水分排出车外。

蒸发器安装在驾驶室仪表板的后面,其形状近似冷凝器,但比冷凝器窄、小、厚,有管片式、管带式和层叠式三种结构。

8.3 暖风系统

汽车的暖风系统可以将车内的空气或从车外吸入车内的空气加热,提高车内的温度。汽车的暖风系统有许多类型。按热源的不同可分为:热水取暖系统、燃气取暖系统、废气取暖系统等。目前,小型汽车上主要采用热水取暖系统,大型车辆主要采用燃气取暖系统。

8.3.1 热水取暖系统

1)热水取暖系统的工作原理

热水取暖系统的热源通常采用发动机的冷却液,使冷却液流过一个加热器芯,再使用鼓风机将冷空气吹过加热器芯加热空气,使车内的温度升高,如图8-15所示。

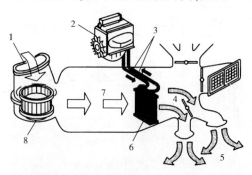

图8-15 热水取暖系统的工作原理
1-进风;2-发动机;3-发动机冷却液;4-热风;5-出风;6-加热器芯;7-冷风;8-鼓风机

2)热水取暖系统的温度调节方式

热水取暖系统的温度调节方式有以下几种:

(1)空气混合型。此类型暖风系统需在暖风气道中安装空气混合调节风门,风门可以控制通过加热器芯的空气和不通过加热器芯的空气的比例,以此实现温度的调节,如图8-16所示。

(2)水流调节型。利用水阀调节经加热器芯的热水量,改变加热器芯本身的温度,进而调节温度,如图8-17所示。

8.3.2 燃气取暖系统

在大、中型客车上,仅靠发动机冷却液的余热取暖是远远满足不了要求的,因此在大客车中常采用燃气取暖系统。图8-18为燃气取暖系统的示意图。燃油和空气在燃烧室中混合燃烧,加热发动机的冷却液,加热后的水进入加热器芯处散热,降温后返回发动机再进行循环。

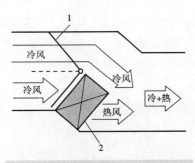

图 8-16 空气混合型暖风系统
1-空气混合调节风挡;2-加热器芯

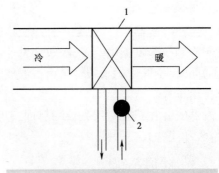

图 8-17 水流调节型暖风系统
1-加热器芯;2-水阀

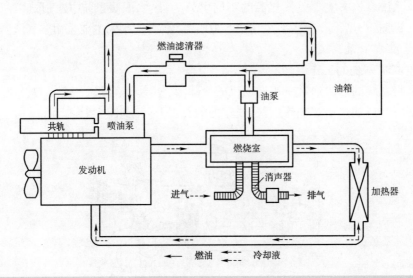

图 8-18 燃气取暖系统

8.4 通风系统

通风系统通常与空调的其他系统一同使用,用于调节车内的冷气或暖气气流的流向、流速。通风系统的另一个作用是将车外的新鲜空气引入车内,将车内的污浊空气排出车外,使车内的空气保持新鲜,提高车辆的舒适性。

1) 空调面板和通风系统调节方式

通风系统和空调系统的控制方式有手动调节(手动空调)和自动调节(自动空调)两种。现以手动调节为例,来说明空调系统和通风系统的控制过程。手动空调的调节包括温度调节、出风口位置调节、鼓风机风速调节和空气的内外循环调节等。其调节是通过空调控制面板上的拨杆或旋钮进行的。空调的控制面板如图 8-19 所示。

空调面板上有温度调节、气流选择、鼓风机速度、空气进气选择(内外循环选择)、空调开关(A/C)和紧急模式选择开关。其中,温度调节、气流选择、空气进气选择是通过气道中的调节风门实现的,如图 8-20 所示。空调控制面板到调节风门的控制方式有拉线式和电动式,如图 8-21 所示。空调开关和运行模式选择开关、鼓风机速度选择是通过电路控制来实现的。

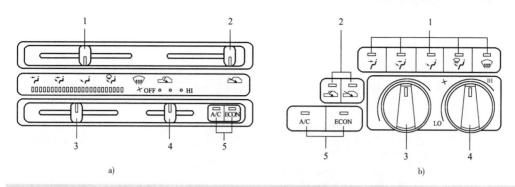

图 8-19 空调的控制面板
a) 手动控制的面板; b) 自动控制的面板
1—出风气流选择键; 2—进气方式选择键; 3—温度选择钮; 4—风机速度选择钮; 5—A/C 开关

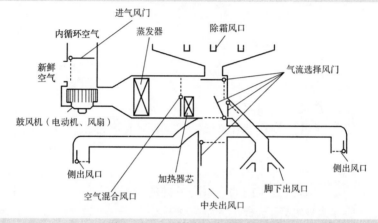

图 8-20 空调系统气道中的调节风门

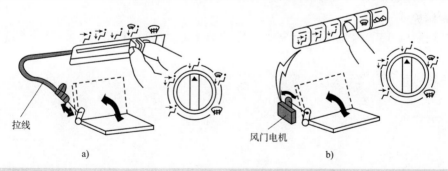

图 8-21 调节风门的控制方式
a) 拉线式; b) 电机式

2) 温度调节

目前,轿车用空调系统基本上是冷气和暖风共用一个鼓风机,温度调节常采用冷暖风混合的方式。在空气的进气道中,所有的空气都通过蒸发器,用一个调节风门控制通过加热器芯的空气量,通过加热器芯的空气和未通过加热器的空气混合后,形成不同温度的空气从出风口吹出,实现温度调节。在空调的控制面板上,设有温度调节拨杆或旋钮,用来改变空气混合风门的位置,如图 8-22 所示。

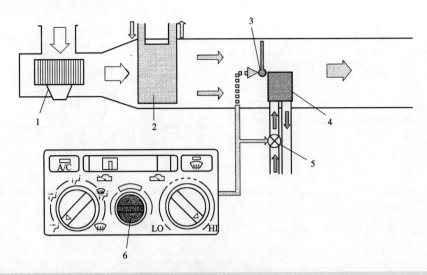

图 8-22 空调调节风门的控制方式
1-鼓风机；2-蒸发器；3-空气混合风门；4-加热器芯；5-水阀；6-温度选择旋钮

3）气流选择调节

现今的轿车空调系统的出风口，分中央出风口、边出风口、脚下出风口和风窗玻璃除霜出风口等，可根据需要通过控制面板上的气流选择调节拨杆或旋钮，选择不同的出风口出风。

4）内外循环调节

空气调节系统可以选择进入车内的空气是外部的新鲜空气还是车内的非新鲜空气。若选择外部新鲜空气，称为外循环，选择车内空气则称内循环。此功能可通过控制面板上的内外循环选择按钮或拨杆控制进气口处的调节风门实现。

5）外循环通风方式

外循环通风方式有利用汽车行驶中产生的动压进行通风；利用车上的鼓风机进行强制通风两种。

动压通风是利用汽车在行驶时各个部位所产生的不同压力进行通风。汽车行驶时的压力分布，如图 8-23 所示。在考虑通风时，只要将进风口设在正压区，排风口设在负压区即可。此种方式不需要另加动力，比较经济。但汽车在行驶速度较低时，通风的效果较差。

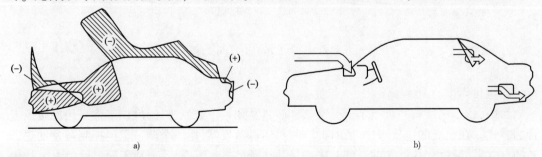

图 8-23 动压通风

强制通风是利用鼓风机进行通风。在进风口安装一台鼓风机将车外的空气吸入车内，车内的空气从排风口排出,如图 8-24 所示。此种方式不受车速的限制,通风效果好。

如果将两种通风方式组合起来,就形成了综合通风方式。汽车低速行驶时采用强制通风,高速行驶时采用动压通风方式。这样就保证了汽车在各种工况下均能保持良好的通风效果,同时也降低了能耗。

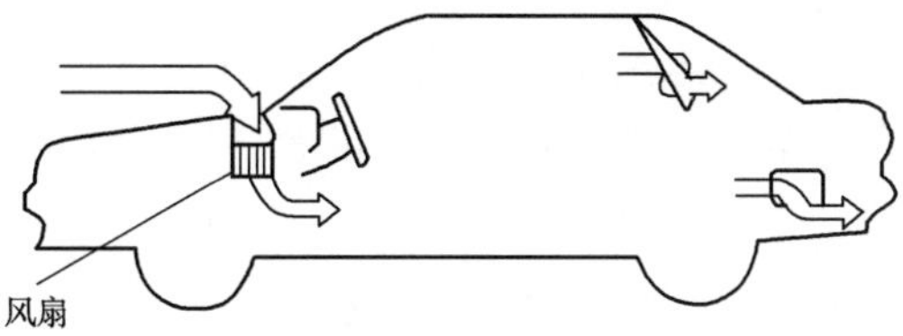

6)鼓风机转速的调节

鼓风机转速通过在鼓风机电路中串入不同的电阻来实现,如图 8-25a)所示。在鼓风机电路中串入 3 个电阻,通过开关控制,实现 4 个转速挡(空调控制面板上的 LO、2、3、HI)。对于图 8-25b)所示的 ECU 控制的自动空调,则是通过按键来提高或减小占空比信号,控制三极管导通,进而控制鼓风机速度。这种占空比控制可以实现鼓风机速度的无级控制。

图 8-24 强制通风

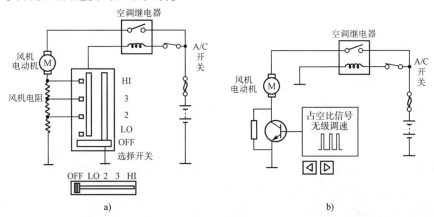

图 8-25 鼓风机转速的调节

8.5 空气净化系统

汽车车厢内的空气由车外空气和车内循环空气两部分构成。车外空气受到环境(如粉尘、烟尘以及汽车尾气)的污染;车内循环空气受到人的活动和工作过程(如人体呼吸、体味、抽烟等)的污染。这些都会影响人体健康,降低乘坐舒适性。因此,汽车空调必须设置空气净化系统。

汽车空调净化系统的作用是对车内污浊的空气进行除尘、脱臭、杀菌,使车内空气保持清洁、卫生。空气净化方法按净化原理不同有过滤除尘、静电除尘、紫外线杀菌、活性炭吸附和负氧离子发生器等几种。

1)过滤除尘

过滤除尘一般用无纺布、玻璃纤维、滤纸、合成树脂等材料制成过滤网,网眼的大小和厚度不同,被过滤的尘粒的大小和效率也不同,通常把网眼大小不同的滤网组合起来使用。对于较大的尘埃,当进入滤清器时,由于惯性作用,来不及随气流转弯就碰到纤维孔壁而下沉;微小颗粒则围绕纵横交错的纤维表面沉积下来,并且与纤维摩擦产生静电作用,被纤维吸附在其表面。

汽车空调过滤除尘器一般选用直径为 10μm 的中孔聚氨酯塑料、化纤无纺布和人造纤维，如图 8-26 所示。

2）静电除尘和活性炭吸附

静电除尘是利用高压电极产生高压电场，对空气进行电离，使尘粒带电，然后在电场作用下产生定向运动，沉降在正负电极上以实现对空气的过滤除尘。

静电式除尘器的结构工作原理如图 8-27 所示。它由电离部、集尘部、活性炭吸附器三部分组成。电离部和集尘部一般制成一体，是静电式除尘器的主要部分。

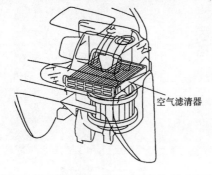
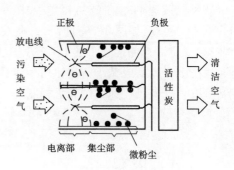

图 8-26 空调进气系统中的空气滤清器　　　图 8-27 静电除尘和活性炭吸附

电离部在电极之间加以 5kV 的高电压，产生电晕放电，粉尘被电离带上负电并被正极吸引。正极板就是集尘部，在集尘部外加高电压，使粉尘受库仑力作用而吸附在正极板上。当集尘部上的集灰达到一定量时，可进行清洗、除尘或更换，除去粉尘后的较清洁空气再用活性炭吸附，除去臭味和有害气体，净化后的空气被送到车厢内，有的静电式除尘器还设有负离子发生器，改善车厢内空气品质，以利于人体健康。

3）负氧离子发生器

负氧离子发生器又称"活性氧"或"空气维生素"，它如同阳光、空气一样是人类健康生活不可缺少的一种物质。科学研究表明：负氧离子在空气中的含量是决定空气质量好坏的一个重要因素，空气中含有适量的负离子不仅能高效地除尘、灭菌、净化空气，同时还能够激活空气中的氧分子而形成携氧负离子，活跃空气分子，改善人体肺部功能，促进新陈代谢，增强抗病能力，调节中枢神经系统，使人精神焕发、充满活力等。

负氧离子是通过负氧离子发生器的脉冲振荡电路，将低电压通过高压模块升压为直流负高压，经过碳素纤维尖端不断产生负直流高电晕，高速发射出大量的电子(e^-)，而电子无法长久存在于空气当中（在空气中存在的电子寿命只有 ns 级），立刻会被空气中的氧分子(O_2)捕捉，从而形成负氧离子，其工作原理与自然现象"打雷闪电"时产生负氧离子的现象相一致。

4）复合型空气净化装置

现今汽车空调一般都是将上述几种空气净化方法有机地结合在一起，构成复合型空气净化装置，如图 8-28 所示。它主要由鼓风机、过滤网、电离器、集尘器、活性炭滤清器、杀菌灯以及负离子发生器组成。鼓风机运转时，车内污浊的空气由入口进入，大粒度的灰尘被过滤网滤除，小粒度灰尘由电离器集聚在带电的波纹集尘器中，消除了尘埃和烟气的空气，在经过多层状活性炭滤清器脱臭、清除有害气体，流向杀菌灯，经紫外线杀菌后，清洁的空气通过负氧离子发生器，自排出口送出含负氧离子的空气。

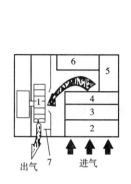
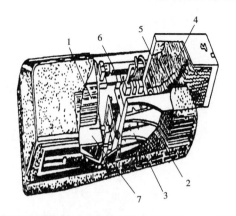

图8-28 汽车空气净化装置
1-鼓风机;2-滤网;3-电离器;4-集尘器;5-活性炭滤清器;6-紫外线杀菌灯;7-负氧离子发生器

1. 汽车车厢热量如何从低温热源向高温热源传递?
2. 制冷系统有哪些类型?
3. 制冷系统由哪些主要零部件组成?
4. 制冷系统各零部件起什么作用?如何起作用?
5. 说明制冷系统各零部件的结构。

8.6 空调系统的维护

8.6.1 空调维修注意事项

(1)如图8-29a)、b)所示,在处理制冷剂时,不要在密闭的空间或靠近明火处处理制冷剂;必须戴防护眼镜,避免液体的制冷剂进入眼睛。如果液体制冷剂进入眼睛或碰到皮肤,不要揉,要立即用大量的冷水冲洗,并立即到医院进行专业处理。

(2)如图8-29c)所示,在更换零件或管路时,不要将制冷剂排放到空气中,以免造成环境污染。要使用制冷剂回收机进行回收,以便再次使用。

(3)如图8-29d)、e)所示,在未连接的管路或零件上插上塞子,以免潮气、灰尘进入系统;对于新的冷凝器、储液干燥器等零件,不要拔下塞子放置;在拔出新压缩机塞子之前要从排气阀放出氮气,否则在拔塞子时,压缩机油将随氮气一起喷出。

(4)如图8-29f)、g)所示,连接制冷剂管道时,应在O形密封圈上涂一点冷冻润滑油。拧紧或拧松制冷管路接头时,必须用两个开口扳手,并按规定的力矩拧紧。

(5)如图8-29h)所示,在处理装有制冷剂的容器时,不要加热制冷剂的容器;容器要保持在40℃以下;当用温水加热制冷剂容器时,不允许将容器顶部的阀门浸入水中,防止水掺入制冷管路;使用过的一次性制冷剂容器,禁止再次使用。

(6) 如图 8-29i)所示,在空调系统运转时,不允许开启高压阀将液态制冷剂充入空调管路;制冷剂不要充入过量,否则将造成制冷不良。

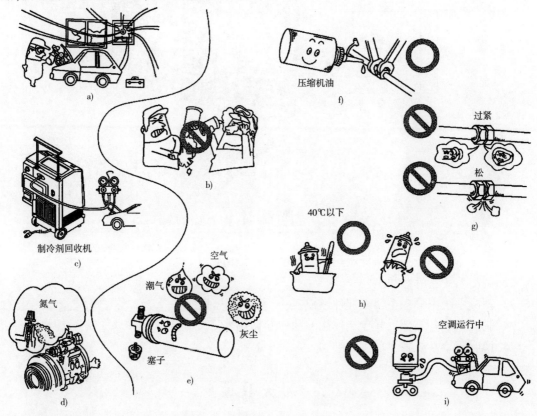

图 8-29 空调使用和维修应注意的问题

8.6.2 空调压力表

汽车空调压力表如图 8-30 所示,主要由低压表、高压表、低压阀、高压阀、3 根软管和外壳组成。左边与低压表相连接的低压管颜色为蓝色,右边与高压表相连接的高压管颜色为红色,中间与制冷剂罐相连接的加注管颜色为黄色。低压表 1 始终与低压软管 6 相通,当低压阀打开时,低压表 1、低压软管 6 和中间加注软管 5 连接相通。高压表 2 始终与高压软管 4 相通,当高压阀打开时,高压表 2、高压软管 4 和中间加注软管 5 连接相通。汽车空调压力表是汽车空调系统最主要和最常用的维修工具。使用时,高压软管与压缩机输出的高压端连接,低压软管与压缩机输入的低压端连接,加注软管按维修时要求接真空泵或制冷剂罐。这里要特别提醒的是,汽车空调压力表与汽车空调系统连接时,低压阀和高压阀一定要处于关闭状态。否则,会导致制冷剂泄漏。

8.6.3 空调系统的检查

1) 直观检查

(1) 听:一是听取驾驶人对故障原因的说明,二是监听设备有无不正常噪声。主要听压缩机附近是否有非正常的响声。如果有,可能是压缩机的安装不正常或压缩机内部零件有损坏。将鼓风机开至中、高挡,听鼓风机处是否有杂音,检查鼓风机运转是否正常。

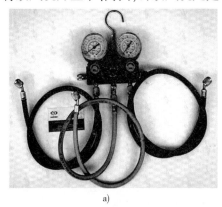 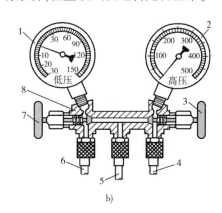

图8-30 汽车空调压力表
1—低压表;2—高压表;3—高压阀门手柄;4—高压软管;5—加注软管;6—低压软管;7—低压阀门手柄;8—外壳

（2）看：主要是指查看各部件的表面情况,检查压缩机安装是否牢固,压缩机驱动传动带是否有歪斜、破损等情况,同时要求压缩机传动带松紧度合适(可用两个手指压传动带中间部位,能压下7~10mm为宜)。检查冷凝器表面是否脏污、变形,与水箱之间是否有杂物。检查蒸发器和空气过滤网是否干净和通风良好。检查制冷系统管路、接头以及组件表面有无油迹(如有油迹,一般是制冷剂出现渗漏),制冷管路是否有擦伤或变形等。查看制冷剂的数量和工作状态。

（3）摸：主要指用手触摸零部件或管道的温度,以判断空调系统工作是否正常。开启空调开关,使压缩机运转15~20min之后,进行如下操作:通过触摸,比较车厢冷气栅格吹出的冷风凉度及风量大小。用手触摸压缩机的进、排气管的温度,两者应有明显的温差。通过触摸,比较冷凝器的进管和出管温度,后者温度低于前者为正常。若两者温度相差不大,甚至相同,说明冷凝器有故障。用手触摸干燥滤清器前后管道的温度,两者温度一致为正常,否则说明干燥滤清器存在堵塞现象。膨胀阀前面的管道与出口应有很大的温差,否则说明膨胀阀出现故障。

2）制冷剂储量的检查

检查制冷剂储量,可分析判断空调系统的工作情况。检查制冷剂储量的方法有视液观察窗(镜)检查法和系统压力监测法。

（1）视液观察窗(镜)检查法。选择气温高于20℃的时机,低速运转发动机,将温度控制开关置于最冷(COOL)位置,鼓风机控制开关置于最高(HI)位置,进气控制开关置于内循环(REC)位置,打开空调(A/C)开关使发动机以1500r/min转速运转,将风扇转速旋钮转至高速,调温旋钮转至最冷位置,运转5min左右,从储液干燥器玻璃观察窗口观看制冷剂流动情况,如图8-31所示。

若孔内呈透明,转速稳定时无气泡出现,转速变化的瞬间,偶尔出现气泡,关闭空调后随即起泡,然后渐渐消失;压缩机进出口两侧有温差,高压侧热,低压侧凉,说明制冷剂储量适中。

若看不到气泡,高低压侧温差明显,即使环境温度在20℃以上,关闭空调后仍无气泡出现,说明制冷剂加注过量,应放出多余的制冷剂。

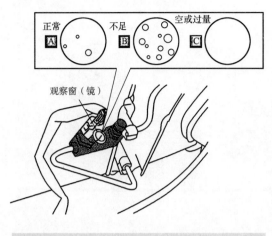

图 8-31 检查制冷剂的储量

若看到间断而微量的气泡,高低压两侧温差较小,说明制冷剂储量不足,要检查是否有泄漏之处,并补足制冷剂。

若看到连续不断的气泡,高低压两侧几乎无温差,说明制冷剂严重不足。当制冷剂接近于零时,气泡消失,而出现类似雾状的油沫流动。此时,应及时检漏、修理、抽真空、添加适量制冷剂。

若看不到气泡,高低压两侧无温差,说明制冷系统内完全没有制冷剂或压缩机不运转,制冷剂没有循环。

(2) 系统压力监测法。首先将压力表组的高、低压手动阀关闭,然后将压力表组的高、低压软管分别连接到系统的高、低压检修阀上,并利用系统内制冷剂压力排除管内空气。起动空调系统,待压力表指示稳定后即可读取压力值。R134a 空调系统压力正常范围:低压侧为 0.15～0.25MPa;高压侧为 1.37～1.57MPa。R12 空调系统正常工作压力范围:低压侧为 0.15～0.20MPa;高压侧为 1.45～1.50MPa。

3) 检查制冷剂的泄漏

空调制冷系统的检漏方法有目测检漏法、皂泡检漏法、电子检漏仪检漏法、抽真空检漏法和加压检漏法等几种。

(1) 目测检漏法是指用肉眼查看制冷系统(特别是制冷系统的管接头)部位是否有润滑油渗漏痕迹的一种检漏方法。因为制冷剂通常与润滑油(冷冻润滑油)互溶,所以在泄漏处必然也带出润滑油,因此,制冷系统管道有油迹的部位就是泄漏处。这种检查方法只能检查出泄漏量大、时间长的泄漏点。

(2) 皂泡检漏是指在检漏时,对施加了压力的制冷系统,用毛刷或棉纱蘸肥皂水涂抹在被检查部位,察看被检查部位是否有气泡产生的一种检漏方法。若被检查的部位有气泡产生,则说明这个部位是泄漏处(点)。肥皂水检漏法简便易行,而且很有效,由于汽车的布置非常紧凑,操作比较麻烦,采用此法检漏时,一定要细致、认真。

(3) 电子卤素检漏仪是一种非常精密的检漏设备,它主要由探头、卤素检测元件、放大器、微安表和蜂鸣器组成。其工作原理是利用阴阳两极作用构成一个电场,通过阴极发热产生电子和正离子,然后利用微型风扇将被探测处的空气吸入电场,如果被吸入的空气中含有卤素,那么通过发热的阴极就可以分解出卤化气体,同时阴极所释放的离子就会增加,因此通过离子电流的变化就可以确定漏氟的多少,如果检测数值大于正常显示值,那么蜂鸣器就会发出音响信号。由于电子卤素检漏仪灵敏度很高,所以要求使用时被测试环境中没有卤素和其他的烟雾污染,必须在空气比较新鲜的场所进行,检漏仪的灵敏度也是可以调节的,在有污染的环境下检漏时可以选择适合的挡位。使用电子卤素检漏仪时,应使探头与制冷系统被检测部位保持 3～5mm 的距离,探头移动的速度不可超过 50mm/s,使用的过程中应该严格防止大量的制冷剂气体被吸入检漏仪。因为过量的制冷剂会对检漏仪的电极造成短时或永久性污染,使其探头的灵敏度大大降低。

(4) 抽真空检漏是通过做气密性试验的方法进行检漏,是对制冷系统抽真空后,保持一段时间(至少60min),观察系统中的真空压力表指针是否移动(即指针是否发生变化)的检漏方法。要指出的是,采用这种方法检漏,只能说明制冷系统是否泄漏,而不能确定泄漏的具体部位。

(5) 加压检漏法是指将1.5~2MPa压力的氮气、二氧化碳或混有少量制冷剂的氮气、二氧化碳等介质加入制冷系统中,再用肥皂水或卤素检漏灯进行检漏的一种方法。这种方法常用于空调制冷系统中的制冷剂全部漏光时的检漏。要注意的是,操作时尽量不要用空气压缩机加压或制冷系统本身的压缩机加压,因为这样一部分水分会带入制冷系统。

4) 使用空调压力表检查空调制冷系统故障

用压力表检查汽车空调制冷系统故障,一般在压缩机停止和运转两种状态下进行。

在压缩机停止运转10h以上后,压缩机的高、低压侧应为同一数值,该压力称为平衡压力,一般为0.4~0.5MPa。平衡压力的大小与外界温度和制冷剂的量有关,外界温度高和加入制冷剂的量太多会使平衡压力上升。

将发动机转速控制在1500~2000r/min,起动空调使压缩机工作,一般情况下,低压侧压力为0.15~0.25MPa,高压侧压力为1.4~1.6MPa,如图8-32所示。如果压力表指示与正常值不符,则可按照如下方法进行故障诊断。

(1) 高、低压表的指示同时比正常值低。这可能是因为制冷剂不足。检查时,可发现高压管微热,低压管微冷,但温差不大,从视液镜(观察窗)中可以观察到每隔1~2s就有气泡出现。这时,应先检查有无泄漏点,补漏后再补足制冷剂。若低压表比正常值低很多,视液镜(观察窗)内可见模糊雾流,高、低压管无温差,冷气不冷,说明制冷剂严重泄漏。如图8-33所示。

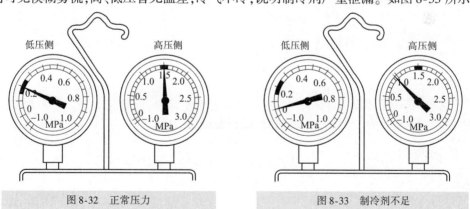

图8-32 正常压力　　　　　　　　图8-33 制冷剂不足

(2) 高、低压两侧的压力均过高。这可能是制冷剂过多或冷凝不足。如高压侧有烫手感,低压侧能看到冰霜,空调系统压缩机停止运行后,其余部分继续工作时,在超过45s以后,视液镜(观察窗)内仍然清晰无气泡流过,可以断定制冷剂过多,应排出多余的制冷剂。如增大风扇转速、对冷凝器喷水后压力正常,则为冷凝不足。如图8-34所示。

(3) 低压表指针在接近零和正常压力之间摆动,高压表指针在接近0.7MPa和正常压力之间摆动。这时,空调系统常表现为出风忽冷忽热、膨胀阀前后的管路上结霜。其原因是膨胀阀结霜堵塞,使得制冷剂在系统中无法循环。此时,应反复抽真空,更换干燥瓶,重新添加制冷剂。如图8-35所示。

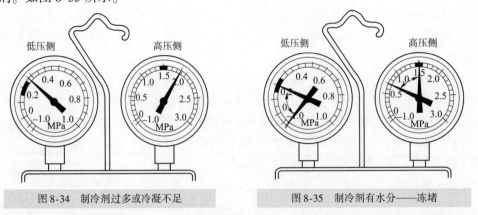

图8-34　制冷剂过多或冷凝不足　　　　图8-35　制冷剂有水分——冻堵

(4)低压表指针接近零,高压表指针接近0.7MPa。其原因是制冷系统阻塞,最可能是膨胀阀感温包损坏,造成膨胀阀未开启,此时应检查感温包。如图8-36所示。

(5)高压表指针过低、低压表指针高。这可能是压缩机的内部故障,如阀板垫、阀片损坏,导致压缩不良。吸气不足造成低压指针高,压缩不足造成高压指针过低。需要检修或更换压缩机。如图8-37所示。

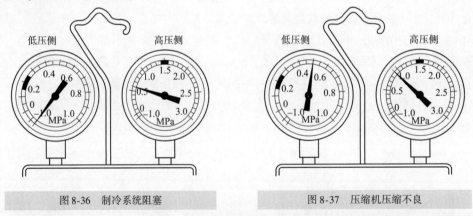

图8-36　制冷系统阻塞　　　　　　　图8-37　压缩机压缩不良

(6)低压表指针偏高,高压表指针高。说明制冷系统混入空气。因为空气不能液化造成高压表指针高。此时,应更换储液干燥器并抽真空以排除系统内的空气。如图8-38所示。

8.6.4　制冷剂的加注

1)制冷剂加注的分类

按照制冷系统状态,制冷剂的加注分为两类:补充加注和完全加注。补充加注是制冷系统内的制冷剂不足,需要进行补充;完全加注是制冷系统中无制冷剂,需要重新加注。如果是补充制冷剂,应在确认系统无泄漏后,再进行补充。如果是系统更换了零件或系统内制冷剂全部漏光,则需重新加注。

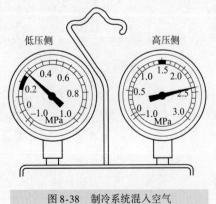

图8-38　制冷系统混入空气

按照制冷剂进入的位置,制冷剂的加注分三种:高压加注、低压加注和高低压同时加注。

2)就车判断应该加注 R134a 还是 R12

我国于 1992 年发文规定:各汽车厂从 1996 年起在汽车空调中逐步用新制冷剂 R134a 替代 R12,在 2000 年生产的新车上不准再用 R12。加注制冷剂时,原来使用 R12 制冷剂应该继续加注 R12 制冷剂,原来使用 R134a 制冷剂应该继续加注 R134a 制冷剂。不得改装和混装。

一般使用 R134a 制冷剂的汽车在发动机舱盖下方等处会有非常明显的提醒文字,如图 8-39 所示。另外,根据规定所有使用 R12 制冷剂的汽车空调系统都是使用螺纹接头,如图 8-40 所示。所有使用 R134a 制冷剂的汽车空调系统都是使用快速接头,如图 8-41 所示。

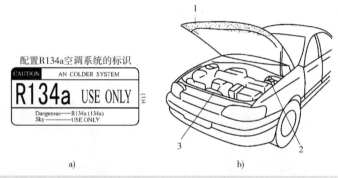

图 8-39　汽车上 R134a 制冷剂标志
1-发动机舱盖的底面;2-悬架支撑上部;3-水箱上支架

图 8-40　R12 制冷剂使用的螺纹接头

图 8-41　R134a 制冷剂使用的快速接头

3)制冷剂加注设备

(1)制冷剂注入阀。制冷剂注入阀是打开小容量制冷剂罐的专用工具,它利用手柄前部的针阀刺破制冷剂罐,通过螺纹接头和软管把制冷剂引入空调压力表组件,如图 8-42 所示。

(2)空调真空泵。空调真空泵由交流电动机和真空泵组成,用于制冷系统抽真空,如图 8-43 所示。

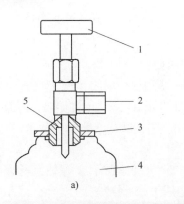

　　　　　a)　　　　　　　　　　b)

图 8-42　制冷剂注入阀与制冷剂罐连接
1-手柄;2-注入阀接头;3-板状螺母;4-制冷剂罐;5-针阀

（3）专用加注装置。专用加注装置由交流电动机、真空泵和空调压力表组（低压表、高压表、高压阀和低压阀）组成，如图 8-44 所示。汽车空调专用加注装置可进行压力检查、抽真空和制冷剂加注作业。

　　图 8-43　空调真空泵　　　　　　图 8-44　汽车空调专用加注机

（4）全自动制冷剂回收/加注机。全自动制冷剂回收/加注机主要由电动机、高效压缩机、大功率的真空泵、高低压空调压力表组件、工作罐压力表、制冷剂电子秤以及冷冻润滑油注入器等组成，如图 8-45 所示。全自动制冷剂回收/加注机可自动实现汽车空调维修所需要的所有功能。

4）制冷剂加注

制冷剂加注使用的设备不同，进行加注的操作工艺过程也不相同。下面以使用空调压力表和真空表重新加注制冷剂为例，介绍加注制冷剂的步骤和操作过程。

（1）接入空调压力表。在发动机熄火时，将空调压力表高压阀和低压阀关闭，低压端蓝色软管接入压缩机进口（即低压端），高压端红色软管接入压缩机出口（即高压端），如图 8-46 所示。

（2）放掉残余制冷剂。缓慢打开高压手动阀，以调节制冷剂流量，不要把阀门打开太大，以免排出冷冻润滑油。

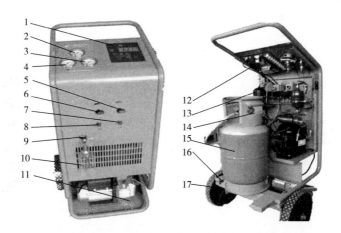

图 8-45 全自动制冷剂回收/加注机

1-操作面板;2-瓶压表;3-低压表;4-高压表;5-低压侧阀门;6-高压侧阀门;7-低压接头;8-高压接头;9-加油阀门;10-加油瓶;11-废油瓶;12-控制板;13-油分离器;14-干燥滤清器;15-工作罐;16-工作罐锁紧螺钉;17-搭脚板

检查包在排放口端的毛巾,确认没有机油排出。在高压表计数降到 350kPa 以下时,缓慢打开高压和低压手动阀。当系统压力下降时,逐渐打开高压和低压手动阀,直到两者压力计的读数达到 0kPa 为止。

(3)抽真空。抽真空的目的是排除制冷系统内残留的空气和水分,同时也可检查系统的密闭性。抽真空时,管路连接如图 8-47 所示。

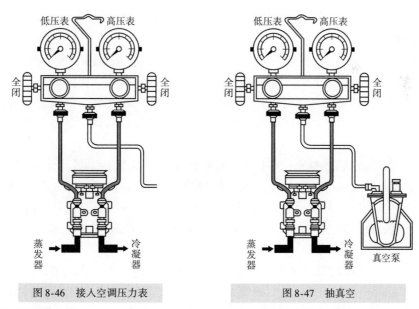

图 8-46 接入空调压力表　　　　图 8-47 抽真空

具体操作过程如下:

将歧管压力表的两根高、低压软管分别接在高、低压侧检修阀上,将其中间软管与真空泵相连接。

打开歧管压力表上的高、低压手动阀,起动真空泵,观察低压表的指针,应该有真空显示。

连续抽 5min 后,低压表应达到 0.03MPa(真空度),高压表略低于零,如果高压表不能低于 0 刻度,表明系统内有堵塞,应停止,修复后再抽真空。

真空泵工作 15min 后,低压表指针应为 0.01~0.02MPa。如果达不到此数值,应关闭高、低压手动阀,观察低压表的指针,如果指针上升,说明真空有损失,系统有漏点,应停止,修复后才能继续抽真空。

系统压力接近真空时,关闭高、低压手动阀,保压 5~10min。如低压表指针不动,则打开高、低压手动阀开启真空泵,继续抽真空,抽真空的时间不得少于 30min,如时间允许,可再长些。

抽真空结束时,先关闭高、低压手动阀,再关闭真空阀,其目的是防止空气进入制冷系统。

注意:抽真空过程中可能需要补充加注冷冻润滑油。具体操作步骤见后冷冻润滑油添加。

(4)检查系统的密封性。真空泵停止后,高压和低压两侧的阀门关闭 10min 以上,压力表的读数应保持不变。若压力表的压力增加,则有空气进入系统,应检查系统的密封性。

(5)高压端充注。系统经过抽真空并确认无泄漏后,可开始向系统充注制冷剂。充注方法主要有两种:一种是从高压端充注,另一种是从低压端充注。为了提高加注速度,一般采用先高压加注后低压加注、高压端充注的方法。如图 8-48 所示,使用制冷剂注入阀将中间黄色的软管与制冷剂罐连接好,拧入连接器上手柄,在制冷剂罐上打一个小孔再拧出。

排除连接软管内的空气,具体方法是:拧松中间软管的连接螺母,当感觉到放出冰冷的制冷剂时拧紧螺母。

将制冷剂罐举高并倒置,然后缓慢打开高压手动阀,制冷剂液体通过中间软管流入制冷系统的冷凝器内。当无法流入时,关闭高压手动阀,充注结束。

注意:1. 从高压端充注制冷剂时,严禁开启空调系统,也不可打开低压手动阀。
  2. 这种利用制冷剂罐的压力让制冷剂液体自行流入的加注方法无法充满,需要低压补充。

(6)低压端充注。低压端充注如图 8-49 所示,将制冷剂罐放到低于压缩机处。然后打开低压手动阀,起动发动机并将其转速调整到 1250~1500r/min,打开空调开关,把风机开关开至最大,把温度控制开关开至最冷,利用空调压缩机的吸气压力,将制冷剂罐内的气态制冷剂吸入压缩机,进入制冷系统。当制冷剂充至规定质量时,先关闭低压手动阀,然后关闭制冷剂罐阀门。关闭空调开关,停止发动机运转。

注意:低压端充注时,瓶罐为直立状态且低于压缩机,高压阀处于关闭位置。

(7)检查制冷剂量和制冷效果。按规定的量加注制冷剂后,检查空调压力表数值是否正常。先通过检视口检查制冷剂量,再检查制冷系统工作状态(出风温度、压缩机出口温度和入口温度等)。关闭压缩机,拆下空调压力表停止加注。

8.6.5 冷冻润滑油添加

1)冷冻润滑油油量的检查

通常,冷冻润滑油油量的检查方法有观察视镜法和观察油尺法。

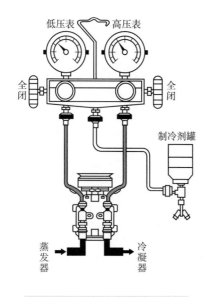
图 8-48　高压端充注制冷剂

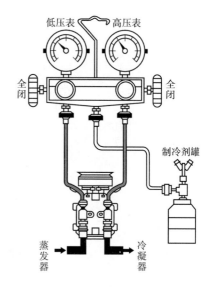
图 8-49　低压端充注制冷剂

观察视镜法是通过压缩机上安装的视镜玻璃观察冷冻润滑油量,如果压缩机冷冻润滑油的液面达到观察高度的 50%~80%,一般认为是合适的。如果液面在这个位置之下,则应添加冷冻润滑油;如果在这个位置之上,则应放出多余的冷冻润滑油,如图 8-50 所示。

未装视镜玻璃的压缩机可用油尺检查其油量。此类压缩机有一个油塞,油塞下面有的装有油尺,有的没有油尺,需要另外用专用油尺插入检查。具体的液面高度标准应参照维修手册的规定,如图 8-51 所示。

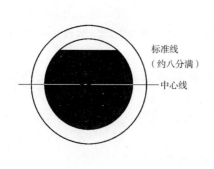
图 8-50　由观察孔观察冷冻润滑油量

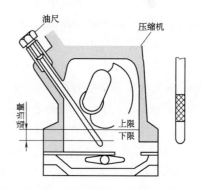
图 8-51　用油尺量冷冻润滑油液面

2)添加冷冻润滑油

抽真空到 100kPa 后,将低压侧手动阀和高压侧手动阀关闭,真空泵停止抽真空;将中间加注软管从真空泵上取下,插入冷冻润滑油中,打开低压阀和高压阀,利用系统内部真空吸取冷冻润滑油。吸毕将低压阀和高压阀关闭后软管装回原位,打开低压阀和高压阀,继续抽真空,如图 8-52 所示。

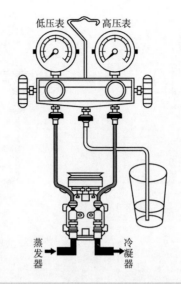

图 8-52 加注软管吸入法加注冷冻润滑油

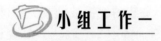

实训项目 12-1　空调系统故障检修——空调系统总成维护与检修

（1）每3~5名学生组成1个工作小组，确定1名小组长，接受工作任务，做好工作准备；

（2）阅读工作单，查阅维修手册或实训指导书，观察需加注制冷剂的汽车空调系统，讨论制冷剂加注方法和步骤，确定小组人员工作分工。向实训指导教师汇报讨论结果，经指导教师同意后，开始下一步的工作；

（3）按照工作单的引导，完成制冷剂加注过程中的残余制冷剂回收、加注压缩机油、抽真空、检漏、高压加注、低压加注和检查空调系统工作状况的任务；

（4）在完成工作任务的过程中，根据工作单的要求，完成空调制冷系统结构和制冷系统维修设备的认识、工作原理描述等学习任务；

（5）完成工作单要求的制冷剂加注过程中的参数记录和检测任务，将参数和检测结果记录在工作单的相应栏目，并对检测结果作出分析；

（6）回答指导教师的现场提问，接受指导教师的技能考核；

（7）完成工作任务后，对工作过程进行自我评价和小组互评，听取指导教师的点评；

（8）清洁工作场所，清点维护工具设备，完成任务交接。

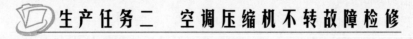

1）工作对象

需检修空调压缩机不转故障的汽车1辆。

2)工作内容

(1)领取所需的工具仪器和设备,做好工作准备。

(2)起动空调观察故障现象。

(3)阅读汽车维修手册或实训指导书,认识该车空调控制系统电路和零部件位置。

(4)根据空调控制系统电路图分析故障可能原因和检测方法、步骤。

(5)按确定的检测方法、步骤进行故障诊断,找出故障原因并予以排除。

(6)重新起动空调,观察故障现象是否消失。

(7)测量空调压力、观察制冷剂量和鼓风机风速等,是否达到技术标准要求。

(8)检查、评价工作质量。

(9)整理工具,清洁工作场地。

3)工作目标与要求

(1)学生应以小组工作的方式,完成本项工作任务。

(2)学生应当能在小组成员的配合下,利用汽车维修手册或实训指导书,制订工作计划,实施工作计划。

(3)能通过阅读资料和现场观察,描述空调控制系统电路和零部件位置。

(4)能通过电路图分析出故障的可能原因并制订检测方法和步骤。

(5)能向客户解释所修空调系统的故障原因和修复方案。

(6)能按规范的步骤,完成故障诊断和排除,恢复空调系统正常性能。

(7)在工作过程中注意工作安全,做好废料的处理,保持工作环境整洁。

相关知识二

8.7 空调控制系统

为保证空调系统能正常工作和车内能维持所需的舒适条件,空调系统中设有一系列控制元件和执行机构,即空调控制系统。通过控制压缩机等部件的工作,实现温度控制与系统的保护,通过对鼓风机的转速控制调节制冷负荷。现在汽车普遍使用空调 ECU 控制的空调控制系统,空调 ECU 控制的空调控制系统由空调 ECU、传感器和执行元件组成。下面以奥迪 C6 汽车为例,介绍其自动空调控制系统。

8.7.1 奥迪 C6 空调传感器

1)高压传感器 G65

如图 8-53 所示,高压传感器位于高压管路上,发动机通过该传感器信号,可以判断制冷系统负荷情况,调节可变排量压缩机;根据压力信号,发动机 ECU 可以调整散热风扇的转速;压力过高或过低时,压缩机停止工作,保护空调循环系统。高压传感器故障后,制冷系统停止工作。

2)车外温度传感器

车外温度传感器位于车身前部,如图 8-54 所示。车外温度传感器用于判断实际的外部温度,控制单元按照这个温度信号来操纵温度翻板和新鲜空气鼓风机工作。车外温度传感器损坏后,系统将会使用新鲜空气进气道传感器的温度信号作为代替。如果两者都失效,则用10℃作为外部温度的替代值。

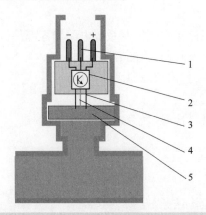

图8-53 高压传感器
1-脉冲宽度调制信号;2-微处理器;3-电压;4-测量电压;5-硅晶体

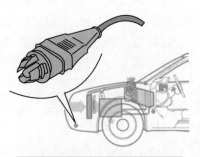

图8-54 车外温度传感器

3)新鲜空气进气道温度传感器G89

该温度传感器位于新鲜空气进气道中,如图8-55所示。新鲜空气进气道温度传感器出现故障后,系统将使用车外温度传感器的温度信号作为代替。

4)空气质量传感器G238

空气质量传感器安装在新鲜空气吸入装置内,如图8-56所示。用于检测污染空气,并关闭外部循环。空气质量传感器能够监测一氧化碳(CO)、已烷(C_6H_{14})、苯(C_6H_6)、正庚烷(C_7H_{16})、氮氧化合物(NO_X)、二氧化硫(SO_2)、硫化氢(H_2S)、二硫化碳(CS_2)等有害气体。

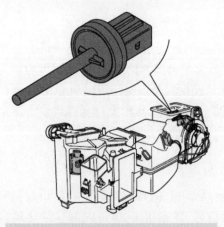

图8-55 新鲜空气进气道温度传感器G89

图8-56 空气质量传感器G238

5)中央出风口温度传感器G191

中央出风口温度传感器G191位于中央管道中,如图8-57所示。该传感器测量的是从暖风/空调中出来的空气(进入车内的空气)温度。控制单元对这个信号进行处理后,将其用于控制管道的空气分配以及控制新鲜空气鼓风机的转速,从而设置中央出风口的温度。

6) 日照光电传感器 G107

日照光电传感器 G107 安装在仪表板除霜通风口之间,如图 8-58 所示。空调控制单元根据电流值推断阳光的强度,进而调节车内温度。温度翻板和新鲜空气鼓风机会相应工作。

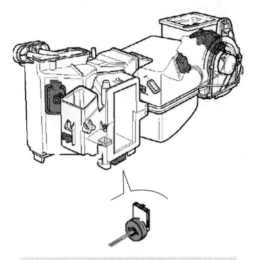

图 8-57　中央出风口温度传感器 G191　　　图 8-58　日照光电传感器 G107

7) 蒸发箱温度传感器 G263

蒸发箱温度传感器 G263 安装在蒸发箱中,用于测量蒸发箱的下游温度。空调控制单元根据此信号精确控制空调压缩机;当蒸发箱温度为 0~1℃时,压缩机关闭,防止蒸发箱结冰;温度为 3℃时再次接通。

8.7.2　奥迪 C6 空调执行器控制

1) 空调压缩机控制

奥迪 C6 的空调压缩机由空调控制模块 J255 直接控制,如图 8-59 所示。使用 PWM(脉宽调制信号)控制可变压缩机的调节阀 N280。在紧急加速、蒸发箱温度过低、制冷剂压力过高或过低以及车外温度过低时,压缩机会断开。

2) 鼓风机控制

如图 8-60 所示,空调控制单元通过 LIN 总线将增加或较小转风机转速的信息通知新鲜空气鼓风机控制单元 J126,J126 按照空调控制单元的要求控制鼓风机。

3) 伺服电机控制

伺服电机主要用于控制各风门的翻板,如图 8-61 所示,包括温度混合电机、除霜电机、风向调节电机等。伺服电机根据控制方式可以分为两种:一是普通伺服电机,内部带有位置传感器;二是自动寻址电机,电机内部无位置传感器。

C6 伺服电机控制为普通伺服电机,内部有一个电机和电位计(电机位置传感器)。如图 8-62 所示,每个电机有 5 根线,分别是:电机供电线和搭铁线,传感器的电源线、信号线以及搭铁线。

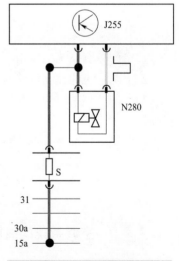

图 8-59　压缩机控制电路

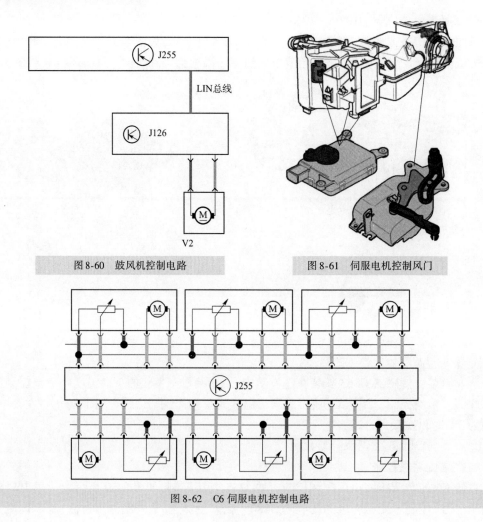

图 8-60　鼓风机控制电路　　　　图 8-61　伺服电机控制风门

图 8-62　C6 伺服电机控制电路

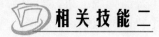

课堂讨论二

1. 空调控制系统主要由哪些零部件组成？描述每个零部件的作用。
2. 空调系统的控制电路有哪些类型？描述其电路组成和特点。
3. 空调控制系统的主要控制因素有哪些？主要控制对象有哪些？如何控制对各对象进行控制？
4. 空气净化系统有哪些空气净化装置？它们如何起净化作用？

相关技能二

8.8　空调系统的故障诊断

空调系统的故障包括暖风系统、制冷系统、通风系统的故障等，其中暖风和通风系统的故障主要表现为无暖风或暖风不足,检查时只需检查风道是否堵塞、暖风水路是否正常、风道中各风门工作是否正常等,故障部位比较直观。制冷系统的故障包括电器故障、功能部件的机械故障、制冷剂和冷冻润滑油引起的故障等。故障集中表现为系统不制冷、制冷不足或异响等。

8.8.1 系统不制冷

1) 故障现象

起动发动机并稳定在1500r/min左右运行2min,打开空调开关及鼓风机开关,冷气口无冷风吹出。

2) 故障原因

(1) 熔断器熔断,电路短路。

(2) 鼓风机开关、鼓风机或其他电器元件损坏。

(3) 压缩机驱动传动带过松、断裂,或其电磁离合器损坏。

(4) 制冷剂过少或无制冷剂。

(5) 储液干燥器或膨胀阀滤网(或膨胀管)堵塞。

(6) 膨胀阀感温包损坏。

3) 故障诊断系统

不制冷故障的诊断程序,如图8-63所示。

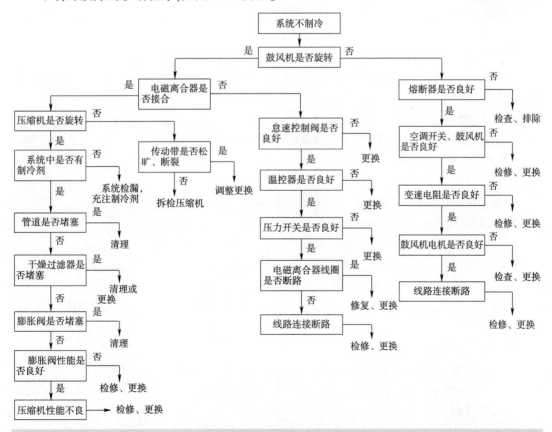

图8-63 系统不制冷故障的诊断程序

8.8.2 系统制冷不足

1) 故障现象

空调系统长时间运行,车厢内温度能够下降,但吹风口吹出的风不够冷,没有清凉舒适的感觉。

2) 故障原因

当外界温度为34℃左右,出风口温度应有0~5℃,此时车厢内温度应达到20~25℃。若达不到此温度,说明空调系统有问题。其故障原因主要有:

(1) 制冷剂注入量太多,引起高压侧散热能力下降,导致制冷效能不良。

(2) 制冷剂和冷冻润滑油脏污,使储液干燥器膨胀阀发生堵塞,导致通向膨胀阀的制冷剂流量下降,导致制冷不足。

(3) 制冷剂和冷冻润滑油中水分过多,导致膨胀阀节流孔出现冰堵,制冷能力下降。

(4) 系统中空气过多,使冷凝器散热能力下降。

(5) 由于压缩机进排气阀密封不良漏气、驱动传动带松弛打滑、电磁离合器打滑等导致压缩机排气温度和压力降低,出现制冷不足。

(6) 冷凝器表面积污太多、冷凝器变形等,导致冷凝器散热能力降低。

(7) 膨胀阀开度调整过大,蒸发器表面结霜,膨胀阀感温包包扎不紧或外面的隔热胶带松脱,造成开启度过大,导致系统制冷不足。另外,膨胀阀开度过小,使流入蒸发器制冷剂量减少,也会引起制冷不足。

(8) 送风管堵塞或损坏。

(9) 温控器性能不良,使蒸发器表面结霜,冷风通过量减少,引起制冷不足。

(10) 鼓风机开关、变速电阻、鼓风机电机、继电器、线路等工作不良,导致冷风量减少。

3) 故障诊断

系统制冷不足故障诊断程序,如图8-64所示。

8.8.3 空调系统异响或振动

1) 故障现象

空调系统工作时,发出异常的声响或出现振动。

2) 故障原因

(1) 压缩机驱动传动带松动、磨损过度、传动带轮偏斜、传动带张紧轮轴承损坏等。

(2) 压缩机安装支架松动或压缩机损坏。

(3) 冷冻润滑油过少,使配合副出现干摩擦或接近干摩擦。

(4) 由于间隙不当、磨损过度、配合表面油污、蓄电池电压低等原因造成电磁离合器打滑。

(5) 电磁离合器轴承损坏,或线圈安装不当。

(6) 鼓风机电动机磨损过度或损坏。

(7) 系统制冷剂过多,工作时产生噪声。

3) 故障诊断

空调系统异响或振动故障的诊断程序,如图8-65所示。

单元 8 空调系统故障检修

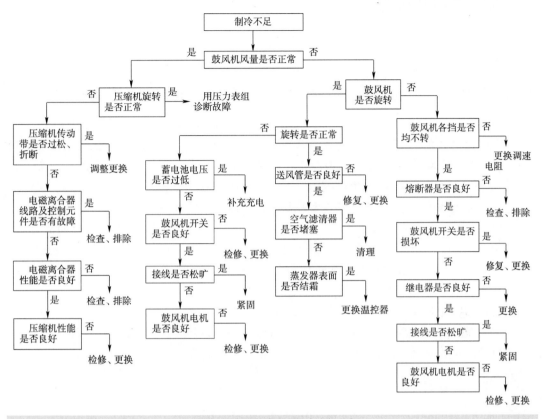

图 8-64 系统制冷不足故障诊断程序

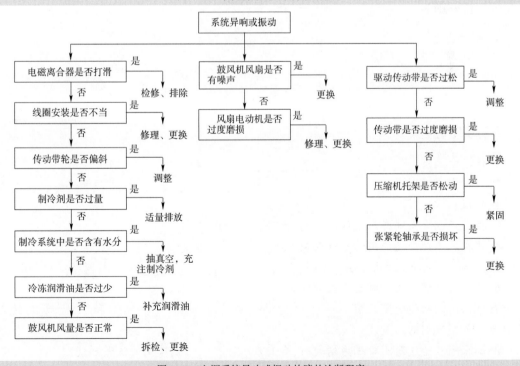

图 8-65 空调系统异响或振动故障的诊断程序

小组工作二

实训项目12-2 空调系统故障检修——制冷系统和控制系统故障检修

(1) 每3~5名学生组成1个工作小组,确定1名小组长,接受工作任务,做好工作准备。

(2) 阅读工作单,查阅维修手册或实训指导书,观察待修车辆的空调系统,讨论该车空调系统电路、零部件位置、故障可能原因和检测方法、步骤,确定小组人员工作分工。向实训指导教师汇报讨论结果,经指导教师同意后,开始下一步的工作。

(3) 按照工作单的引导,完成空调系统故障的诊断与排除工作。

(4) 在完成工作任务的过程中,根据工作单的要求,完成空调系统电路和部件的认识、工作原理描述等学习任务。

(5) 完成工作单要求的空调系统电路及主要零部件的检测,将检测结果记录在工作单的相应栏目,并对检测结果作出分析。

(6) 回答指导教师的现场提问,接受指导教师的技能考核。

(7) 完成工作任务后,对工作过程进行自我评价和小组互评,听取指导教师的点评。

(8) 清洁工作场所,清点维护工具设备,完成任务交接。

思考与练习

一、名词解释

1. 相对湿度。
2. 抽真空。
3. CCOT。
4. NTC。

二、填空题

1. 汽车空调有_____、_____、_____和_____四个作用。
2. 汽车空调系统由_____、_____、_____、_____和_____五个系统组成。
3. 按空调制冷系统减压元件的不同,制冷系统分成_____和_____系统。
4. 现在汽车最广泛使用的空调压缩机为_____式和_____式两大类。
5. 汽车空调制冷系统主要由_____、_____、_____、_____和_____组成。
6. 可以自动调节压缩机输出流量的是_____式压缩机。
7. 膨胀阀的功能一是具有_____作用,二是能根据_____和_____的大小自动调节制冷剂的流量。
8. 膨胀阀在蒸发器出口压力增大时,会自动_____制冷剂的流量功能。
9. 膨胀阀在蒸发器出口温度升高时,会自动_____制冷剂的流量功能。

单元8　空调系统故障检修

10. 手动空调控制系统包括_____控制、_____控制和_____控制三种。
11. 车内温度控制包括_____、_____和_____三种。
12. 空调制冷系统中的高中低三位一体压力开关经常安装在系统高压侧的_____上或_____管路中。
13. 空调制冷系统工作时发动机冷却液温度一般比平常要高,当冷却液温度高于120℃(大众车系设计温度)时,_____开关断开,空调压缩机停转,以防止发动机过热。
14. 对波纹管式蒸发器温控开关来说,当感温管断了,液体会泄漏,开关将_____。
15. 汽车空调制冷系统既要保证蒸发器不结冰,又要保证达到最高的制冷效率。工作中当蒸发器表面温度降至设定温度时,_____开关会切断压缩机电磁离合器电路,使制冷系统暂时不工作。
16. 当环境温度过低时,压缩机内冷冻油黏度较大,流动性较差,润滑不良,如此时起动压缩机,会加剧压缩机的磨损甚至损坏,为此手动空调制冷系统设有_____开关。
17. 汽车空调制冷系统所使用的制冷剂有R134a与R12之分,为防止加注时出现混淆,系统高、低压检修阀有两种形式,一种是_____接头,用于R12制冷系统;另一种是_____接头,专用于R134a制冷系统。

三、选择题

1. 空调制冷系统加冷冻油(真空吸入法)、抽真空和充注制冷剂,其先后顺序为(　　)。
   A. 抽真空、加冷冻油、再抽真空、充注制冷剂
   B. 抽真空、加冷冻油、充注制冷剂
   C. 充注制冷剂、抽真空、加冷冻油
   D. 抽真空、充注制冷剂、加冷冻油
2. 一般汽车空调工作时,压缩机电磁离合器能按照车厢内温度的高低,自动分离和吸合,这是由于(　　)的控制。
   A. 低压保护开关　　　　　　　　B. 高压保护开关
   C. A/C开关　　　　　　　　　　D. 温控开关
3. 储液干燥滤清器的主要作用是(　　)。
   A. 防止气态制冷剂进入膨胀阀
   B. 提供液态制冷剂的缓冲空间,让冷凝器中的液态制冷剂尽快流出来,及时补充和调整供给膨胀阀的液态制冷剂的流量
   C. 除去制冷剂中的杂质与水分
   D. ABC
4. 集液器的作用是(　　)。
   A. 捕获液态制冷剂　　　　　　　B. 吸收制冷剂中的水分
   C. 过滤杂质　　　　　　　　　　D. ABC
5. 导致空调制冷系统压力过高的原因有(　　)。
   A. 长时间在太阳曝晒下使用空调
   B. 冷凝器散热不良(风扇故障或冷凝器散热片堵塞)

C. 系统中制冷剂过多
D. ABC

6. 在常温(20℃)下检测空调的控制开关,应导通的是(　　)。
   A. 环境温度开关　　　　　　B. 蒸发器温控开关
   C. 空调水温控制开关　　　　D. ABC

7. 控制单元向执行器输出的信号有(　　)。
   A. 控制风门位置的各种风门驱动信号　　B. 控制鼓风机转速的信号
   C. 控制压缩机工作的信号　　　　　　　D. ABC

8. 自动空调控制风门位置的伺服电机的种类有(　　)。
   A. 通风模式伺服电机　　　　B. 温度风门伺服电机
   C. 出风模式伺服电机　　　　D. ABC

9. 空调压缩机转速传感器一般安装在压缩机壳体上,以检测压缩机的转速,送到 ECU 后与发动机转速进行比较,其作用是(　　)。
   A. 判断压缩机传动带是否打滑或断裂　　B. 控制压缩机的工作
   C. 控制鼓风机的工作　　　　　　　　　D. 制冷量控制

10. 空调系统有空气会使系统压力(　　)。
    A. 低压压力低,高压压力高　　　B. 低压压力高,高压压力低
    C. 低压侧与高压侧压力均低　　　D. 低压侧与高压侧压力均高

11. 空调系统冻堵会使系统压力(　　)。
    A. 低压侧和高压侧压力时而低时而正常
    B. 低压压力高,高压压力低
    C. 低压侧与高压侧压力均低
    D. 低压侧与高压侧压力均高

12. 制冷系统中制冷剂过多或冷凝器散热不良会使系统压力(　　)。
    A. 低压压力低,高压压力高　　　B. 低压压力高,高压压力低
    C. 低压侧与高压侧压力均低　　　D. 低压侧与高压侧压力均高

13. 自动空调控制单元接收的传感器信号有(　　)。
    A. 驾驶室控制面板设定的温度信号和功能选择信号
    B. 车内温度传感器、车外温度传感器、阳光辐射传感器等各种传感器输入的信号
    C. 各风门的位置反馈信号
    D. ABC

14. 蒸发器温度传感器检测蒸发器表面的温度,此信号输入计算机后最主要的作用是(　　)。
    A. 修正空气混合风门位置,调节车内温度
    B. 控制压缩机,防止蒸发器表面结冰
    C. 控制鼓风机的转速

15. 空调压缩机电磁离合器主要的组成部分有(　　)。
    A. 电磁线圈　　B. 吸盘　　C. 驱动带轮　　D. ABC

16. 下列说法正确的是(　　)。
   A. 定排量空调压缩机都装有电磁离合器
   B. 变排量空调压缩机都不装电磁离合器
   C. 变排量空调压缩机有的装电磁离合器,有的不装
   D. AC

四、判断题(对的画"√",错的画"×")

1. 在制冷的全过程中,定排量空调压缩机始终是工作的。　　　　　　　(　　)
2. 当制冷系统无制冷剂时,A/C开关闭合压缩机将不工作。　　　　　　(　　)
3. R134a 与 R12 两种系统可使用相同类型的冷冻油。　　　　　　　　(　　)
4. 膨胀阀能自动控制压缩机电磁离合器的开闭。　　　　　　　　　　(　　)
5. 如果制冷系统发生脏堵、冰堵或进行维修,应更换干燥器。　　　　　(　　)
6. 膨胀阀感温包内液体泄漏会使膨胀阀打不开,空调不制冷。　　　　　(　　)
7. 阳光传感器的安装位置一般在驾驶室仪表板上面,前风窗玻璃的底部。　(　　)
8. 空调制冷系统工作时,发动机冷却液温会比平常高。　　　　　　　　(　　)
9. 自动空调(自动挡)工作时,车内温度最主要的决定因素是车内温度传感器。(　　)
10. 空调压缩机都有电磁离合器。　　　　　　　　　　　　　　　　　(　　)

五、简答题

1. 空调制冷系统工作时,为什么要进行发动机负荷控制?
2. 膨胀阀有哪些功能?
3. 汽车空调安全保护控制措施有哪些?
4. 奥迪A6(C6)空调制冷系统中的高压传感器C65的作用是什么?
5. 空调冷凝器与发动机冷却液散热器共用一个风扇,有停、低速和高速三个工作状态,它是怎样工作的?画出控制电路图。
6. 空调冷凝器与发动机冷却液散热器共用两个风扇,有停、低速和高速三个工作状态,它是怎样工作的?画出控制电路图。

参 考 文 献

[1] 周建平. 汽车电气设备构造与维修[M]. 3版. 北京:人民交通出版社股份有限公司,2016.
[2] 纪光兰. 汽车电器设备构造与维修[M]. 2版. 北京:机械工业出版社,2014.
[3] 王可洲. 汽车电气设备构造与维修[M]. 西安:西安交通大学出版社,2014.
[4] 毕见武. 汽车电路识读与电气检修[M]. 北京:机械工业出版社,2016.
[5] 刘文国. 汽车电气系统检修[M]. 北京:北京理工大学出版社,2015.
[6] 李云杰,黄龙进. 汽车电气设备构造与维修[M]. 北京:人民交通出版社,2012.